冲破混沌

生生不息的企业文化之光

潘一宽 龚哲 胡月殷 著

机械工业出版社
China Machine Press

图书在版编目（CIP）数据

冲破混沌：生生不息的企业文化之光 / 潘一宽等著 . -- 北京：机械工业出版社，2022.5
ISBN 978-7-111-70585-7

Ⅰ. ①冲… Ⅱ. ①潘… Ⅲ. ①企业文化 - 研究 - 中国 Ⅳ. ① F279.23

中国版本图书馆 CIP 数据核字（2022）第 064474 号

企业的生命过程就是努力寻找三个基本问题的答案的过程：我是谁？从哪里来？到哪里去？文化系统是企业的精神生命，是该企业区别于其他企业的根本特质，成为企业后天成长的终极动力。本书着眼于中国企业现状，回到中华民族文化源头，以东西方哲学思想为指引，结合大量实际案例的分析研究，提炼并构建起企业文化潘氏模型。作者在对企业文化潘氏模型中的要素展开深入解剖和分析的基础上，融入了自己在华为公司的工作经验、践行华为文化的体悟，以及在其他大型知名企业中文化建设的成功实践。本书以企业实战经验为土壤，化西方企业管理知识为营养，致力于发掘企业经营管理的底层逻辑，形成企业文化通用内核，帮助企业家在认知上更快地从混沌走向清晰，从无序走向有序，从被动走向主动，进一步踏上探索企业长治久安的道路。

冲破混沌：生生不息的企业文化之光

出版发行：机械工业出版社（北京市西城区百万庄大街 22 号　邮政编码：100037）	
责任编辑：岳晓月	责任校对：殷　虹
印　　刷：北京诚信伟业印刷有限公司	版　　次：2022 年 6 月第 1 版第 1 次印刷
开　　本：170mm×230mm　1/16	印　　张：19.75
书　　号：ISBN 978-7-111-70585-7	定　　价：79.00 元

客服电话：（010）88361066　88379833　68326294　　投稿热线：（010）88379007
华章网站：www.hzbook.com　　　　　　　　　　　　读者信箱：hzjg@hzbook.com

版权所有 · 侵权必究
封底无防伪标均为盗版

赞 誉
· PRAISE ·

　　静心拜读《冲破混沌》，给我打开了认识企业的大门，感受到特别的愉悦与快乐。在心理学领域我们一直认为：文化是符号，文化是价值观，文化是生活品质！《冲破混沌》对于企业文化的系统研究与通古论今，借鉴意义深远！后记中"西游记"精彩文化遗产分享照见文化底蕴之华章，将会影响到我们周围所有追求卓越的组织与人。

纪汉平
中国心理学会普及工作委员会副主任
中山大学教授

　　选择做企业，就是选择在寒夜前行，《冲破混沌》告诉大家：一定要寻找文化的火种，为前路提供些许温暖和光亮。

覃九三
新宙邦董事长

文化是一个组织的本心，也是一个人的本心，《冲破混沌》提醒企业管理者发现本心。本心澄明，才能发挥出更大的潜力。

王华君

裕同科技董事长

用什么样的气质面对客户？用什么样的力量汇聚人才？《冲破混沌》告诉我们，构建一套自洽的文化，自然就有了答案。

李波

华曦达董事长

文化像空气一样，必要，无处不在，但容易被忽略，《冲破混沌》提醒我们要去重视它，珍惜它，别让文化真空隔绝了前进的道路。

娄秋琴

大成律师事务所高级合伙人

企业文化该秉持哪些内容，一直以来众说纷纭。《冲破混沌》提供了一套条理清晰、寻根问底的企业文化结构，相信对读者会有所启发。

李剑

PP停车董事长

目 录
· CONTENTS ·

赞誉
推荐序一　迎接时代的剧变，发出自己的声音
推荐序二　文化是上善若水的力量
推荐序三　文化，冲破混沌的光
推荐序四　文化就是战斗力
前言
序言

第一章　融入企业文化的时代奔流　　　　　　　　　　　　　　/ 1
  第一节　源头活水：文化与企业文化　　　　　　　　　　/ 2
  第二节　沿流回溯：企业文化的理论发展　　　　　　　　/ 4
  第三节　聚水成河：中国企业文化的实践背景　　　　　　/ 7
  第四节　道阻且长：企业文化建设的问题　　　　　　　　/ 13

第二章　用潘氏模型建设企业文化大厦　　　　　　　　　　　　/ 17
  第一节　有自己的体系，文化才能做踏实　　　　　　　　/ 18

第二节　企业文化潘氏模型　　　　　　　　　　　　　／ 20
第三节　文化是通向自由的道路　　　　　　　　　　　／ 35

第三章　企业精神是企业文化的源泉　　　　　　　　　　／ 39
第一节　伟大的时代呼唤伟大的企业精神　　　　　　　／ 40
第二节　企业精神"铁三角"　　　　　　　　　　　　／ 50

第四章　核心价值观是企业文化的标尺　　　　　　　　　／ 71
第一节　核心价值观的定义　　　　　　　　　　　　　／ 72
第二节　从精神和基本假设中来，到他人和社会那去　　／ 76
第三节　客户至上，自强不息　　　　　　　　　　　　／ 87
第四节　人才为本，厚德载物　　　　　　　　　　　　／ 92
第五节　案例：阿里巴巴的价值观落地　　　　　　　　／ 98

第五章　使命愿景是企业存在的意义　　　　　　　　　　／ 103
第一节　流浪星球找到了自己的轨道　　　　　　　　　／ 104
第二节　使命愿景：成就他人，成就自己　　　　　　　／ 105
第三节　使命愿景与精神的关系　　　　　　　　　　　／ 112
第四节　使命愿景与价值观的关系　　　　　　　　　　／ 115
第五节　使命愿景的制定原则　　　　　　　　　　　　／ 116
第六节　案例：萨提亚·纳德拉为微软确立使命愿景　　／ 120

第六章　企业文化是战略的基石　　　　　　　　　　　　／ 125
第一节　企业家的权柄：文化权与战略权　　　　　　　／ 126
第二节　文化助力战略归一　　　　　　　　　　　　　／ 134
第三节　战略是对使命愿景的分解　　　　　　　　　　／ 136
第四节　核心价值观给予战略标准　　　　　　　　　　／ 137
第五节　战略执行人必须符合文化模型　　　　　　　　／ 143
第六节　案例：安然公司的崩塌　　　　　　　　　　　／ 146

第七章　企业文化是领导力的内涵　　　　　　　　　　／ 151

　　第一节　什么是领导力　　　　　　　　　　　　　　／ 152
　　第二节　文化激活自我：领导自己，肩负他人　　　　／ 157
　　第三节　用精神锻造影响力　　　　　　　　　　　　／ 161
　　第四节　使命愿景赋予领导力以意义　　　　　　　　／ 168
　　第五节　恪守核心价值观来赢得信任　　　　　　　　／ 171
　　第六节　领导力危机往往是文化危机的表征　　　　　／ 175
　　第七节　案例：一位"95后"高才生的离职　　　　　／ 180

第八章　企业文化是管理的土壤　　　　　　　　　　／ 187

　　第一节　文化与管理相统一　　　　　　　　　　　　／ 188
　　第二节　理性主宰管理：增强确定性，固化成标准　　／ 191
　　第三节　警惕：管理成于理性，也可能败于理性　　　／ 196
　　第四节　管理必须从文化中生长　　　　　　　　　　／ 202
　　第五节　重读《走出混沌》：看早期华为如何生成管理　／ 213

第九章　企业文化建设实践　　　　　　　　　　　　／ 223

　　第一节　企业文化建设基本认知　　　　　　　　　　／ 224
　　第二节　认知完善：企业文化启程　　　　　　　　　／ 231
　　第三节　共识与提炼：形成核心团队　　　　　　　　／ 240
　　第四节　建设与传承：开启上通下达之门　　　　　　／ 250
　　第五节　作用与内化：保障体系走向企业文化自运转　／ 256
　　第六节　案例：字节跳动的企业文化建设　　　　　　／ 261

后记　一场文化的"西天取经"之旅　　　　　　　　／ 274

推荐序一
· FOREWORD ·

迎接时代的剧变,发出自己的声音

20世纪七八十年代,面对日本企业飞速崛起的挑战,美国企业急需寻求自己的突破方法。服务于麦肯锡管理顾问公司的学者托马斯·J.彼得斯和罗伯特·H.沃特曼通过对43家美国成功企业的调查研究,建立了著名的7S管理框架理论。7S管理框架中,共同的价值观(也就是企业文化)处于中心地位,将其余6种要素整合成一个整体。企业文化作为组织在管理实践中长期形成的,组织成员共同秉持并遵守的观点、价值观、准则和行为模式,是影响企业可持续发展的关键要素。

随着中国经济的突飞猛进,中国企业不断成长,已成为经济社会发展的力量载体,并肩负着推动我国经济高质量发展的重大使命。与此同时,中国企业也面临着内外部越来越大的挑战,许多旧有的理念在时代剧变中失效。如何像20世纪七八十年代的美国一样,找出自己的发展道路,有效整合企业管理中的各个要素，是许多中国企业的当务之急。

企业文化，作为关键的黏合剂，在当今时代愈发重要。只有企业文化能够适应时代，并渗透到个人，使内部成员目标明确、认识统一、行动一致，才能形成强大的凝聚力，提高效率，保证企业在激烈竞争中生存。

如何让企业文化发挥出比对手更强大的作用？答案是一定要提炼出自己文化的特点。我一直有一个观点：西方经过长期的研究实践，已经形成了系统的管理理论和标准化的管理方法，中国企业应该积极地学习和借鉴。但是，文化和战略这样的要素，特别是中国企业文化，必须由企业自己探索。由此，基于我国丰富的企业管理实践，在文化探索的基础上，进一步建立东方管理理论体系，用中国式的管理理论指导实践，这项工作受到学界和商界的一致推崇，我们也非常欣喜地看到在这方面已有深入思考的论著。

《冲破混沌》这本书为中国企业寻找适合时代和自己的企业文化提供了启示。我认为本书最值得关注的思路有三个。

第一个思路：从中国文化中寻找企业文化的基础。

中国企业主要面对的，依然是中国人，那么就必须深入剖析根植于中国历史进程和社会发展中的文化特性。中国能够在短短几十年内从积贫积弱赶上时代的脚步，必然有中国文化的贡献。企业文化只有在中国文化中汲取营养，才能事半功倍。

中国传统文化强调人和自然的统一、人与人的和谐。人与自然的统一，要求人们遵循自然规律，顺应客观趋势；人与人的和谐，要求人们以人为本，施行仁义。基于这样的理念，中国得以五千年文明不断，并顺应时代潮流，再次腾飞。

本书抓住了中国文化中的精髓——"自强不息""厚德载物"。这两句格言，不仅富有顺应天地大道的内涵，更有对人的要求与激励，不仅是先哲智慧的精华，更是放之今日依然振聋发聩的真知灼见。

第二个思路：确立了企业家在建设企业文化中的核心地位。

优秀的企业必然要有杰出的企业家，杰出的企业家也要是卓越的思想家。企业家要想塑造优秀的企业，必然要有自己独特的思想认识，并以此穿透纷繁复杂的表象，凝练成强有力的企业文化，影响和指导整个企业的发展。

本书清楚地认识到企业家在企业文化建设中的决定性作用，因而把企业家放在了最原初、最根本的位置上。这并非为了吹捧企业家，反而是提醒企业家：建设企业文化是你们应该承担的责任，为此，必须苦心智，劳筋骨，开拓创新，上下求索，最终形成自己的思想，并将其传递给更多人。

第三个思路：根据企业的发展阶段，提炼出各阶段的企业文化模型。

本书按照企业的不同发展阶段，归纳出不同的文化模型。例如，创业时期的企业，更多的是以企业家精神激发员工精神，目标一致求生存；等到企业发展到一定阶段，就要开始反思基本假设，注重使命愿景、核心价值观的梳理，最后描摹出具有企业特征的文化图景。读者在阅读时，可以根据自身企业的发展阶段，对症下药，抓住重点，避免企业文化建设根基不稳，流于空泛。

长期以来，由于对文化的忽略或者误解，中国企业难以形成系统性的企业文化，而存在着大量粗放生长的亚文化，后果便是在企业扩张和兼并中，内耗愈演愈烈，企业发展无以为继。庆幸的是，越来越多的中国企业开始关注企业文化的建设，一批先锋企业已经在探索中形成了独具特色的企业文化。像华为的"以客户为中心""以奋斗者为本"、海尔集团的"海的文化"、TCL集团的"鹰的重生"等，为后进者树立了一个又一个标杆。

德鲁克先生曾说："中国发展的核心问题，是要培养一批卓有成效的管理者。他们应该是中国自己培养的管理者，他们熟悉并了解自己的国家和人民，并深深根植于中国的文化、社会和环境中。只有中国人才能建设中国。"虽然德鲁克先生仅来过中国一次，却对中国的企业实践有着深刻洞见，特别提到了中国文化和成长于中国文化中的企业家的作用。《冲破混沌》为企业的管理者尤其是企业家提供了好的思路，为广大读者打开了一扇门，并留出广阔的空间引导读者去探索。也只有通过持续深入地探究，才能拥有属于自己的企业文化。希望有志于突破局限、成就优秀企业的管理者，都能潜心铸就自己的企业文化，迎接时代的剧变，发出自己的声音。

南京大学人文社会科学资深教授、
商学院名誉院长、行知书院院长、博导
2021年12月21日于南京大学商学院

推荐序二
FOREWORD

文化是上善若水的力量

谈企业文化,就要谈到一个经典的符号——水。水在中国传统文化中意味深远。老子曰:"上善若水,水善利万物而不争,处众人之所恶,故几于道。"孔子在河边兴叹:"逝者如斯夫,不舍昼夜。"

如果站在时间轴上,纵览中国企业这激荡40年,可以看到那些留下名号的企业,是如何遵循了水的智慧:它们无中生有,处卑下而不乱,反而静水流深,滋养万物;它们明白世界永远奔腾不息,只能川流不止,以创新迎变局;它们善于蓄势,于关键节点处,听得怒涛如雷,冲破一切障碍;它们打造健康可持续的生态,以水化气,以气成云,结云落雨,生生不息。

当今的企业要在不确定中争得确定,必然要回到水的智慧中,去打造上善若水的企业文化。这需要企业做到:

（1）有强大的企业家精神，紧扣时代潮流，拥抱变化，不断创新，锐意精进。

（2）有伟大使命和愿景的引导，点点滴滴积蓄力量，汇聚人心，形成足以肩负社会责任、冲向未来蓝图的洪流。

（3）有滋润万物、天下为公的价值观，这就必须做到全心全意为客户服务，通过为客户服务走向为社会服务，打造与社会的良性互动。

这三点，也正是本书想要阐明的精要。

本书也鲜明地指出了做好企业文化的精要：溯洄从之。可以发现，企业文化一切的源流最终还要归于企业家。

任何企业的诞生，都源于企业家振作精神、凝聚团队、锐意进取。在这场无中生有的活动中，企业呱呱坠地，这个新生儿必然继承了企业家的基因，也就是企业家的文化。但随着企业的发展，企业家的文化没有显现出来，企业家的文化缺失却逐渐暴露，这就会让整个企业处在迷茫混乱中。上梁不正下梁歪，这是很多企业由盛转衰的病灶。

企业家的文化缺失表现为：

（1）精神萎靡，小富即安，创业时的热血已凉，不愿再为企业的发展竭尽全力。

（2）无使命、无理想，机会导向，一味赚快钱，不冒创新风险，不做团结人的累活，不愿为企业长期发展做投入。

（3）价值观迷茫，不思利他，唯我独尊，不能服务社会，以人为本，一遇危机就想着祸水外引，暴露出自己的个人中心主义。

群众的眼睛是雪亮的，企业家这个天花板如果不稳，客户和员工自然会察觉，然后在失去安全感和信任感后选择离开。结果是组织疲弱，品牌难立，企业家愈发孤家寡人，不得不疲于奔命。

企业家要做好企业，只有让自己成为水。成为水，意味着企业家必定要"处众人之所恶"，别人不想做、做不到，企业家则必须做到。当今许多企业，肩扛着成千上万的员工，影响着十万百万的家庭，注定了企业家必须跳出自我的狭小圈子，全心全意地站在企业、社会的角度，去系统思考企业的未来，去确立清晰的使命和愿景，去履心成地为客户服务，去潜心寻找和培养人才。没有企业家的从善如流，企业文化的标杆就难立，也就没法做到力出一孔、利出一孔。

本书的条分缕析，最终还要回到企业家自身的了悟上。要做好企业，必然要建设好的企业文化；要建设好的企业文化，必然要回到企业家的修行中。这种命运似乎对企业家来说有些苛刻，但也是企业家要做成优秀企业所必然承受的磨炼。

世界潮流，浩浩荡荡，顺之者昌，逆之者亡。既然如此，心怀大志的企业家不如顺其势而秉其道，以水为师，滋润万物，一蓑烟雨任平生。

清华大学教授
中国可持续发展研究会理事长
中国工程院院士

推荐序三
· FOREWORD ·

文化，冲破混沌的光

倏与忽时相与遇于浑沌之地，浑沌待之甚善。倏与忽谋报浑沌之德，曰："人皆有七窍，以视、听、食、息，此独无有，尝试凿之。"日凿一窍，七日而浑沌死。

——《庄子·应帝王》

每一个初创企业，都处在混沌之中，一如天地开辟之前的宇宙洪荒。创业者不得不常常面对信息轰炸的洪流，举步维艰的困境，生死存亡的决策。

我们都知道，混沌中的人尚未开窍，大多凭着本能行事，偏偏人类混沌的本能蕴含着开天辟地的力量。于是，不少负重前行的创业者被这股天不怕、地不怕的力量驱使，大胆前行……短期看，有些人成功了，有些人失败了，还有些人在继续摸索。

在中国古代传说中，是盘古"劈开混沌造区宇"，那么，对于尚未开悟又急需突破的创业者来说，劈开迷茫的"盘古"在哪里？又靠什么来点亮他们的思维之光？

通过深入研究企业的经验与教训，我们发现，仅凭"初生牛犊不怕虎"的冒险精神是走不远的，创业者始终要解决两大思想问题，即自身的思想混沌和企业层面衍生的观念冲突。毕竟，人心齐泰山移，个人和组织都需要树立强有力的风向标。否则，"五色令人目盲，五音令人耳聋，五味令人口爽，驰骋畋猎令人心发狂"，个人和组织必然会被七窍所惑，不知所向、不知所止，找不到属于自己的道。

那么，如何冲破思想的混沌，朝卓越的企业迈出关键一步？《冲破混沌》提供了关键的思路——去寻找文化之光。只有文化之光冲破思想上的混沌，企业的头脑才能冷静下来，眼前的道路才能逐渐清楚，七窍才能正常地感知和拣选外物，内心才能归于统一。

《冲破混沌》指出，这样的文化，首先要从创业时的混沌中，汲取源源不断的精神力量；其次要通过伟大的使命愿景，创造企业与社会互相成就的大蓝图；最后，在人才–客户这一对商业的阴阳中，提炼出以客户和人才为关键的价值观，督促企业永远行于正道。

简言之，天地混沌，需要用物理方法解决；思想混沌，则需要用文化力量解决。

混沌死而万物生，企业切不可迷于万物而失去方向，更不可留恋混沌而不见未来，企业必须找到属于自己的文化之光，才能在混沌和万物中找到自己的道。《冲破混沌》给出了点拨指引，而要拨云见日，还需读者振奋身心，以行践道。

方今天下，群雄逐鹿，科技创新，如日方升，正是心怀抱负的企业大有作为之时。愿各位企业人早日突破混沌，以文化升起领导力，用文化带动管理力，创建一个个时代铭记的卓越企业！

梅建　教授

中国关心下一代工作委员会专家委员会副秘书长

中国心理学会标准委员会主任

推荐序四
· FOREWORD ·

文化就是战斗力

对于文化的认知与理解千人千面，一宽兄长期奋斗在高科技企业一线，有丰富的华为等企业高管的业务实战与文化沁润经验，其认知自然独到且有深度。

还记得孟晚舟女士被加拿大扣留初期那段时间，我与一宽兄及一众在华为奋战多年现已离职或退休多年的前同事在沟通华为即将面临的挑战时，大家不约而同地说道："只要老板（华为人对任正非的尊称）一声召唤，我们不拿一分钱收入愿意无条件回到华为去工作一年。"——这应该就是对企业文化最好的诠释和理解吧。离开华为十多年，华为文化深深植入到了我们这些前华为人的骨子里，就算是再创业或者加入其他企业，华为文化的影响也深刻而久远。

文化本质上是战斗力，是企业在市场竞争中的刀锋锐气，是组织激活的标签，是品牌的 DNA。华为"以客户为中心、以奋斗者为本、长期艰苦奋斗、批判与自我批判"的核心文化，指导华为人在全球市场攻城略地，赢得了广泛的全球市场和客户的尊重。优秀企业对文化的认知独到而务实，文化与其业务发展息息相关，如安踏在实施战略 4.0 时，首先就是从组织文化升级开始的，这促使安踏取得了近些年在市场上不断超越友商的成绩。

一宽兄历时五年的谋划、三年的精心创作，为我们奉献了这本对组织文化有着最好诠释的大作。本书深入研究了中国传统文化、优秀的世界文化在企业文化中的实践与应用，系统性地提炼了企业和组织文化建设的框架，对组织文化建设有很强的指导意义。本书已被纳入百思特变革智库的专业图书库。

张正华

百思特管理咨询集团董事长

2021 年 12 月 12 日

前言
• PREFACE •

文化奔腾不息,事业源远流长

一场空前绝后的大爆炸创造了磅礴的宇宙,从那炽热的奇点中释放出来的无数微尘,它们没有目标,也不知道方向,在浩瀚的宇宙中飘移,前程何其渺茫!眼前星河璀璨,似乎触手可及,实际却与自己相隔光年。终于有些微尘不甘于随波逐流,吸纳周围同类,团而成块,引力越来越强。终于,承担着越来越大压力的内核,爆发出源源不绝的能量,推动着它们逐渐找到自己的轨道。它们强大的引力捕获了一颗又一颗星体,形成众星拱月的星系……曾经流浪的微尘,旅途不再孤单,经过亿万年的磨炼,创造了属于自己的绚烂星河。

星系是从无到有产生、从微到巨成长的,企业又何尝不是如此呢?

企业生发于创业者的独特精神,驱动他以一人之躯,扛起万千压力,寻机问道,奋力拼搏,团结人才,获得成长,最终构成强大的组织,为社会不断发光发热。

企业文化的产生与成长同样如此：生于企业家的精神，不断吸纳经验、知识，寻找方向，最终形成自己的构架，为自己和他人提供思维的光亮。

感谢各位"明星"对我的支持和帮助，我终于完成了《冲破混沌》的定稿，有了属于自己的一颗小星。我构建了区别于管理大师埃德加·沙因的企业文化的理论构架，更加深入到文化底层，回到中华民族文化与世界哲学源头，研究出以中华文化为基础的企业文化模型，也对中国当代的企业经营有着更好的指导意义。

习近平总书记说："文化是一个国家、一个民族的灵魂。文化兴国运兴，文化强民族强。没有高度的文化自信，没有文化的繁荣兴盛，就没有中华民族伟大复兴。"[一]文化是人类为了生产和发展而创造的对环境的适应方式，是人类一切行为方式的总结和沉淀。一个地方、一个组织、一个国家、一个民族的核心生存能力，最终是文化的力量。企业文化是企业为生产发展而创造的对环境的适应方式，是自身经验与教训的总结，智慧的沉淀，是在流变中秉持共同理念，阐释组织精神，承载使命和愿景以实现经营目标。

这是一个流变的时代，企业文化是流变中的希望之岛，没有独特的文化系统，企业不过是无根的浮萍。唯有将企业文化毫无折扣地贯穿于日常工作行为之中，不断赋予全体员工应对变化的定力，组织才能够快速适应时代的流变，建设自己的核心竞争力。

企业创建的初期几乎一无所有，有的只是一群志同道合的创业者。走过千难万险，走到今日的规模，离不开企业家勇抓机遇、自强不息的精

[一] 习近平在中国共产党第十九次全国代表大会上的报告. 2017-10-28. 人民网. http://cpc.people.com.cn/n1/2017/1028/c64094-29613660-9.html.

神。他们是敢于担当的勇士、以小博大的强人、为集体独自远行的拓荒者、为客户殚精竭虑的孺子牛……没有他们秉持客户至上、艰苦奋斗等理念，没有他们的风雨兼程、点滴用功，企业怎能跌跌撞撞地在流变的时代勇立潮头？

在强手如林、竞争激烈的大市场经济时代，是什么使少数企业脱颖而出，甚至基业长青的？是什么使大多数企业迅速衰退，走向寂寥的？为什么有的企业能够后发制人，以弱胜强？为什么有的企业昨日还在凯歌高唱，隔日便轰然倒地？究其背后原因，总有企业文化牵住它们的命运之线。而那些卓越企业，已牢牢抓住了这命运线的一端。

在新时代的路口，我们有必要客观辩证地总结过去，以发现那些牵引企业从过去走到当下、从当下走向未来的因素，毫无疑问文化是其中关键的一环。

企业文化绝不是凭空想象出来的，而是激荡岁月中一代代企业人通过实践与探索，并广泛吸收民族优秀文化，以及汲取其他优秀公司成功经验而形成的，属于企业具有自身特色的生存与发展方式。

过去几十年来，有些企业有幸遇到风口，进入高速成长航道。未来，市场竞争变得异常激烈，技术快速革新，大公司努力拓展市场份额以求发展，客户需求越来越严苛。唯有组织严密、制度规范、管理科学、秉持坚定使命和清晰愿景、打造文化引领组织的企业，才能在激流中奋进。

企业要从混乱走向秩序，从散漫走向规范，从随意走向科学，就需要企业家发挥创业精神，奋不顾身、不屈不挠地进取探索。本书认为，以企业文化为核心，就是以创新、进取和奋斗精神为核心的企业家精神，它是企业第一性原理。有了这种精神并发扬这种精神，才能激励企业人克服困难、勇于学习、善于思考、勤于探索、持续发展、不断成长。

企业文化是组织以及全体员工判断重大问题的基本原则和指导工作的法宝，它释放着绵绵不尽的洪荒之力，激励和鼓舞着企业人奋勇前进，引领和指导着很多重大问题的处理和重大矛盾的解决：

（1）要建设现代化管理制度，形成先进的分配关系、科学的政策设计、高效的管理规则，需要企业文化作为它们的源头和指导准则。

（2）组织规模快速扩大、业务场景更加复杂，必然要吸引更多优秀人才。优秀人才更加关注文化的认同，更加期待使命驱动自我实现。

（3）事业取得了一定成功，容易骄傲自满、消极懈怠，鲜花掌声、荣誉成就容易侵蚀人心，企业家的创业激情可能会逐渐降温，员工奋斗意识可能会渐渐弱化，这一系列问题出现时，唯有牢记使命、强化愿景、坚持反思和自我批判，才能不忘初心。

领导力建设离不开文化，管理能力培育离不开文化；没有卓越文化指引，就没有前进的方向；没有使命与愿景牵引，战略就是无源之水。合作伙伴的拓展、生态环境的建设也离不开文化。实现"全力创造价值，科学评价价值，合理分配价值"的良性循环，文化是第一推动力。

本书来自我的团队长期对企业经营管理研究的总结，来自这个时代众多企业家的实践经验和管理学者的智慧。我就像站在巨人肩上的小孩，遥望千里，俯瞰山河，撷取到其中一点风景，就欢欣鼓舞，想要找人分享自己的一点所得。希望读者看到我的分享，能激起胸中一点豪气。千里之行，始于足下，心中有使命，眼前有愿景，勇敢迈步，属于你们的文化道路终将显现。

奋进而不重视企业文化的企业家，只会成为划过星河的流星，转瞬即逝；唯有建设科学、系统的文化的企业家，才能构造强大的能量场，吸引宇宙之力，推动事业的方舟，在时代的星河之中璀璨闪耀。

老子《道德经》云：执大象，天下往。往而不害，安平泰。

序　言
· PREFACE ·

20年前的春天，我结束了东南大学的学生时代，桀骜不驯充斥着年轻生命的每个毛孔，带着浑身的激情与冲动，我来到深圳这个盛产奇迹的城市。在充满现代气息的华为坂田基地大门前，我犹如离开天空的一滴雨露，在向大海寻求一声召唤。

那时的深圳，还只有罗湖、福田比较繁华。在华为坂田基地与南山之间，还是杂乱的建筑、青翠的果园，是野草和丛林。时间如流水，我从一个最基层的员工升职到华为公司高级主管，然后在其他大型上市公司顶层岗位继续拼搏。我见证了华为从一个追赶者一步步走到行业顶峰，经历了深圳快速发展成为世界著名的大都市，荒草萋萋的土地上长出了世界著名的大企业，果园和林地成为繁华的商业中心，这一切是由千千万万背井离乡的人们点滴铸就的。再回首时，他们和我一样，都拥有新的文化名片——华为人、深圳人。

同样与我们一起成长的，还有我们伟大的国家。过去30年全球最显著的经济特征：中国经济高速增长，14亿人口全面脱贫；中国经济总量先是超越德国，然后超越了日本；中国加速成为全球经济的核心力量，"金砖国家"经济体量和实力不断壮大；互联网与信息技术成为产业本身，并和高科技融合，推动制造业向智能化转变。

一大批中国民营企业快速成长，成为全球知名企业，甚至全球500强企业，在世界经济舞台上扮演着越来越重要的角色。它们突破西方传统优势企业的垄断，历经千难万险，绝地反击。它们在中国特色社会主义市场经济基础上对企业经营管理的探索，是今天中国以及全世界经济活动的宝贵财富，也是今天中国企业和全世界企业家正在学习的重要经验。著名企业管理学家黄卫伟的"华为管理三部曲"——《以客户为中心》《以奋斗者为本》《以价值为纲》，是华为30多年来企业经营管理的系统总结和提炼，是其从无到有再到强大，在挫折和逆境中，在克服千难万险、历尽千辛万苦的实践和探索中，关于企业经营管理的经验总结和智慧沉淀，也是任正非人生观、社会观、宇宙观的总结。"华为管理三部曲"是这个时代中国企业崛起的管理的探索与实践，是中国企业家群体和管理学家对企业经营管理探索的共同智慧结晶。"华为管理三部曲"为代表的企业经营管理经验，已经成为中国企业家的学习对象；还有字节跳动、腾讯，以及成功从传统制造业转身为现代化高科技公司的海尔、美的等，这些公司探索出来的管理经验，都成为准企业家和企业家甚至组织社会学的重要学习材料。实际上，它们的管理经验不仅中国企业在学习，日本、德国、美国等这些曾经产生了丰富管理思想的国家的企业家，今天也都非常重视对华为等中国企业管理实践的学习和研究。我曾经与西门子、佳能的董事会交流，他们认为，当今任正非堪称世界级的企业经营管理的老师。

虽然很难确定企业是先从哪个公司和哪个地区开始的，但可以确定的是，资本主义是从西方开始并且兴盛的，它快速推动了世界经济的发展，推动了科技进步、管理进步和社会的整体进步，西方现代化企业对于全球和全人类的贡献是不争的事实。现代管理思想、管理理论和管理实践正是根植于此，也因此有着西方社会制度的明确特征：资本驱动着社会的发展，追求剩余价值是资本的唯一目的，社会财富极度集中，量级分化严重等。

中国历史是一部璀璨的管理史，更是一部创业史，一部组织建设与治理的伟大历史。在这种文化、这种背景中成长起来的中国企业家，也因此有了自己独特的形象。中国企业家不仅善于学习西方企业的经营管理模式，更加重要的是，中华民族历史悠久的文化促使他们奋不顾身，快速推动企业自身的发展。华为、阿里巴巴、腾讯、美的、海尔这些企业，都是从艰难崛起，不断凤凰涅槃，成长为世界级企业。一批有着中国特色的企业家和管理学者，在企业经营管理探索之中相互学习和支持，逐渐形成了具有中国特色的企业经营管理理论和管理流派。

从第一性原理出发，基于国家安全稳定的环境、良好的国家治理政策，如果试图解答中国企业为什么成功，中国企业成功的关键经验和教训是什么，就要回答以下最为基本的问题：

（1）企业最根本的三个问题——从哪里来？到哪里去？如何去？

（2）企业如何获得旺盛的生命力？如何保持长久的活力，以实现持续健康的发展？

（3）企业从无到有、从小到大、从弱到强的发展过程中，企业家在各个阶段承担的角色有什么不同？

（4）企业发展的生命周期是什么样子？决定企业周期的核心要素有

哪些？

今天的中国企业大多数还处于创业代企业家执政时期，或者正处在由创业代交棒给第二代职业化企业家的过渡时期。企业家精神、企业家的文化系统以及经营管理之道，是建设优秀企业甚至卓越和伟大企业最终的条件和物质基础。企业家卓越杰出，企业就会有非常好的表现；企业家缺少格局境界，企业的成长和发展就会遭遇困境。企业的成功与失败，都有着一些基本文化共性，只是表现为由不同事件触发而已。华为是以客户为中心和以奋斗者为本的文化，"阿里铁军"体现了阿里巴巴文化的神韵，还有腾讯的用户为本、海尔的服务文化和质量文化、美的基于客户需求的创新文化等。企业的组织运作和经营管理，最终是企业家关于世界认知的探索与实践，而在这些认知实践的过程中，形成了企业的文化系统，当企业家完成了这种文化系统的建设，企业就进入了成熟稳定阶段。

企业的成长和发展大致是这样的路径：创业者捕捉到机会开始事业，招兵买马建设团队并且奋力拼搏，企业快速成长且规模化；创业者转身为企业家，探索企业经营管理的道路，企业由创业型公司转身成为现代化企业；企业家的精神与思想融入企业，形成推动企业向前发展的企业文化。现代化的规范企业有以下几个明显特征：

（1）企业家带领创业团队和企业经营核心高管团队，在实践中学习、总结经验并提炼，形成了有着系统、科学的企业经营管理思想和方法论的企业家。

（2）有自觉实践和推行企业家经营管理思想和方法论的核心管理团队，并且不断给这套企业经营管理体系注入新的力量、新的认知，使得以企业家为核心创立起来的经营管理方法与时俱进。

（3）在实践中探索总结企业经营管理的思想和方法、经验和智慧，吸收从外部学习到的企业经营管理的成功经验，在组织内部进行推行普及，成为组织全体成员共同的价值准则和判断依据，从而建立起系统的组织文化。

文化是一个组织生存的方式，是组织思考和决策的逻辑，是组织的行为本能和精神生命系统。没有完成文化系统建设的企业，就还没有建设完整的精神生命，还是在创业阶段，企业是企业家拽在手中的风筝，还不能够自由飞翔，也就无法离开企业家对企业的亲力亲为。

我清楚地记得入职华为的情景，深圳的天那么蓝、阳光那么明媚、空气那么清新，朝气蓬勃的华为人从在火车站出口接我们，到安排交通，再到引领我们到西丽培训中心入住和入职，一切都是那么专业认真、自然真切。然后到华为刚建成不久的百草园，开始入职培训，在安装客户机器与调试之中又是将近九个月的培训。我由一个懵懂的校园人，迅速变身为职场人，进入紧张的作战状态：安装机器、打扫机房、搬运器材、安装软件、测试系统，常常在凌晨给机器打补丁，笨拙地应付和处理各种复杂场景，不时向同事、主管甚至客户求助。那一个月的培训，其中最为核心的内容就是文化培训，不仅帮助我实现了从校园人到社会人的转身，更是在我生命中留下深刻的烙印。一年大队培训、在岗导师指导、同事们帮助，奋斗的文化、狼性的团队精神与锐敏，专业化、精益求精、独立自主、一切皆有可能、以客户为中心、团队合作、持续学习，先是成为行为习惯，然后成为思维方式。今天研究文化以及进行文化建设探索，我对华为文化中自我批判的真正内涵和无尽价值有了更深刻的理解。我在华为的岁月，虽然走上了高层管理者的岗位，其实那时并没有悟到自我批判的神韵。在离开华为后，在企业更高的管理岗位上，在解决各种复杂挑战的业务场景之中,我才真正领悟到自我批判的精髓。一个人如果没有将组织的成功当成自己的使命,没有坚定的志向,对自我批判很难有真正的理解。

离开华为的这些年,和很多从华为退休或者辞职的同事们交流,问他们对于华为理解最深或者收益最大的是什么,大家无一不认为是华为的文化。和阿里巴巴、腾讯等公司离职的员工交流,也无一不认为是公司的文化影响了他们,甚至改变了他们的一生。和很多企业的高层交流,问他们为什么喜欢华为人,他们说因为华为人身上有些特殊的东西,不需要管理,自动自发地奋斗,勇于担责,敢于担当。依稀记得2003年左右,华为发给每个员工一本《把信送给加西亚》,或许不同的人有不同的记忆,但我自己的认知里,这本书给我上了人生重要的一堂课,就是没有任何借口,奋不顾身地完成目标。

文化静水流深,推动企业发展;文化春风化雨,助力职业人生。企业文化的本质和意义,企业家渐渐有了认知,但对于大多数企业家和职场人来说,还是非常肤浅的,甚至认为是很虚的东西。再往外看、往远看,去看那些伟大的企业,大家会感叹这些企业拥有伟大的文化。但是审视自己的组织、看自己的事业时,人们就会被具体业务所影响,不知道什么是企业文化,不知道企业文化对自身的要求,以及自己在企业文化中的角色。有些人认为企业文化是理念,是美好的想法,无非就是让员工多为公司干活,企业家和资本方获得更多收益。大部分企业家和企业高层领导还没有开始企业文化的建设,更不知道如何用企业文化建设自己企业的核心竞争力。还有些人认为,企业文化就是老板的文化、老板的思想和理念。

企业经营管理是人类最为复杂的课题之一。随着人的要素更活跃,资本的要素更活跃，科技的要素更活跃，生死存亡的竞争压力让企业一直生活在恐惧中，担心随时会被颠覆或者因失误而衰落甚至死亡。企业经营管理最复杂、最艰难，很多企业家和管理者都是跑步上岗，在快速创业中成为企业经营的领导者和核心管理者，来不及形成对企业经营管理系统的认知和构建自己的能力体系，也没有良好的方案去达到该目标。

企业快速成长，规模快速扩大，竞争也更加激烈，企业家和核心高管为代表的企业人，在企业经营管理的认知、思维方式和行为习惯上，通常来不及快速跟上企业发展的节奏。企业规模越大、人员越多，企业经营管理也就越复杂，企业家和核心管理团队就越是要超越个人成见，放下单打独斗或者单兵作战的做法。企业关于企业经营管理最核心的认知、思维和判断的原则，就是企业文化的核心内容。

当前中国企业的企业文化建设，主要分为以下三种情况：

（1）深切认识到企业文化在企业经营管理中的角色和重要意义，将企业文化作为企业长期发展的核心驱动力，典型的企业有华为、阿里巴巴、海尔等。过去几十年，走上世界舞台，成为世界500强的中国企业，无不有着巨大生命力的文化系统。

（2）认识到企业文化对企业有一定意义，开始学习外部经验，探索企业文化的角色和意义，并对组织文化进行梳理、提炼，思考如何系统地建设企业文化和使用企业文化。

（3）对企业文化基本上没有认知，或者认为企业文化就是老板的风格，文化是虚的东西，是挂在墙上的标语等。

中国是世界上企业群体最多的国家，远超其他国家，这不仅是中国市场经济规模、中国政策引导决定的，还有一个非常核心的要素，就是中华民族有源远流长的文化系统。中国企业的生存环境有两个区别于其他国家的特点：市场规模庞大，且有着极大的纵深，中小企业的创立和生存相对较为容易；因为企业数量过于庞大，中国企业面临的竞争对手要比世界上其他地区的企业多得多，特别是大企业间竞争激烈。随着中国经济成为全球经济增长的主要动力源，国际竞争变得非常激烈，很多企业在早期就必须面对全球化的客户和全球化的竞争。还有一个更加重要的特征，中国经济正逐渐成为世界经济的领导者，中国企业也必然在国际上扮演更重要的角色和发挥更重要的作用，中国企业和国际上其他大企业的竞争是不可回避的。中国企业如何大范围赢得国际竞争？这需要一个完全和西方不同的企业经营管理理论体系，如果这个理论体系存在并且被运用，中国企业未来要在全球的竞争中赢得胜利，就能够更加有保障。

企业文化到底是什么东西，是如何建立的，它的作用机制是什么，如何有效发挥企业文化的作用机制，更好地推动企业成长，这是一个非常新鲜的课题。

参与起草《华为基本法》的"人大六君子"，大多在日本、美国等地留过学，他们用西方企业经营管理的理论滋养了华为，在企业家梳理企业经营管理构架上给予了巨大帮助。然而，因为那个时代企业经营管理知识体系大多来自西方，也从根本上决定了他们给出的企业治理的西式构架。学院派教授们毕竟没有亲身参与到事业之中，没有经历过企业早期的生死考验，所以他们对企业文化的理解有着先天的不足。在完成《华为基本法》起草之后，彭剑锋多年来一直专注于研究文化在企业经营管理中的价值，以及从企业文化的角度来帮助和支持企业的发展。

陈春花对于企业文化的理论与建设实践有深入独到的研究。她在吸收埃德加·沙因等西方企业文化管理大师经典理论的基础上，结合过去中国企业发展的实践，推出的《企业文化塑造》《从理念到行为》《高成长组织与企业文化创新》等系列丛书，为今天中国企业文化的建设提出了很多好的建议。至于企业文化的本源、成因和发展，企业文化的动机与作用机制，特别是企业家与核心高管在企业文化建设中的角色，以及如何将企业文化转化成为企业经营发展的强劲动力，还需要中国企业家和管理学家紧跟时代的步伐，做更深入的探讨和研究，从而输出更具中国特色的企业文化理论与实践。

企业文化是通过影响人的思维、行为，来影响和促进每个人在组织中工作的效率、质量，从而提高他们创造价值的能力。萨提亚·纳德拉担任微软首席执行官期间，为了让微软重新回到过去的辉煌，他做的最为重要的事情就是找回微软曾经的那种创新的企业文化，找回微软的魂。

企业文化是如何影响企业的？

企业是一个以人为基础的组织，和人的系统性有着相通的地方，又一定程度上有着更为高级和复杂的地方。和朋友们交流，他们或是企业家，或是投资人，或是多年的企业高层领导，大家都谈到了同一个话题：有一种力量在影响和决定着人们的行为和结果，那就是文化。一个人有什么样的文化系统，决定了他有什么样的一生。

企业是以人为核心构成的组织，企业和人一样，有自己的思维方式和行为方式，其中有的成为企业的本能，有的成为企业的"德"。厚德才能载物，深沉厚重而又融合时代特征的企业文化，才足以支撑企业卓越经营。企业文化从以下这些方面影响和推动着企业：

（1）企业文化是企业家与各级主管在企业经营活动中的思维方式和决策依据，是全体员工共同遵循的行为准则和判断依据，是企业的思想、习惯和本能。

（2）企业文化是公司战略的基石，战略是公司企业文化形成的重要环节，也是文化产生的最为重要的场景。文化没有完成建设之前，战略是文化建设的重要场景，企业家制定战略的过程，就是创立文化和推行文化的重要过程。企业文化建设完成之后，文化就成为战略的基石，战略的制定和执行就会逐渐科学化和高效率。

（3）企业文化与管理的关系：文化是土壤，管理是种庄稼。是土壤决定着庄稼，而不是庄稼制约着土壤。

（4）企业文化是组织领导力的核心内容，文化是领导力发挥作用的内涵，领导力建设又推动着企业文化的发展，并且赋予它新的内容。

企业文化也是企业的德，企业能力是企业的才。没有系统可持续的企业文化，企业的德就无法建立，企业就不能载物，必然走向衰落或衰亡。最近，一些知名企业和风光无两的独角兽一夜间被社会所唾弃。这些企业拥有良好的科技创新能力、强大的公关能力和融资能力，然而最终还是发生了悲剧，看上去是时不我与，机会不好，实际上是企业文化的基底不厚实，缺乏对大事业的承载。如果从第一性原理出发，再深入进去，就是企业自身的文化系统有大问题。一个人的肩上扛着自己，便是一日三餐；扛着家庭，便是家有余粮；如果要走得更远，要建设一个企业，要成就一番事业，他肩上扛的就是行业、国家与社会，那么企业家个人的文化系统就必须是自强不息和厚德载物，必须从个人、家庭和小团队中跳出来，到无限的人群中去。

唯有厚德载物、我将无我，才能真正深切理解企业经营管理的奥妙和精髓。

从量变与质变的关系来说，企业是人的集合，以人的特性为基础运作，但又必然有着超越人的特点。人最为核心、最为底层的力量，又会成为企业比较表层和基础的东西。把企业看成一棵树，企业经营管理就像树的干和枝叶，企业的文化系统就是树的根系，两者缺一不可，相互影响，相互决定。而种子就是企业家精神，一旦时机成熟，企业家精神破土而出，变成树苗，逐渐成长，直到长成参天大树。大多数人看到的是地面上的树，而植物学家研究的是地面下的根系，要从根系上和环境上努力让树成长得更好。企业家要认识到文化在企业经营中的重要作用，掌握企业文化系统，才可能实现让企业基业长青。

经营指标后面的支撑是什么？企业存在的最终价值是什么？人在组织中是如何相互协作和形成合力的？企业管理的基本原则是什么？中国企业如何在全球化竞争中胜出，最终成为全球经济的领导力量和主导者？中国企业的经营管理和西方企业的经营管理最为本质的差异是什么？不断追问你会发现，企业文化在管理中的角色越来越重要，越来越值得深入探讨。如果现代西方资本主义催生出过去时代的西方企业经营管理体系，那么今天中国企业的经营管理又会推动着企业经营管理理论朝着什么方向演进，甚至出现完全不一样的管理原理？

依靠个人电脑业务与传统互联网发展起来的微软，曾经是世界上市值最高的公司，并且长期占据榜首。然而，随着手机和平板电脑的快速普及，微软的传统业务受到移动互联网的巨大冲击，开始进入漫长的衰退期，迷失长达 10 年之久。外部威胁带来巨大内部矛盾，山头主义和不信任感侵蚀着微软。当纳德拉接任微软 CEO 时，他把修复微软的文化、重新找回微软的灵魂作为首要任务。他认为 CEO 中的 C 应该代表文化（culture），使命感和文化是公司发展的两大支柱，对任何机构、组织来说，这两部分都是持久性支柱。当人们讨论为地球上的每个人、每个组织赋权以取得更多成就时，这不能只是一句空话。从某种程度上讲，人们必须在做出每个决定、开发每款产品以及与客户相处过程中抓住本质，"能够让我们始终如一地做到这一点的就是文化。这就是我说我们需要创造必要条件，通过改进文化实现我们使命的原因，即便设计的文化不像你要实现的部分目标那样"。纳德拉接替鲍尔默五年后，微软重新回到全球市值最高的公司行列，成为全世界资本市场和客户的宠儿。

海尔的企业文化是一个应变的文化，始终跟随时代变革不断创新发展，总结起来就是四个字——"自以为非"，每个人都不断挑战自我、战胜自我、重塑自我，并根据外部的变化来改变自己。在推进"人单合一"双赢模式的过程中，海尔已经形成了完善的创业文化，搭建了机会公平的空间与平台，鼓励员工成为创客，以用户全流程最佳体验为核心驱动力，不断创新，持续颠覆。哲学家康德指出：人是目的，不是工具。每个人都向往自由、平等和自我价值的实现。海尔认为，企业文化的核心是人的问题，企业能否长久保持生机和活力的关键在于人，必须让员工成为创业的主体。在海尔，文化不是一种工具，而是变成了一种精神。一般企业是通过某种方法让员工认同文化，海尔则提倡员工参与到企业文化建设中来，让其从被动方变为主动参与方。海尔的文化价值观是随着时代的变化不断演变的。张瑞敏曾说过，"没有成功的企业，只有时代的企业"。海尔的价值观也体现了这一点。以海尔的创新文化为例，它在每个时期有不同的内涵，早期海尔的创新是克服困难、解决问题，如今海尔提出开放式创新，所有人都可以参与进来，形成一个生态系统。所以说海尔文化是动态的，是不断优化的。

一位杰出企业家，一定是将创立自身独特的、符合时代特色的企业文化作为事业的重要内容，他一定深刻理解，他所创立的企业文化必须成为组织思维的习惯、生存的密码，成为全体员工共同遵守的思维方式和行为习惯，企业才算真正拥有了自己的精神生命，才进入了一个独立完整的自我成长和发展的轨道，事业才进入了一个稳定的发展期。在创立企业文化，发展企业文化，并且建设成熟稳定的企业文化的过程中，企业家一定在苦苦探索下面这些问题：

（1）企业从哪里来，到哪里去，如何去？

（2）如何通过管理能力建设和组织变革来提升企业的核心竞争力？

（3）如何制定合理可靠的战略，并保持战略的连续性和可靠性？

（4）吸引优秀人才、激发人才、成就人才的底层逻辑是什么？

这些问题的探索和回答，就是形成企业文化、建设企业文化并且有效使用企业文化。这些问题的答案就是文化的力量，企业拥有这样一种力量，就会有源源不断、自动自发的深层竞争力。企业的表层是产品和服务，产品服务能力源自战略和管理，而战略和管理的源头就是企业文化。

文化就像长江之水天上来，它日夜奔腾不息，养活了鱼儿，浮载着船只，哺育了两岸的人们。企业文化成熟了，企业就拥有了自我前进的力量和惯性。这种文化惯性的建设，必须是企业家亲力亲为，是长期持续、巨大艰难的任务，是核心管理团队长期的践行。一次的雨水冲刷不出河流和平原，只有经年累月，才能够冲刷出大河大江，才能拥有奔腾向前的力量。

企业文化是企业精神、观念、信念、价值和行为规则。要成为组织的一员，要在组织中生存，就必须遵循这种规则。就像人们在水中，就必须遵照游泳规则，就必须懂得水性，运用水性，否则就会被淹死。文化是企业的道，是企业家关于事业思考的纲要，是战略的基石，支撑战略制定；文化决定着企业家事业的底层原则，决定着公司的政策和制度、公司的治理方式和组织构架等；文化也决定着企业家和核心团队在组织中的领导和管理风格。文化是人力资源选、用、育、留的原则，员工从面试到入职，到在组织中的发展，企业文化无时无刻不在影响着他。优秀企业在经营指标背后一定有其逻辑，这就是企业文化。卓越企业更是有着领先的、科学的、系统的企业文化，伟大企业一定有伟大的企业文化。一个华为员工在离开华为若干年之后，依然会对过去在华为的故事津津乐道，其语言、行为、思维被深深打上了华为的烙印，这就是文化的魅力。文化不仅影响着员工在职场的行为、思维，甚至会影响一个人一生的生活与职业习惯。

人是由物质的有限性和精神的无限性构成的，企业是由生产要素的有限性和企业文化的无限性构成的。是人类的精神让世界文明如此璀璨，也是企业的文化让人类文明更加辉煌。"对我来说，文化就是一切。"微软总裁纳德拉对文化的认知，为企业家探索基业长青提供了非常好的参考和借鉴。1998年，任正非给《走出混沌》定稿时加上了一句话：资源总会枯竭，唯有文化生生不息。无论东方还是西方，伟大的企业家在思想上是相通的。

雨声潺潺，我望向窗外的热土，每个写字楼里都孕育着文化的种子，牵引着街头的人潮奔向四面八方。在这个众声喧哗的时代，还有千万如曾经的我一样，刚刚毕业、背井离乡的年轻人，像无源之水，在迷茫中敲打着每一扇门窗。作为企业人，我们有义务鼓而呼之，让他们听清时代的召唤，让这千万雨滴汇聚成奔向海洋的暖流，这片海洋将会更加温暖而伟大。

第一章
·CHAPTER1·

融入企业文化的时代奔流

> 刚柔交错,天文也。文明以止,人文也。观乎天文,以察时变,观乎人文,以化成天下。
>
> ——《易·贲卦·彖传》

第一节　源头活水：文化与企业文化

"文化"的概念非常宽泛，从古到今对它的诠释和定义有很多，几乎每一个诠释和定义都带有自身的特点并打上了时代的烙印。本书试图回到文化概念出现的原点，从其产生发展的过程、关键里程碑事件来分析、审视"文化"这一概念，并推及企业文化的研究与分析。

"文化"这一概念在中国几乎与中华文明同样古老。它可以追溯到《易·贲卦·彖传》，原文为："刚柔交错，天文也；文明以止，人文也。观乎天文，以察时变，观乎人文，以化成天下。"这大概是中国对"文化"这一概念的最早表述。

其中，"天文"大致可以看作自然现象，其特性为"刚柔交错"，即不同力量相互作用的状态。"人文"大致可以看作社会现象，《大学》中说："知其所止……为人君，止于仁；为人臣，止于敬；为人子，止于孝；为人父，止于慈；与国人交，止于信。"可以看出，"文明以止"可以理解为彰显社会背后的规律，形成规范和边界。

"文化"概念正是来自"观乎人文，以化成天下"，也就是观察社会人文，教化天下人，使他们的行为合乎规则秩序，合乎天下大道，从而成就天下。

由此我们可以看出，中国先贤对文化概念定义的特点：

（1）文化作用于人类社会，与自然分隔开来。

（2）人类活动存在可以被观察研究的客观规律，与自然有类似的方面。

（3）强调文化的作用，即文化可以修炼人的精神世界，让人们懂得为人处世的原则和秩序，明晓自身的责任和义务。

英语所说的"文化"（culture），源自拉丁文 colere，原意指通过人的能力培养及训练，使其超乎单纯的自然状态之上。这个定义同样强调了教化（培养及训练）的重要性，并指出了人要通过文化超越其自然状态的目的。

企业文化是社会文化的特殊组成部分，它身上肯定具有上述定义中的文化特点。但在此基础之上，"企业文化"这一概念还需要体现其特殊性。

据我思考，我给企业文化下如下定义：

- 总体上看，企业文化是企业经营活动中所展示出来的，从外部影响、制约和规定着企业内在机制和力量的价值体系。
- 从历史维度看，企业文化是企业在成长过程之中，不断积累的经验、沉淀的智慧和发育的精神力量。
- 从功能结构看，企业文化首先是驱动企业成长的最基础的力量，也是企业经营管理的根本性思维方式，还是企业适应外部环境、团结内部资源的方法。（企业文化的详细结构参见第二章）

我对企业文化概念的总体定义，逻辑在于辩证地看待企业文化，即企业文化一定是与企业外在表现互为表里、互相作用的。就像软件和硬件的相互关系，企业文化是企业的软件，它不能独立于企业的实体，也就是不能脱离硬件而单独存在，它必须通过对系统硬件的驱动来发挥作用。

在企业文化这种软件的作用下，原本相互孤立的硬件被黏合到一套协作机制和环境中，开始运转起来。任正非曾经说过："我就提了一桶'浆糊'，把18万员工黏结在一起。"这句话揭示了华为走到今天的核心三要素：企业家（任正非）、一桶"浆糊"、企业的全体员工。任正非所说的这桶把员工黏结在一起的"浆糊"，就是华为的企业文化。

任正非告诉我们，企业家、企业文化、企业员工，是企业得以成立的三要素。在企业创立的时候，这三要素就已应运而生，相互作用。企业创立时出现的企业文化，更多的是企业家本人的文化，而企业家的一大职责，就是在企业发展过程中，慢慢地把自己的文化渗透推广成集体的文化，并使企业文化不断演进，成为更加显性、科学的企业文化。

事物总是处在运动变化中的，企业也不例外，或进化和发展，或衰落和倒退。不管怎样，这种发展或衰落的状态总是为其特色的文化所支配。所以，如果一个企业、一个组织结构面临死与生、去与留，那么主宰这种命运的就是文化。

文化，有精华，也有糟粕。企业要有生命力，文化就一定要有生命力，这就倒逼企业要不断吸收优秀的文化，如同去腐肉才能有新肌，倒掉陈茶才会有新茶一样，企业要大胆淘汰阻碍企业进步的文化。"我们要或使用，或存放，或毁灭。"鲁迅先生对待文化遗产的态度，我们不妨拿来！

第二节　沿流回溯：企业文化的理论发展

什么是企业文化，向来众说纷纭。几乎每一个研究企业文化的学者都会根据自己的理解给出一个企业文化的定义。有人曾经统计过，国内外企业文化的定义总数量，共有400多种。

20世纪80年代，随着日本企业的崛起，西方管理学家开始意识到不同文化在企业管理中的影响，"企业文化"的概念开始登上舞台。

日裔美籍学者威廉·大内的《Z理论》[一]一书是企业文化研究初期的代表作，他认为："企业文化就是守势、进取和灵活性，即确定企业行为方式的价值观。"

理查德·帕斯卡尔和安东尼·阿索斯在《日本企业管理艺术》中分析了日本企业不同于欧美企业的管理模式，总结出经典的"7S管理模式"：战略（strategy）、结构（structure）、制度（systems）、人员（staff）、风格（style）、技能（skills）、共有价值观（shared value）。其中战略、结构和制度被视为企业管理硬件，而人员、风格、技能、共有价值观被视为软件。这些软件与企

[一] 该书已由机械工业出版社出版。

业文化有明显的共性。

哈佛大学教授特雷斯·迪尔和麦肯锡咨询公司顾问阿伦·肯尼迪在合著的《企业文化：现代企业的精神支柱》中指出："企业的文化应该有别于企业的制度，企业文化有自己的一套要素，即价值观、英雄人物、典礼及仪式、文化网络。其中，价值观是企业文化的核心；英雄人物是企业文化的具体体现者；典礼及仪式是传输和强化企业文化的重要形式；文化网络是传播企业文化的通道。"

"组织文化之父"埃德加·沙因在《企业文化生存指南》一书中指出："企业文化是由一些基本假设所构成的模式，这些假设是由某个团体在探索解决对外部环境的适应和与内部的结合这一问题的过程中发现的，为大多数成员所认同，并用来教育新成员的一套价值体系，包括共同意识、价值观念、职业道德、行为规范和准则等。"

约翰·科特和詹姆斯·赫斯克特在《企业文化与经营业绩》一书中指出："所谓'企业文化'，通常是指一个企业中各个部门，至少是企业高层管理者所共同拥有的那些企业价值观念和经营实践。"

西方的企业文化理论20世纪80年代后期开始传入我国，引发了国内学界的关注，很多中国学者也给出了自己的理解和定义。中国企业研究会原常务理事长张大中先生认为："企业文化是一种新的现代企业管理理论，企业要想真正步入市场，走出一条发展较快、效益较好、整体素质不断提高与经济协调发展的道路，就必须普及和深化企业文化建设。"

原文化部常务副部长高占祥先生认为："企业文化是社会文化体系中的一个有机的重要组成部分，它是民族文化和现代意识在企业内部的综合反映和表现，是民族文化和现代意识影响下形成的具有企业特点的群体意识，以及这种意识产生的行为规范。"

陈佳贵在其主编的《企业管理学大词典》中解释，一个较为完整、准确和科学的企业文化的概念，应包括以下四个基本点：

（1）文化背景。企业文化是社会文化一定程度上的缩影，使企业在建立和发展过程中逐步形成并且日趋稳定下来的文化积淀。

（2）实体内容。企业文化应包括企业价值观、企业精神及以此为主导的企业行为规范、道德准则、生活信念和企业风俗，以及在此基础上形成的企业经营意识、经营指导思想、经营战略等。

（3）复合形态。企业文化应包括三种基本形态——观念形态、物质形态和制度形态，企业文化有融合这三种形态文化的复合功能。

（4）功能形态。企业文化的功能赖以发挥的关键，在于企业生产经营中形成的社会群体文化氛围和心理环境。

清华大学张德教授在其编撰的《企业文化》一书中将企业文化划分为三个层次：符号层，作为企业文化的外在表现和载体；制度层，约束和规范符号层及观念层的建设；观念层，企业文化的核心和灵魂。

学者刘光明在其专著《企业文化》中指出："企业文化是一种在从事经济活动的组织中形成的组织文化。它有广义和狭义两种理解：广义的企业文化是指企业所创造的具有自身特点的物质文化和精神文化；狭义的企业文化是指企业所形成的具有自身个性的经营宗旨、价值观念和道德行为准则的综合。"

中国人民大学彭剑锋教授对企业文化这样理解："企业文化是在一家企业的核心价值体系基础上形成的，具有延续性、共同的认知系统。"

尽管众说纷纭，但我们也能从各种定义中看到一些共同之处：

（1）强调企业文化至少要被企业的多数员工所认同。

（2）价值观是企业文化中最明确的一大要素。

（3）企业文化会形成复杂的结构和体系。

这些学者的定义，对我研究企业文化有重大参考价值。我在研究中，在这些定义之上增加了对企业文化的新认识。

第一，我不仅强调企业文化是一种规范，而且认为企业文化中有"力量"的成分。规范展现的是对自身的约束，而力量表现出的是主动出击、冲破阻碍地向外做功，二者正是企业文化的一体两面。文化中蕴含着外拓的力量，约瑟夫·奈在论及美国的强大时，就提出过"软实力"（soft power）概念，power一词有"权力、力量"之意，而文化正是软实力中的关键一环。美国通过其精心包装的好莱坞、麦当劳、耐克、可口可乐，将文化强有力地输送到世界各地，从而抓住了牵引他国的一个主动权。我强调的企业文化的力量内涵有：①企业文化是一种权力，谁掌握并合理运用了企业文化，谁就掌握了企业组织中的主动权；②企业文化中有精神力量的成分，通过企业文化的内化和内在觉醒，个体能够源源不断地激发内在力量，并强有力地影响周围的人，这同样是企业文化的关键作用；③企业文化作为一种作用力，具有感召、凝聚、驱动等效果。

第二，从企业的实际运作角度看，我不是只关注企业文化的完成态，即考察企业文化已经被多数员工所接受、形成普遍共识的状态，我更关注企业文化的发生态，即企业文化从哪里来，如何发展，如何变成普遍共识。在这个关注点上我发现，企业实际上由极少数核心人物（很多情况下只有一位）创立和运作，企业文化在很大程度上就是由这些少数人决定的。因此，在文化主体上，我非常关注企业家的作用，并希望能够审视企业家的个体文化如何走向群体意义的企业文化。

第三节　聚水成河：中国企业文化的实践背景

中国改革开放已有40多个年头。孔子曰：四十不惑。不惑当有两解：一是回首来处，所走过的道路清清楚楚，一目了然；二是展望未来，所要达成的目标和实现的路径清晰可见，坚定不移。党的十九大报告对新时代中国特色社会主义以及未来的发展描绘出了清晰蓝图，实现中华民族伟大复兴的中国梦，我们正逢其时。

中国经济越来越成为全球经济可依靠的力量，在全球经济活动中的地位也越来越重要。中国产品的竞争力、品牌影响力，中国企业的国际营销能力、全球供应链能力，在逐步得到全球消费者的认可。虽然2020年中国企业由于国际竞争、疫情影响等冲击举步艰难，但中国企业的韧性超乎预料，2020年下半年中国进入全球出口快车道，这肯定让很多专家和学者甚至政策分析研究者都没有想到。

这同样也说明，在全球消费产品的供应链中，传统的欧洲、美国、日本等国家的产品出口能力在降低，竞争能力在降低。世界对中国产品的依赖，中国企业全球竞争力的跃升，或许现在还只是刚刚开始。

当然，中国企业也面临着很多问题，尤其是中小企业，而从另外一个角度来讲，这些问题也包含着驱动中国企业不断建设其全球竞争力的核心要素。当前中国中小企业面临着哪些方面的问题呢？

首先是企业寿命的问题。根据中华全国工商业联合会推出的第一部《中国民营企业发展报告（2010～2011）》所公布的调研数据，国内中小企业的平均寿命只有2.9年。这一结果可能让很多关心中小企业发展的人士难以接受。但是，深受工商界欢迎的美国《财富》杂志公布的有关数据也显示，美国约有62%的企业寿命不超过5年，中小企业的平均寿命不到7年。这些数据说明企业的短命是一种普遍性问题，但中国企业的寿命更为堪忧。

国家工商总局发布的《全国内资企业生存时间分析报告》显示，2008～2012年，大部分行业企业的寿命众数为3年，其中农林牧渔业、制造业、批发零售业、房地产业等行业的生存危险期均在1年以内。也就是说，随着企业数量的增长和竞争的白热化，许多企业刚出生就要面临死亡威胁。如果不能在一两年内做好准备，很多企业很快就会陷入瓶颈期并威胁自身的生存。

20世纪50～70年代，我国法人单位的数量相对稳定，增长较为平缓；改革开放后，随着社会主义市场经济体制的逐步确立和发展，法人单位的数量迎来快速增长期。党的十八大以来，法人单位的数量呈爆发式增长，2012～2017年，单位数量从1061.7万个迅速增加到2200.9万个，年均增长15.7%。其中，企业在全部法人单位中的占比不断提高。1996年，全国共有企业262.8万家，2017年，企业数量增加到1809.8万家，增长了5.9倍，年均增长9.6%，占全部法人单位的比重从59.7%增加至82.2%，提高了22.5个百分点。

　　2019年11月，国家统计局发布的第四次全国经济普查结果显示，2018年年末，我国共有中小微企业法人单位1807万家，增长115%，占全部规模企业法人单位（以下简称"全部企业"）的99.8%，比2013年年末提高了0.1个百分点。其中，中型企业23.9万家，占比1.3%；小型企业239.2万家，占比13.2%；微型企业1543.9万家，占比85.3%，微型企业增速迅猛。2018年年末，我国共有微型企业1543.9万家，比2013年年末增加929.1万家，增长151.1%，是2013年年末的2.5倍，占全部企业的比重为85.3%，比2013年年末提高了12.4个百分点。中型企业比2013年年末增长1.3%，小型企业比2013年年末增长18.3%，都远低于微型企业的增速。但微型企业的资金产值率相对较低。2018年年末，微型企业的资金产值率仅为26.2%，相当于大型企业的1/3，也比中型、小型企业低30.3个和29.1个百分点。微型企业实现全年人均营业收入49.1万元，是中型企业人均营业收入的43.1%，是大型企业人均营业收入的33.9%。

　　可以看出，微型企业在数量上占有绝对优势，并且增长速度最为迅猛，但是营收能力和竞争力明显不足。这是第二大问题。与此同时，中小型企业数量增长很低，尤其是中型企业，5年增长率只有1.3%。这说明企业从微型到小型、小型到中型、中型到大型的转变，是越来越艰难的"鲤鱼跳龙门"，绝大多数企业都很快陷入原地踏步甚至被淘汰的状态。这是第三大问题。

在这种形势下，大型企业所占比重显得愈发低，想要成为那 0.02%，要付出巨大的努力。这些好不容易转身至此的企业，要想追上国际趋势，进一步区域化、国际化、品牌化，进一步打造核心竞争力，成为行业的领导者和企业中的卓越者，则更是需要不断地精进自身。

在此背景下，我们需要审视企业经营管理中的重要一环——企业文化，研究它在中国企业发展环境下的变化。

20 世纪 80 年代，企业文化由西方管理学界理论化，并迅速掀起热潮。那时我国正在经历改革开放的热潮，80 年代后期引入"企业文化"概念，与此同时一些相关著作也被引入和翻译成中文，这使企业文化成为管理学界的一个热门研究课题。1987 年，中国企业管理协会、国务院发展研究中心、中国社会科学院工业经济研究所及一些专家学者共同发起，在北京召开了第一次全国性的企业文化研讨会。1988 年，中国企业文化研究会成立。1989 年，《企业文化》杂志创刊。除学界之外，一些企业也在改革开放中不断探索，开始意识到企业文化的作用，尝试提炼自己的文化体系，建设有自己特色的企业文化。例如，1983 年建成投产的广东梅山糖业总公司，创建不久后就开始了文化建设探索，于 1987 年编写了《梅山实业总公司企业文化发展规划》，明确了"开拓唯实，科学图新，利国利厂，集团发展"的企业精神。

20 世纪 90 年代，随着国门的进一步打开，市场竞争日益激烈，同质化的产品和粗放式的管理已经难以为继，企业开始探索差异化竞争和精细化管理，企业文化作为一种先进的管理要素，愈发被重视。1992 年党的十四大报告首次提到"企业文化"，明确提出"搞好社区文化、村镇文化、企业文化、校园文化建设"，把企业文化建设提高到了国家高度，也让企业文化进入了全国人民的视野。在学界，各种企业文化相关的协会纷纷建立，大量企业文化刊物创刊、企业文化专著出版，校企结合建设企业文化也愈发热烈，企业文化培训课和咨询机构不断涌现。在商业圈，一些已经崛起的龙头公司，吸收中西方文化理论，虚心请教学术界专家，开始了大刀阔斧的企业文化建设，并逐渐将企业文化与企业的其他机制有机结合起来。联想集团于1991年创立"入模子"培训方法，将联想文化落地与培训结合起来。企业文化是"模子"，新员工通过"入模子"培训迅速熟悉和适应联想的企业文化。1995年，华为联合"人大六君子"，开始构建《华为基本法》，高举"资源是会枯竭的，唯有文化才会生生不息"的大旗，将华为文化与华为制度在《华为基本法》中融为一体。海尔将"砸冰箱"等经典案例转化为深入人心的企业文化，并在20世纪90年代通过自己的文化优势不断扩张，提出"文化激活休克鱼"战略，兼并因为文化脆弱导致经营不善的公司，用强有力的海尔文化激活并同化被兼并的这些"休克鱼"，从而大大提升了海尔自身的实力。

千禧年之后，信息化浪潮席卷而来，深刻影响了各行各业。数字经济、网络经济、虚拟经济成为新的社会经济形态，全球化竞争进一步深化。企业文化在这一新时期也在深度和广度上得到进一步加强和改善，出现不少优秀的企业文化典型。究其原因，首先，发达的网络带动了世界范围的海量信息涌入中国，为企业提供了大量与企业文化相关的知识和案例；其次，很多企业在发展中遇到更为激烈的国际竞争，它们对企业文化的作用有了更深刻的认识；最后，创业热潮和新兴行业的涌现，带动大量新生企业的出现，为企业文化注入了新活力，呈现出百花齐放的态势。这一时期，新生的阿里巴巴异军突起，在业务扩展的同时，逐渐形成了精神、使命愿景、核心价值观三足鼎立的企业文化体系，并通过严格的价值观考核机制、别开生面的政委制度体系，将阿里文化渗透到企业的方方面面。华为于2008年确立了"以客户为中心，以奋斗者为本，长期艰苦奋斗"的核心价值观体系，以此形成完善的纲要，并通过一系列建设和变革，让文化融入每个华为员工的心中，并引领华为从国内走向全球，从追赶者跃升为行业的引领者。

再看美国，会发现美国很多企业在文化道路上依旧高歌猛进，一些老牌巨头在自我刷新，一些新生代企业则在快速成熟。今天华尔街著名的公司，无论是过去 30 年来长盛不衰的微软，还是后起之秀的谷歌、亚马逊和脸书，都有着非常系统、显性的文化特征。微软在第二任 CEO 鲍尔默执掌的 10 年中，公司竞争力不断下降，市值大幅跌落，一度错过了移动互联这个巨大机会，微软甚至被嘲笑为一家给硬件打补丁的公司。然而，它的印度籍 CEO 纳德拉 2014 年上任以后，通过重新找回微软企业的文化之魂，将全体员工激活到了良好的状态，使微软再一次成为华尔街市值最高的公司，成为云时代的全球领导者。纳德拉的那一句"对我来说，文化就是一切"，总结出了企业文化对于一个伟大公司来说是多么重要。

改革开放后的中国企业发展史，也是企业文化的发展史，从历史的流转中可以看到企业文化有如下发展特点：

（1）从经验、感性走向科学、理性，提纲挈领的基本法、纲要、宣言、手册等成为一些企业文化成熟的标志。

（2）从零散、孤立极端和片面走向完整、体系、和谐与统一，走向和企业其他机制的有机融合。

（3）从表层的口号、标语、视觉形象，深入到最核心的使命、愿景、价值观、精神。

（4）从顶层设计落实到基层，甚至渗透到企业的每一个方面，企业文化的形式和内容逐渐统一。

（5）一些具有普适性的文化内容逐渐凸显，如创新、奋斗、客户至上。

尽管从整体上看企业文化存在这些发展特点，但就具体企业而言，却不一定如此。直到今日，依然有大量中小企业还没有意识到什么是企业文化，没有感知到企业文化对于组织的核心价值；仍然不具有体系，甚至是清晰的文化理解认知，当然也并不重视文化的作用。依然有许多进行文化建设的企业还是只专注于做表面工作，热衷于搞标语、口号，统一服装等视觉形象，没有去攻克最关键的文化内核。更有不少企业把华为和阿里巴巴这些成功企业的文化，简简单单地搬到自己的公司，机械地去推广落实，结果不是碰得灰头土脸，就是被员工埋怨厌弃。深入研究企业文化的本质和内涵，总结企业文化发展中的规律和特征，找出企业文化建设的典型案例，正是为了厘清企业文化建设的方向和道路，帮助企业认识到企业文化的存在价值，并引导企业建设属于自己的具有体系的科学的企业文化。

第四节　道阻且长：企业文化建设的问题

正如第一节所述，如果只谈企业文化，那么任何企业的外表之下都会有自己原生的企业文化，只不过进步的企业能在其文化中找到进步的要素，退化的企业能在其文化中发现失败的原因。对于本书来说，我注重的是在众多企业文化中寻找到卓越的企业文化模型，论证它的价值以及它与企业其他机制的关系，从而启发企业建设属于自己的走向成功和卓越的文化。

为此，我与许多企业的企业家、高管团队进行交流，整理出具有普遍意义的问题。

第一类问题属于对企业文化的认知问题。一些企业家和高管对企业文化的认识往往离不开三个字——高、虚、泛。

"高"指一些人把企业文化看成一种高高在上、脚不点地的形而上学，将企业文化的理论视为艰深晦涩的高级内容，认为自己企业还不需要文化，并对此敬而远之。"虚"即认为企业文化就是一些口号、标语，内容非常空，难以落到员工心里去，更别说生根和开花结果了。"泛"即认为企业文化是个"筐"，什么都能往里装，好词特别多，但不知道什么适合自己。

从方法上看，这些认知提醒我在交流中尽量让语言通俗易懂，并加入更多结合现实的内容。从本质上看，这些认知产生的原因是这些企业当下的管理还足以支撑得住，企业文化建设在管理者心里还没有那么重要和紧迫。同时，管理者尚未深入理解企业文化，容易有先入为主之见，给企业文化贴上了标签。从经验和实践来看，随着企业的进一步发展，一些过去对企业文化抱有成见的企业家和高管，当他们负荷日渐沉重，过往的利害、义气等方法已经不容易维系组织稳定时，他们往往会醒悟，并转向对企业文化建设的追求。

第二类问题属于建设企业文化的决心问题。一些企业家承认企业文化的价值，但是却认为自己现在非常繁忙，要抽出精力来建设企业文化，实在是心有余而力不足。还有观点就是，企业文化如业务推行一样，开几次会议，发几个文件，进行几次奖励，就能毕其功于一役。

这种认知同样出于对企业文化的认识不足，也出于对自己职责的不清晰。企业文化的建设需要核心高管尤其是企业家的参与，这种参与一定是张弛有度、旷日持久的，管理者更需要注意的是，辨析自己的工作价值，做好时间和精力的规划。最终，好的企业文化也能带动组织运转，从长远看能帮助管理者减轻负担。

第三类问题是企业文化建设中遇到的问题。一些企业的文化建设急于求成，引起很大反弹，或是建设周期过长，无疾而终；一些企业家苦于找不到一同践行企业文化的人才，或者面临着内部各种文化难以统合的问题，无法真正在高管团队、不同部门、不同地区建立起文化共识；一些企业的文化只停留于高管团队层面，而与广大员工脱节，抑或落地找不到有效方法，浮于表面和形式主义。

可以看到，这些问题中存在着炙热急迫的理想与客观现实之间的矛盾，这让很多人对企业文化建设的长期性、艰巨性认识不足，节奏感把握不足。企业文化建设要真正做到脚踏实地，一定要长期坚持和把握科学的方法，要从企业实践的历史中总结和提炼文化，要在实践中检验并修正文化，不断培养企业传承文化的核心力量，如干部队伍、骨干成员等。只有在大方向上科学，长期坚持对标、学习和实践，才能将文化大厦建立在坚实的基础之上。

第四类问题属于企业文化的内化问题。一些企业认为珠玉在前，只要采用拿来主义，照单全收，就能内化成自己的文化；一些企业热衷于学习先进的政治组织；一些企业重金聘请专家顾问，按华为、阿里巴巴等标杆企业设计全套的文化建设方案。这些行为最后往往水土不服，无法和企业的现状匹配起来。

从我的观察来看，其中存在一个巨大误区，就是拿来主义的对象往往是文化处于成熟阶段的组织。很多企业效仿华为、阿里巴巴，仔细研究发现，它们都是在效仿现阶段的华为、阿里巴巴，此时的华为、阿里巴巴，企业文化早已成熟并运行了多年。无论华为还是阿里巴巴，这些组织都早已在文化上形成了坚定的全员共识甚至信仰。相较之下，学习者、效仿者尚处于企业文化的萌芽期，往往是靠利益、义气聚集在一起，初步共识都可能没有形成，生搬硬套一套强有力的文化过来，无异于首尾颠倒，自然消化不良。

因此，我必须从发生的角度考察企业文化的产生、发展阶段，并总结出不同企业文化阶段的特点和需求，提炼出最值得企业吸收的普适、关键的文化因子，寻找标杆企业早期阶段的企业文化建设案例，从而给企业以更合适的引导和启发，帮助企业更好地走向文化发展之路。

本书的作用仅限于为企业家和管理者在企业文化的建设、运用上提供引导、启发和帮助。任何企业想要走向卓越，都离不开其成长过程中发展演化而来的系统而科学的企业文化，所以必须认真总结自己、审视自己，从自己的历史之中提炼和建设具有自身特色、真实地体现自身成长经验的文化体系，深入消化和吸收外部成功文化的实践，再与普适的文化进行融合，使企业文化更科学、更具体系，又具自身特色。这条宽远的道路只能由少数人特别是企业家早早地去探索和实践。当企业家带领企业不断超越自我时，当企业内外同道者越来越多时,当更多人相信并看到文化的曙光时,企业文化的力量就会进一步显现出来,静水流深的作用也会在企业的各个方面源源不断地释放出来,推动企业发展,促进企业成功。

推崇企业文化的时代洪流正奔涌而前,唯有融入其中,方能弄潮而上,成就卓越。"观乎人文,以化成天下",观乎企业文化,以化成蓬勃发展、欣欣向荣之企业,使人才辈出,新品辈出,国际竞争力倍升,员工幸福指数倍升!

第二章
· CHAPTER 2 ·

用潘氏模型建设企业文化大厦

为政以德，譬如北辰，居其所而众星拱之。

——《论语·为政》

第一节 有自己的体系，文化才能做踏实

在参与企业文化建设中，会遇到两种反对声音：一种是"文化空虚论"，认为文化不务实，是一些放之四海而皆准的好词，或者是一些干瘪的口号，对于企业治理没有实际价值，真正起作用的还是权和利；另一种是"文化洗脑论"，认为企业文化是老板搞的一套东西，用来"洗脑"。

文化真的是空虚的吗？文化只是用来"洗脑"吗？去看看那些伟大的组织、伟大的企业就会发现，这两种声音是对于文化非常错误的认知。中国能够传承五千年而仍然保持活力，成为四大古国中唯一延续下来的文明，肯定与它源自《易经》，传于儒、道、法三家的强大文化相关，文化是中国的生命线，也是今天中国依然勇于面对挑战、自强不息的根源。阿里巴巴在2000年互联网寒冬后处在生死边缘，但它依旧提炼了文化体系，将核心价值观作为培训中最有分量的内容，由阿里巴巴的高管亲自传授。在阿里文化的熏陶下，被称为"阿里铁军"的中国供应商直销团队诞生，成功帮阿里巴巴崛起。

为什么对企业文化的误解如此普遍而严重？问题的根源在于两点：企业文化不属于自己，企业文化没有形成体系。

企业文化不属于自己，企业没有构建真正的自我，也就是没有从根本上掌握企业文化的主导权，是现在大多中小企业的常见误区。这存在两种情况：

第一种情况是企业没有统一的"大文化"，只有不同部门的"小文化"，每种文化都不能代表整个公司的文化。结果一到公司开会就吵成一片，一到部门间协作就摩擦不断。我曾经听过一位高管大倒苦水："公司以前是两种声音互相争执，现在来了新高管，变成三种声音了，这事情怎么做下去呢？"

第二种情况是企业文化是生搬硬套别人的"舶来品"，只知其然，不知其所以然，落实的时候没法和公司的实际情况对上号。我和出身华为、现在做咨询公司的张总聊，他提到一些客户照搬华为文化的"狂热"：把华为所

有相关的文件都抄过去，还要求员工背出来，一个字都不能错。我听到后和张总一同苦笑：我们这些华为人要去该公司，恐怕成绩会垫底。华为最强调的就是"以客户为中心"，员工把大量宝贵的时间和精力拿来背死书，那还有多少时间和精力为客户服务呢？这样邯郸学步，也难怪很多员工会抱怨企业文化空虚、"洗脑"了。

企业和人一样都有自我，对自我的认知就是文化源头。如果一个人有几套对自我的认知，不能统一，那叫精神分裂；如果一个人的自我完全是对偶像的全套模仿，那只能说是狂热"粉丝"，没法成大器。企业同样如此。

要构建企业文化，必须找到自我，要找到自我，必须靠企业家。这个世界上，除了西班牙蒙德拉贡这种合作社模式的公司，绝大多数公司都是由极少数企业家创立并运作的。企业家经历了企业创立、发展的全过程，参与了企业的所有重大决策，企业的现状一定打上了企业家的烙印。

企业文化的构建既是企业家的权利，也是企业家的责任。企业家要根据企业的过往经验、当下的具体情况和未来的发展方向提炼文化，并在企业内部形成文化统一。只有这样，企业才能具有一个符合实际情况的自我。

另一个误区是企业文化不成体系，这基本是中小企业构建企业文化的通病。具体存在多种情况：

第一种情况是企业文化缺胳膊少腿。比如很多企业构建企业文化，只做"紧箍咒"式的价值观，缺少激发员工力量的精神、使命和愿景。没有西天取经、普度众生的使命和愿景，没有大无畏的精神，即使是孙悟空，也不可能光靠紧箍咒撑过九九八十一难。

第二种情况是企业文化干瘪空洞。很多企业文化变成了墙上、横幅上的口号，口号背后没有解释、没有内涵，导致员工就算背了口号，也没法搞清楚口号是什么、为什么、怎么用。

第三种情况是企业文化结构混乱。究竟文化中哪些是主、哪些是次，哪些是前提、哪些是后续，并没有梳理出个所以然，在实践中这些无头绪的概念容易变成一团乱麻，在引导上起副作用。

第四种情况是企业文化落地没有节奏。一些企业是文化长期没法和实践结合起来，让本来兴奋的员工失去了信心；另一些企业则刚好相反，求全求快，缺乏重点，没有次序，最后文化搞成一阵风的运动，一下子把全套文化塞给所有人，往往让员工反感。

究其根源，陷入这类误区的企业往往是犯了急于求成的毛病，没有静下心来深思熟虑，一步一步把文化体系搭建起来。殊不知罗马不是一日建成的，企业文化只有以自己的实际情况为基础，一步步搭建起体系，一步步踏实落地，才能把文化大厦搭建得稳固。

综上，企业文化的建设，一是需要找到自我，找到自我的源头——企业家，让其全身心参与进来；二是需要搭建起一个有基础、有阶段性、架构清晰的文化体系。二者结合，才能真正把企业文化做踏实。潘氏模型就是围绕这两方面需求给出的一个通用体系，期望它能带给企业家一些启发。

第二节　企业文化潘氏模型

随着库恩《科学革命的结构》的流行，他使用的"范式"概念也被引入企业文化理论中。但我考察时感觉"范式"的概念比较模糊，需要一个更清晰的体系。

库恩之后不久出现的拉卡托斯"纲领"模型带给我非常大的启发，它结构更清晰，阐释了不同部分的作用，甚至有判断体系是进步还是退化的标准。但是拉卡托斯的"纲领"针对的还是科学理论，其中有很多专业用语，并不通俗，对读者来说理解起来仍然不太方便。

为此，我在吸收"纲领"的基础上，创立了"潘氏模型"，一个可以形象化成类似星系的体系，以方便读者对企业文化体系有更直观的认识。

不论是对拉卡托斯理论的吸收,还是拿星系做比喻,我的模型都加入了很多自己的内容,因此与原有理论和天文状态有很多出入,望读者体谅。

一、潘氏模型简介

潘氏模型的大体结构,如图 2-1 所示。

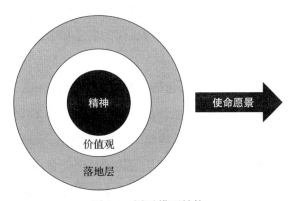

图 2-1 潘氏模型结构

(一) 主星

主星是模型最核心的部分,是企业文化的源头,它往往从企业家个人文化中产生。企业家在创业和运营中,把自己个人的文化传承给了企业,正如主星成型之后,通过自己的引力组建起星系。

主星是相对不变的东西,对于企业来说,它包含着企业家原初的精神,以及最深层的基本假设。

精神是主星不断聚变的热核,是动力来源。精神是从先天、本能中萌发出的生命冲动,是最为原初、自然的状态。因其最为原初、自然,所以拥有这种精神的人能够不假思索、自然而然地做出反应和行动。正因为其不假思索、自然萌发,才能够最快地决断,才能够适应快速变化的环境。对于企业来说,精神会使员工产生不需要思考的冲动,在行动中爆发出勇往直前、源源不绝的力量。没有精神的支撑,企业家很难在无数不确定的压力下,毅然决定创业，员工也很难在面对问题时，迎难而上。

基本假设是，主星坚固的外壳是文化建立的基石。企业家甚至员工要对基本假设深信不疑，以至于他们不需要在这些假设上再去进行证明和推演，直接就能按照基本假设决策、做事，因此减少了大量的精力消耗。例如，我们不会像杞人一样担心天塌下来，也不会像中世纪的"地平说"信徒一样，害怕船开太远会从地球边缘坠落，正是因为我们在受教育过程中已经形成了许多深信不疑的基本假设。有了基本假设作为底座和出发点，我们才能建设知识的大厦。

反过来说，如果一个企业文化的主星受到了直接冲击，导致精神的改变、衰竭，或者对基本假设的普遍怀疑，那么这个企业文化体系就像面临天体撞击，或是内核冷却，导致其天塌地陷，摇摇欲坠。

主星会产生引力，引力会改变物质的运动轨迹。企业文化体系同样会产生引力，也就是它的吸引力和影响力，这是企业文化力量的证明，是验证企业文化本身够不够强大的标准。企业文化的引力效果，是打造引力场，捕获更多的星体。企业文化的影响力其实是组织最为核心的竞争力，也是组织最为基本的生命力，是绵绵不绝、源远流长的。

体系性的引力，会构建起引力场，也就是在企业文化指导下，企业获得更多的实践成功，形成更多的案例积累，不断扩大自身的影响力。捕获更多星体，即吸引和培育更多认同企业文化的同道中人，壮大企业的实力。

主星成型后，就会有自己的运行轨道，也就是企业的历史轨迹和发展方向。这个运行轨道可能会受到各种内外力量的影响而发生偏移，有明确方向的企业，必须做到在一定时期内运行轨道保持稳定。

（二）卫星组成的卫星带

企业文化的主星成型之后，通过对主星的理性认识，以精神和基本假设为基础，向外推演，这些推演首先形成价值观以及文化诠释，之后是落地层面的文化实践方法、规章制度、文化活动等，就像一颗颗卫星组成的卫星带，环绕主星运转。

卫星带与主星一同构成了企业文化"星系"。卫星和主星一样，需要扩张文化的影响范围，需要吸引更多的星体。除此之外，它们还要发挥保卫主星的职责，使其免受冲击。

冲击威胁

当企业文化在实践中遇到不一致的地方，就会对企业文化造成冲击，就像总会有外来天体撞击星球一般。这时企业文化有两种应战方式。

（1）积极应对：主动出击，完善"卫星带"，不断拓展行星系的领域。在这种情况下，"行星"的运行轨迹越来越清晰，影响力越来越大，外来者反而被消化并纳入"行星系"中。对应到企业文化，就是企业文化的影响力越来越强，适用范围越来越广，解释力和吸引力不断提升，自身的发展道路也越来越清晰、可预见，很多之前的反常冲击变得可应对，甚至可吸纳。

（2）消极保护：不是阻止外来者直接冲击"行星"，而是转向"卫星带"，通过调整"卫星"来保护"行星"，避免受到冲击。对应到企业文化，就是企业文化通过调整和修改使命、愿景、价值观、规章、诠释、方法等，来应对实践中出现的反常冲击，避免大家质疑企业文化的基本假设，或者消磨掉自身的精神。

（三）星系的进步与退化标准

如果企业文化在实践中能够符合发展的大趋势，保持之前的成功，同时在新领域获得更多的成功，在成功中不断完善自己的体系，并吸纳了更多的同道中人，那么这个文化体系是进步的。

如果一个文化体系得不到实践上的更多成功，也无法通过实践完善自己，没有新东西产出，只能对不断出现的反常现象给出大量解释，在维护自己中疲于奔命，以至于许多人开始对其产生怀疑和否定，那么这个文化体系就是退化的。退化的文化体系，需要企业对其进行反思和变革。

二、企业文化体系的阶段性分析

企业文化和任何事物一样，有一个成长周期：产生、成长、发展，最后形成稳定成熟的文化体系。在潘氏模型基础上，我依照企业成长的阶段，建立了企业文化 1.0、2.0、3.0 三个阶段的模型。

（一）企业文化 1.0：鲜明企业家特色的主星

"万物生于有，有生于无"，是企业家的冒险精神、创新精神，诞生了企业，这时的企业文化状态，如图 2-2 所示。

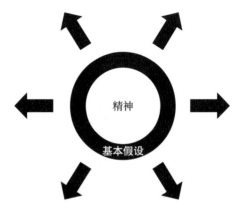

图 2-2　企业文化 1.0 阶段示意图

企业文化 1.0 阶段是企业的初创阶段，就像一颗孤零零的主星，在不断地用自己的引力吸引着四周的各种物质。它看起来虽然很弱小，但已经蕴含了形成星系的巨大潜力——企业家和企业家精神。这个时期的企业还在生死存亡之间，还在不断探索和寻找成功的路径，组织规模很小，员工少，核心人员更少。此时的企业具有强烈的企业家个人色彩，如果说有企业文化，也是企业家个人文化的体现。

1. 主星的内核：不断爆发

这时的企业家必定是富有强烈的冒险、进取、奋斗精神的，因为背后就是生死线，退无可退。不可能每一个订单都稳吃，因为那时能够支持自己的人和资源都还不够，却要硬着头皮接下机会，去兑现承诺。为此企业家往往要身兼多职，奋战在多个需要自己的岗位上，为每一个来之不易的订单竭尽全力。

在这样有着巨大压力的环境中，企业家精神随时都能够显现出来，特别容易被他人直接感知。因此最深层的精神又成了最外部的表现，变成了企业家的无形名片。企业家靠这张名片，形成直接而强大的感召力，激发和吸引具有相同精神的人，甚至感染那些这种精神尚处隐性的人。这样，企业家就吸引了第一批客户，团结了第一批骨干，这都成为企业今后发展的生命源泉。那些帮助企业家获得成功的精神，也会在反复的爆发中得到强化。

2. 主星的地壳：还未稳固

企业文化 1.0 阶段，企业家很可能尚未通过反思意识到这些基本假设。它们是企业家做出判断和行动的最坚实、最底层的基础，是精神动力的依据。就像地壳一般，基本假设是主星坚硬的外壳，也是外来冲击首先冲撞的位置。

企业家这时往往是带着自己的基本假设去接触每一位客户，并去碰撞每一个遇到的困难。在一次次碰撞中，一些导致自己头破血流的基本假设会被意识到，并得到纠正，一些成功的经验则逐渐形成新的基本假设。许多企业家的"客户至上"的基本假设，正是在创业初期和客户互动过程中通过不断强化产生的。

基本假设同样会和那些持相同基本假设的人产生心理上的默契，从而加强对他们的吸引力。

3. 轨道：还未固定

创业初期的企业最需要考虑的问题就是生存，要生存就需要抓住机会，获取收益。因此，精神所产生的绝大多数动力，都会朝着机会运动。这使得初期企业往往具有机会主义的特点，哪里有机会就往哪里去，而不会表现出比较固定的发展方向。

此外，由于企业文化 1.0 的这颗主星还很弱小，它很容易被其他更强大的星体所吸引，而影响自身的轨道。这表现为企业家在创业初期往往会学习、模仿更成功的企业文化，但这种模仿容易带来水土不服。

归根结底，企业文化 1.0 阶段，企业尚处于非理性时期，企业家和员工忙于生存，更多时候是凭着本能做事，还没有太多的时间进行反思，找准自己的定位和方向。

4. 不成体系的卫星带

在企业初创时期，部分企业家也会给出自己定义的企业文化，如果这种文化是经历过系统思考的，那么可能会超越企业文化 1.0 阶段，等待它的是实践的检验。不过更多情况下，企业家给出的企业文化还没有展现出其是经过深入思考的，它更可能来源于：

（1）企业家以及员工对精神、基本假设的模糊认知。他们往往能在工作和交流中感觉到这些共性的默契，并将其总结为一些鲜明的口号，甚至会对口号进行一些诠释。

（2）企业家以及员工对其他成功组织经验的学习和消化。

但这样形成的"卫星带"往往不够扎实，因为它并不是在对精神、基本假设、商业环境的深入认知和分析基础上建设的体系。企业家此时往往还没有形成定力，无法完全坚持这些文化，他们尚显不足的经验也让他们缺少足够的场景支撑这些文化，不能很好地解释和使用这些文化。因此一旦面临冲击，这样的"卫星带"并不能很好地起到保护作用。

5.对企业文化1.0的态度：呼唤理性，呼唤普适

企业文化1.0阶段，是企业还未意识到自我的阶段，只是在确保自己生存的同时，懵懵懂懂地感觉到了自己。

这是企业家个人风格最重的阶段。在这个阶段，员工很少，管理扁平化，资源稀缺，业务相对简单，企业家往往依靠个人强大的精神动力就能感召和吸引员工，向着机会和业务猛打猛冲，推动企业不断前行。企业家也在这个时期团聚了最初的一批骨干，他们往往与企业家精神、基本假设相通，极具忠诚度。

随着企业的发展、员工的增多，管理开始走向层级化和精确分工，业务逐渐步入深水区，这时候企业文化1.0就开始显得捉襟见肘，企业家需要面临以下几个问题：

（1）企业文化更多是企业家自己的文化，即使企业家能够用自己的精神感召周围的人，也很难感召数量越来越多的员工。企业家必须找到把自己的文化转化为企业文化的方法。

（2）随着新人的不断加入，完全志同道合会变得越来越困难，拥有同样精神特质的人是相对稀缺的，秉持不同精神和文化的员工越来越多地加入组织。各种各样的文化可能存在不相容的地方，于是出现相互碰撞，也可能直接冲击企业家自身的文化，导致企业的认同危机。企业家必须在企业内形成主流的文化。

（3）企业家面临越来越复杂的管理和业务，之前精神+基本假设的组合，并没有得到理性思考，所以越来越难以应对日益增多的管理和业务问题。企业家需要对这些问题进行分析总结，选取面对问题的思维取向，并在企业内广而告之，提高解决相似问题的效率。

（4）企业家本人的时间和精力都非常有限，随着企业的发展，企业家将难以像过去那样一肩挑起各类事务，而必须认清自己的要务，合理规划自己

的时间,并进行放权。这一切需要企业家拥有完整的文化体系,用以与放权的人达成共识,让自己认清和专注于自己该做的事情。

(5)这个阶段,企业一般来说还在突破生死期,企业家考虑的问题是企业如何活下去。至于未来企业要到哪里去,为什么而存在,企业家或许有些原始的思考,或许最朴实的思考都还没有。一旦企业逐渐站稳脚跟,大家都脱离了生存困境,光靠生存压力凝聚员工,就不是一件容易的事了。

为了克服眼前的千难万险,找到前进的模式,企业家既要解决活下去的问题,又必须通过明确组织到哪里去的问题来引领组织、激发组织和团结人才。所有这一切都呼唤理性的介入,让理性认知过去非理性的企业文化1.0,并在企业家自己的文化和企业文化之间搭起桥梁,让更多的人能够理解和接受理性给出的文化答案。这时候,企业文化便要向2.0升级。

(二)企业文化2.0:星系框架基本完成

跨过最初的混沌,企业逐渐找到了自己的企业文化结构,但尚未丰满。这时的企业文化状态,如图2-3所示。

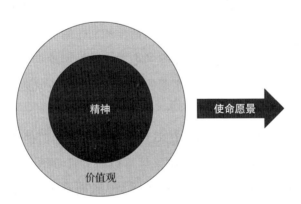

图2-3 企业文化2.0阶段示意图

企业文化2.0,是企业家和企业核心高管团队在企业文化1.0基础上的升级。升级的材料来源于内部经验总结和沉淀、外部先进知识和经验输入、新高管加入组织后带来的新文化内容。通过模型示意图可以看出，企业文化 2.0 模型最大的变化就是形成了以价值观为主的卫星带，以及以使命愿景为主的轨道。

1. 价值观：最重要的卫星

价值观是从精神和基本假设中推演而来的理念，是企业通过理性的分析，精心选择出来的几个维度。企业需要通过这几个维度，向内整合不同文化，调整员工的思维，帮助他们掌握企业实践中基本的思路，向外则直指商业实践中的关键节点，以更迅速地做出判断，解决问题。

如果把价值观视为卫星，那么它是从主星中直接分离出去的卫星，与主星联系最为紧密。它在文化星系中起到如下几个作用：

（1）加强引力：更紧密地面向实践，更直接地指导实践，通过实践—反思的流程进行反复，不断丰富企业文化的组成部分，并强化企业文化的影响力和吸引力。

（2）保卫主星：用成体系、更有说服力的价值观，去打消员工对企业文化的质疑，并在实践中遇到反常情况后，通过调整价值观的内容，来解释和吸纳反常，从而减少对精神和基本假设的直接冲击。

（3）以少对多：价值观是通过理性对精神和基本假设的取舍及把握，形成的可以使他人理解的体系。价值观一般不会有太多条内容，但每一条都要有很强的解释力，整体也要能够形成全面的体系，让企业的对内治理和对外业务都能够化繁为简，从价值观提供的几个维度进行思考和判断。

（4）参照物：正如人们总会以北斗七星为参照去定位北极星，人们也会以价值观为参照，去领会企业精神和基本假设。这是因为价值观有明确的解释和清晰的标准，可以通过理性迅速理解。也正因价值观给出了解释和标准，它能够直接面对实践的检验，并为企业制定规章制度和文化考核奠定基础。

（5）返回主星：价值观是直接从精神和基本假设推出的部分，通过对价值观的深入理解和反复实践，有利于员工形成与企业文化近似的基本假设和精神，完成对企业文化的完全内化。

2. 使命愿景：构建稳定的轨道

随着对业务的不断深入，企业逐渐找到了自己的定位，并以此描绘出未来前进的方向，这就是使命愿景。

使命是企业对自身的定位，它回答了企业存在的目的和意义，明确了企业自身肩负的社会责任。使命往往与客户、社会相关联，表现出对外和利他的一面，告诉企业只要对准客户和社会，便不会过于偏离轨道。

愿景是企业最长期的战略目标，是企业对"我要成为什么"的最终解答，它为企业的前进方向、业务领域做出最高规划。愿景可以通过战略进行分解，展现出清晰的前进步骤，从而提升对其认同的员工的感召力。

使命愿景构成了企业稳定的运行路线，使企业逐渐脱离机会主义，减少内耗，大家眼往一处看，劲往一处使，推动企业在规划的轨道上前行。

3. 对企业文化 2.0 的态度：耐心和宽容

拉卡托斯强调，新产生的理论体系因为刚刚出现，所以缺乏保护带和现有的重要理论的支持，对现象的解释也可能不完善，这使得它们容易呈现出退化的特征。比如哥白尼的理论一开始解释力也不够强，通过百年时间才得到了肯定。

同理，对于新出现的企业文化 2.0 体系，应该对其保持一定的耐心和宽容。企业文化 2.0 毕竟还是理性的新生儿，没有经过实践的检验，缺乏对不同问题的全面解释力，缺乏具体的落地内容填充框架。但它已经具备了关键部分，搭建起了整体框架，是企业通过理性摆脱过去的混沌状态，建立起的比较清晰的体系，把过去企业内各种各样的文化统合到了同一个旗帜下，可谓在文化上迈出的关键性一步。

拥有了这样一个新生儿，接着便是让其在实践中不断历练自己。这不仅指通过实践检验企业文化，也指为企业文化设计更多、更丰富的落地方案。

在这个过程中，难免会碰到其他文化的质疑，或者实践出现反常，从而对文化造成冲击。企业家在这时候不能失去定力，而是要既开放地接收这些异常信息，以此审视和改善文化，又要保持对文化的耐心和信心，不能直接否决整个文化，或者对文化的实践犹豫不决，而是继续通过不断试错强化企业文化。

企业文化 2.0 一旦确定下来，应该保证它有一段稳定的试用期，切忌随意修改。其中，精神和基本假设作为主星，除非受到严重冲击，否则轻易不要更改；价值观、使命愿景可以在实践检验之后，谨慎进行修改，但这两个部分毕竟是核心，牵一发而动全身，因此修改不能过于频繁，不然会让员工感觉文化缺乏定力，削弱对文化的信任和践行的决心。

对企业文化 2.0 包容的同时，也要注意到对企业内不同文化的包容。统一的旗帜已经树立，价值观已经明确，在主流文化的结构中，还要留有许多空间，可以作为包容、吸收、兼顾不同文化的"自留地"。管理者可以逐渐辨析出不同的文化特点、结构，尝试着整合、融合这些不同的文化，从而让企业文化得到丰富和加强。带着不同文化的员工进入企业后，可以在不违反主流文化的前提下，让其比较自由地发挥自身的文化特点，并逐渐找到自身文化与企业文化的结合点，这样他们会更容易对企业产生信任和认同。

但是企业家也要意识到现实骨感的一面：企业走到这个阶段，其沉淀的历史经验还不够丰富、系统，其成功的整体逻辑以及成功的基本自信还没有完全确立，企业文化还会受到很多冲击。在这一阶段，企业内部各种思潮之间斗争激烈，很多文化显得水火不容，企业家自己关于未来道路还存在纠结，核心团队成员之间关于成功经验还存在诸多争论。文化时常会因此摇摆不定，时常会需要企业家挺身而出，把旗杆坚定地立起来。越是在这个摇摆期，企业家越是要对文化自信而坚定，要展现出对企业文化的坚守，要通过实践而非意见来检验企业文化的成色。

建设完整的企业文化2.0，并且为企业文化升级到3.0做准备的最为基本的条件，是企业家个人的自我超越。企业家要从自己核心团队中超脱出来，真正厘清企业经营管理的整体逻辑，明白企业文化对于企业经营管理的价值，从而下定决心来建设适合企业自身发展的完整的企业文化。

这个阶段的核心任务是，由企业家文化逐渐过渡到企业文化。企业家需要在形成文化体系后，用文化识别出与自己志同道合的骨干，团结他们以形成力出一孔的核心团队。文化要开始上墙，开始在语言和文字中有所体现，形成文化的习惯和氛围。基于核心价值观的机制要逐渐建设，并在人才的选、用、育、留中发挥作用，让更多的人才通过核心价值观形成基本假设，激发出他们和企业家相通的精神。

企业文化发展到3.0阶段，实际面临的问题依然是最好的催化剂。企业在发展过程中有几对基本矛盾需要获得答案：

（1）企业与客户之间的矛盾。

（2）企业与员工之间的矛盾。

（3）员工与员工之间的矛盾。

（4）企业与资本之间的矛盾。

（5）企业与合作伙伴之间的矛盾。

（6）企业家与企业之间的矛盾。

这些矛盾的解决，需要一个逐步认知的过程，通过实践找到科学的方法。将这些方法融入企业文化之中，就能使企业文化更为完整和鲜活，并形成巨大的能量。

（三）企业文化3.0：完整的星系

一番探索之下，企业文化的骨架逐渐血肉丰满、羽翼齐备，从而展现出健康和活力。这时的企业文化状态,如图 2-4 所示。

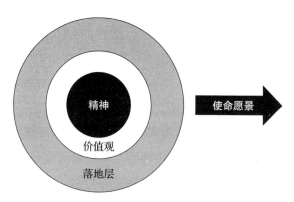

图 2-4　企业文化 3.0 阶段示意图

企业文化 3.0 是对企业文化 2.0 的丰富和完善,形成的最终形态有:

(1)清晰稳定而又不失活力的企业精神。

(2)完善具体的核心价值观。

(3)明确的使命愿景。

(4)完整的政策、制度和规章。

(5)企业文化渗透到企业的方方面面,使得企业可以在文化的规定下自行运转。

(6)文化在企业内部被真正接受,被核心团队以及绝大部分干部和骨干践行,大家主动、虔诚地捍卫企业文化,企业文化成为组织运作和治理的最为基本的纲领。

从价值观上扩展出的落地层,将文化落实到企业的方方面面,就像由大大小小的星体构成的致密行星带,不断扩大着范围,增强整体引力的同时,也为主星提供着周全的保护。

企业文化 3.0 的建设,核心依然在于企业家本身对企业经营管理的系统认知,以及建设卓越组织的信念。企业文化 3.0 不是自动自发形成的,而是依靠个人强大的领导力和使命感,有计划、有节奏、有决心地推动建设的。

一个拥有完整企业文化的组织是幸运的，是创业者、企业家和一代代企业人奋斗而达到的阶段性目标。企业走到此阶段，就在文化上把自己和其他企业完全区别开来了，有了朝着卓越甚至伟大迈进的基本条件。如果没有特殊情况发生，它的未来一定是乐观光明的。

（四）企业文化危机

如果一个企业文化体系得不到实践上的更多成功，也无法通过实践完善，没有新东西产出，只能对不断出现的反常给出大量解释，在维护自身中疲于奔命，以至于许多人开始对其产生怀疑和否定，那么这个企业文化体系是退化的。退化的企业文化体系带来的是越来越普遍的认同危机，这也就是企业文化的危机期。

由于已经有了企业文化模型，所以可以参考模型的结构，看看进入危机期的企业文化，究竟是哪些部分出了问题。

1. 落地层（主要需要执行层和监督层反思）

（1）企业文化没有真正落地，员工无法感受到企业文化的切实作用。

（2）企业文化落地层与企业文化体系撕裂。

（3）企业文化落地不够全面，有很多未覆盖到的地方。

（4）企业文化落地不够坚决，有很多反复的地方。

（5）企业文化落地中遇到反常，不能够做出迅速调整和完善。

2. 价值观（主要需要高层反思）

（1）价值观与基本假设、精神发生冲突和撕裂。

（2）价值观存在缺陷，不能完全用来指导业务和管理。

（3）价值观没有在高层形成统一。

3. 核心层（主要需要企业家反思）

（1）内核冷却，推动企业前进的精神动力衰竭。

（2）地动山摇，基本假设不再符合商业环境现实。

（3）地壳增生，基本假设与精神发生冲突，并抑制了正向的精神冲动。

越是核心部分出现问题，预示着企业文化危机越深，也就越需要企业高层反思，是否需要加大企业文化变革的力度。

第三节　文化是通向自由的道路

无处不在的压力、时时刻刻的纷争、无力摆脱的束缚，让当下许多企业家产生了深深的焦虑，并在很大程度上抑制了他们建设企业文化的兴趣。

有位企业家向我抱怨："我每天都处在压力和焦虑里，到处都是我要做的，到处都是我要操心的，哪来的闲工夫去搞企业文化？"

殊不知，磨刀不误砍柴工。建设企业文化正是为了帮助企业家逐渐减负，甚至最后通向自由。

任正非有句名言："火车从北京到广州沿着轨道走，而不翻车，这就是自由。"这里指出了自由的本质。自由并不是随心所欲地做任何事情，而是按照客观规律设立规矩，人们在规矩中可以随心所欲地行动，而不会觉得受到约束。这也就是孔子说的"从心所欲不逾矩"。

任正非说的火车，是一个非常形象的比方。我借着这个比方，引出由企业文化基本要素构成的"潘三角"（见图 2-5），并对这个比方做一点延伸。

企业文化"潘三角"回应了企业的三个基本问题：从哪里来？到哪里去？如何去？

从哪里来：企业从企业精神来，企业精神是火车的动力车头，充满能量，有着牵引火车前行的无尽动力。

到哪里去：向内要回答企业的使命，也就是企业存在的意义；向外要回答企业的愿景，形成成员的共同目标。使命和愿景是火车的路线和终点站，保证火车向着正确的目标前行，不会南辕北辙。

如何去：价值观是如何去的方法，像火车的轨道，规范火车的前行，让火车沿着道路正确行驶，不至于翻车。

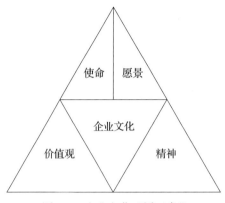

图 2-5　企业文化"潘三角"

好的企业文化体系，是从客观规律中产生的，构成了企业最底层的架构。当企业按照这底层的架构自动运转起来，企业家和企业也就搭上了自由的火车，一同驶向自由王国。

好的企业文化体系正是从客观规律中产生，构成了企业最底层的规矩。当企业按照这底层的规矩自动运转起来时，企业家也就和企业一同走向了自由王国。

一些企业家羡慕任正非可以在公开场合骂高管，自己却连批评高管都不敢，生怕人家生气走人。

一些企业家羡慕华为可以在经济困难期调动干部降薪，自己却只有给干部加薪的份儿，根本没有让干部降薪的底气。

一些企业家羡慕任正非可以把一些高管一撸到底，这些高管却仍然忠于华为，自己一出台要惩罚高管的决策，总是战战兢兢。

企业家可以思考，为什么任正非管理那么大的企业而不会在这些事情上焦虑和忧患，反而如此自由，而自己常常被这些事情搞得压力山大，甚至喘不过气来呢？

羡慕归羡慕，大家应该看到，任正非能够如此"随心所欲"，正是因为他点点滴滴地建设起了华为的文化，并牢牢抓着了文化体系的规矩，让所有干部都形成了按文化思考和做事的习惯。只要任正非坚持"以客户为中心""以奋斗者为本""责任结果导向"等铁律，有着相同文化背景的华为人自然服气。

今天大家羡慕的种种华为事迹，只是华为结的果。要做到像华为那样，就必须从企业家开始，点滴建设文化。

第一步，企业家应该首先提升自己的理性水平，不断从实践中提炼出规律，形成对自己和自己企业的准确认知。然后将那些取胜的方法总结出来，提炼成体系化的结构。

第二步，企业家应该坚持践行自己的文化体系，通过实践检验自己的文化正确与否，不断进行文化优化，再用文化严格要求自己，强化自己的精神感染力、理性思考能力、为人处世能力。

第三步，企业家的第一次减负。企业家审视一下身边有多少与自己精神相通的骨干，着力培养他们，并给他们厘清企业文化的体系，这些骨干就会成为企业家的第一批同道中人。前线的骨干坚持企业文化，会为企业家分担更多的业务重担；平台的骨干习得企业文化，则能更好地支撑业务，并识别、培育出更多同道中人，同样也减少了企业家的负担。

第四步，企业家的第二次减负。企业家团结那些掌握企业文化的骨干，以识别、团结、培育更多骨干。在高层决议中，由于许多人有了共同的企业文化背景，企业家总能和他们形成合力，以团结的多数高管同化新晋的少数高管，最后形成和而不同的坚固核心层。

第五步，企业家的第三次减负。企业家团结起有共同文化背景的核心层，将文化融入战略、领导力和管理中，让高管根据企业文化制定政策、规章、制度，推动企业按照文化自行运转。自此之后，企业家逐渐从诸多具体事务中脱离出来，放手让干部们承担这些事务，自己将会有更多的时间和精力投入到文化、战略、领导力等顶层设计中，真正承担起企业家的职责。这就是企业家的自由。

企业文化的建设不在早晚。企业家可以根据自己企业的情况，选择合适的节奏进行。能够将企业文化按照条理推进一步，能够团结和培养出一位坚守企业文化的骨干，企业家就能获得一次解放。有一些伟大企业，创业者从企业创立开始，甚至是创立企业之前，就已经有丰富的创业或者组织运作经验，掌握了企业运作的底层逻辑，清楚未来的使命且充满信心，从而具备了超越当下的勇气，能够高瞻远瞩地谋划未来，坚定地建设系统、科学、先进、符合时代潮流和行业发展趋势的企业文化。更重要的是，他们自己构建了清晰的文化体系，能够将这个文化体系在创业过程中自然而然植入组织之中，发育出来科学系统的文化。这些企业，由于通过文化打造出一支团结奋进的"铁军"，往往会更快地进入发展的黄金期。

马云在阿里巴巴创立之前，就已经积累了丰富的创业经验，又通过他自身的不断学习和探索，掌握了组织运作的基本逻辑，从而很早就将阿里巴巴的文化体系完整地建了起来。华为的任正非，从创立企业开始，也深刻地认识到了企业文化的重要性，非常重视华为的企业文化建设。这两家公司都是文化驱动非常成功的公司。

越是伟大的公司，就越早明白了企业文化的重要意义，越早建设了自身完整系统的企业文化。今天中国快速成长起来的企业，如拼多多、今日头条等，无不从一开始就重视构建自己的文化体系。对于当今广大的企业来说，从现在开始建设属于自己的文化体系，逐步认识自己、解放自己，以走向自由，永远为时未晚。

第三章

·CHAPTER3·

企业精神是企业文化的源泉

道冲而用之，或不盈，渊兮似万物之宗。

——《道德经》

第一节　伟大的时代呼唤伟大的企业精神

伟大的时代孕育伟大的精神，伟大的精神孕育伟大的企业。

20 世纪 80 年代，美国的学者惊讶于日本企业的崛起，不过他们更多关注的是日本企业的文化风格、价值观，而没有注意大时代背景对日本企业的激活。无论是松下的"生产报国"、丰田的"以产业成果报效国家"，还是索尼的"提升日本国民文化地位，改变日本产品在世界上的劣质形象"，都表明了企业文化的重要性。在生死攸关的时代，日本企业爆发出强烈的产业救国精神，让其从战后废墟中迅速崛起，成就了战后的腾飞。做强企业文化带来的是企业的崛起和繁荣。

当下，对于中国企业来说，同样是一个关键的大时代。这是一个残酷竞争的时代，也是一个温情脉脉的时代；这个时代让寻求安稳的人不知所措，让创新求变的人欢欣鼓舞；这是守成者的严冬，却是冒险者的春旭。

从国际形势上看，中国已经扛起了全球化的大旗，进一步深化对外贸易体制改革，为所有有志于"走出去"的企业提供了广袤的市场。此外，大国竞争进入白热化，作为后起之秀的中国企业，不但要与强大的外国企业激烈交锋，还时常遭遇不公对待。这样的时代，正呼唤伟大的企业精神，引导中国企业走向国际舞台，成为世界企业的领舞者。

从市场需求上看，巨大的产能、便捷的交通和高效的数字平台，提供了超量的选择性；客户的需求不但在日益增长，而且愈发精细化、多元化、个性化。如何迎合这些趋势，超前地满足需求，将成为棘手的问题。这样的时代，呼唤源源不绝的企业精神，永远紧贴市场的脉搏。

从人才上看，剧变的时代正迎来个性化、价值多元化、需求多样化的新型劳动者。这样的时代，呼唤共通的企业精神，激发不同的人为同一个事业奋力拼搏。

我通过三个对象来寻找时代呼唤的企业精神：一是伟大的企业和企业

家，我通过该对象提炼出共性的精神；二是著名的理论，我通过该对象总结前人的智慧；三是中国传统文化精神，我通过该对象追寻中国企业的根本。

一、企业精神是核动力

观察企业文化潘氏模型，可以看到企业精神的特殊地位——它处在企业文化的中心。这是因为：

（1）它最原初。在它的不断运动中，产生了企业文化的其他部分。

（2）它是企业文化的动力核心。没有它，企业文化的其他部分都是静态的；有了它，模型才真正地运转起来。

精神是"主星"的内核，是从先天、本能中萌发出的生命冲动。它能作为动力核心的原因如下：

（1）人的精神是无限的，它蕴含着冲破自身有限性的激情，冲破经验束缚的想象力，冲破艰难险阻的勇气，冲破长期压抑的意志。没有强大精神地推动和源源不断地注入，20世纪初的福特喊不出"人人都买得起汽车"，20世纪80年代初的盖茨不会梦想"让每个家庭的办公桌上都有一台电脑"，1995年不懂电脑的马云不可能辞职去做互联网……以此类推，没有精神的推动，这个世界可能不会有任何卓越的企业。

（2）精神一定会向外辐射，一定会对现实世界产生强烈冲动，即有所作为的强烈冲动。当我们说一个人"老实""高雅""随性"时，我们一般不会说这些特性是精神，因为它们不会激发人去作为，而"奋斗""创新""冒险"等就是一种精神，伴随它们出现的是强烈的作为冲动。

精神甚至与理性也完全不同。理性并非天生显性，而是需要经历思想的训练、长期的学习、经验的积累，然后转化为一套严密的、体系化的、方向明确的思维方式。理性必需思考，理性也倾向于追寻确定性，把多变、未知的事物用思维转化为不变、可知的对象。精神完全不需要思考，而是直接推着人向未知冲锋。一言以蔽之，理性干的是"抽丝剥茧"的慢工细活，精神要的是"快刀斩乱麻"的果敢决绝。

如果说精神是个体的非理性部分，那么企业精神就是企业的非理性部分，是企业原初、自然的力量，它使企业中的个体被感染和激发，不假理性思索、自然而然地做出反应和行动。这种深入骨髓的冲动能够随时显露出来，最容易被他人直接感知，因此企业精神既是最深层的部分，又是最显性的部分，可以看成企业的无形名片。这种显性特征也使其具有直接而强大的感召力，从而激发和吸引具有相同精神的人，甚至感染那些这种精神尚处隐性的人。

二、企业精神的特点：高效

在上一节中，通过精神和理性的对比，已经看出精神的一个基本特点——高效，这同样是企业最需要的特性之一，也说明了为什么我如此重视企业精神。我可以通过一些企业中的场景来展现企业精神的高效性。

面对未知的机遇和挑战：

理性常见路径：得到信息→收集资料→分析→假设→设计实验→求证→（验证后）应对。

精神常见路径：得到信息→直觉判断（条件反射）→（可以做）应对→根据应对的结果再判断→应对。

文化传递：

理性常见路径：学习→字面理解→实践→深化理解→反复以内化。

精神常见路径：实践→引领者的精神激发→暂时性感召→不断与引领者共事以内化。

可以看出，精神省略了理性所需的思维过程，几乎是直接面向实践、直接影响他人，在初期显得非常高效。精神的缺点也很明显，缺乏理性探索出的更安全、更确定的道路，精神冲动下很可能走偏、碰壁、做无用功。缺乏理性对经验的整理、提炼、总结、固化，文化没法稳固可靠。只靠引领者实践中的影响，首先影响范围不够，只有接触引领者的人才能被影响；其次不够清晰可信，一旦精神激发下的实践没有取得收获，劲头过后，很难让大家持续。如果有充足的时间，从长远看，理性会通过不断地积累经验、掌握规律，最终在效率上超越精神。可惜的是，商业环境变幻莫测，一旦变化来临，不会给理性太多发挥的时间。这个时候，企业如果不能凭借精神的冲动迅速决断，很可能随时间推移越来越被动，最终错失短暂窗口期。

总之，理性和精神要搭配使用。理性是日常状态下提升能力的必要因素，在整个企业文化中，99%的成分都是理性。一旦非常状态来临，除了理性的助力外，更关键的是1%的精神撬动企业投身于乱局，用不断的行动去应对破局。

三、回到企业家原初精神

如果细究企业精神的出处，则必定要从最初创建企业的人们那里去探寻，而企业家作为企业的创始人，在企业精神的形成和发展过程中起着决定性作用，企业家的精神特征往往为企业打上深深的烙印。换言之，研究企业精神必须先回到原点——企业家精神，然后再去分析企业家精神是如何不断向外推广，从而形成组织性的企业精神的。

企业家可以回想一下：当初是什么驱动自己踏入商界这个波涛汹涌、角逐激烈的危险区，并在前途不明的情况下，义无反顾地继续自己的旅程，一直走到今天的？

很多企业家并不愿意向他人透露自己的创业经历，我甚至怀疑很多企业家也不会多去回想那段最初的时光。一些回忆过这段历史的企业家，对这段日子也总是透着悔意和自嘲："当初年少无知，不知道哪根筋搭错了，趟了这浑水。"能够真正坦然面对、反思并珍视这段历史的企业家寥寥无几。

也许那段时间是他们人生中最窘迫的时期，没有钱也没有地位，想起来面上无光；也许那段时间因为自己的青涩幼稚，他们撞了很多次墙，吃了很多苦，受了不少家里家外的委屈，到现在成了他们心头的痛处，因而不愿意再去回想；也许因为当初的冲动，他们到现在还背负着债务，不想去考虑这些烦心事。总之，出于人之常情，很多企业家屏蔽了这段记忆，也忘记了这段最初的历史对自己走到今天的巨大作用，那些日子必然蕴含着推动企业家前进到今天的精神原力。我想，这或许是和商业客观环境、资本运作逻辑相契合，这样才能让这些人选择进入商道，成为企业家。

商界虽然看上去光鲜亮丽，但凡涉足过或准备涉足这片领域的人，都应该知道这方土地并不是安稳闲适的去处。

商界的第一个特征是永恒的变化。社会的任何变动都可能引起商界震动，机会与危险永远存在并不断变化。随着技术的发展、市场的开放、信息流通的加速、新的需求和新的增长点不断涌现，商界中的变量不断增加，愈发变幻莫测，很难在其中找到一片高枕无忧之地。

商界的第二个特征是残酷的竞争。面对相同的机会，准入门槛对大家是平等的，这就意味着只要有一定实力且发现了机会，都可以参与到机会的争夺之中，于是就有了机会的竞争；大量人员涌入同一领域，而实际的资源并不够满足所有人，于是就有了资源的竞争；客户按照自己的需求，选择为其服务的企业，而客户数量往往有限，这是客户的竞争；有能力的人往往能改变竞争局势，因此多家企业为一位人才挤破门槛，这是人才的竞争。为了存活下去，企业往往要同时面对多种竞争，还不能犯太多的错误。

商界的第三个特征是不确定性带来的赌博。很多时候，企业是先付出后收获。企业为了抓住一些机会，为了满足客户需求和自身增长需要，往往需要先承担风险，投入人力和物力，甚至不惜为此背负长期债务。企业家时常感到资源不足，但也不能随意止步，偶尔会孤注一掷，一旦回报跟不上，现金流就会出现问题，不但企业会一朝分崩离析，企业家也会一夜之间血本无归。

商界的这些多变、残酷、危险的特征，只能在那些充分竞争且缺少保护措施的领域，找到相似点。

商界这些客观状态筛掉了大多数人，能够最终决定做企业家的勇者，身上必然存在以下这些冲动：

（1）不满足于自己的现状，急于改变现有的状态，不论他是在马斯洛五项需求中的哪一项上对现实处境感到不满，他都已经产生了一种打破现状寻求变化的冲动，即使这种变化不一定会向好的方向发展。

（2）对不确定的事物乐观面对、积极应对，专注于现状改善的可能性，尽管会因此承担相当大的风险。如果没有这种对改善的执着，他不可能选择成功率不高、风险却极大的工作——创业。

（3）有专注于一点不断扩张的欲求，即他并不甘于做一个机会主义者，靠冒险拿到一笔钱后见好就收，而是将企业的生存和发展作为自己生命最重要的一部分。企业要生存和发展，就需要符合资本不断增值的逻辑，这驱使他不断地将获取的利润重新投到企业中，自己的大部分精力也被企业所牵引。

（4）为了增加未来状况改善的可能性，可以暂时忍耐现状的恶化，做出牺牲。无论是牺牲自己的时间加班加点，还是暂时让利，都是为了目前可能还模糊但未来清晰可见的图景。

如果没有这些最初的冲动，没有企业家身上这些与生俱来的精神的激发，企业家很难迈出关键性的一步，未来永远是不确定的，准备永远是不充分的。如果一个人在理性权衡阶段过于谨慎、犹豫不决，就可能错过机会而告别企业这条道路，即使他是暂时地被别人牵引着创业，他也很容易失去企业的主导权，这无关对错，而在于个人的精神特质是否与商业的客观环境相符合。

不需要理性思考，企业家精神及其个人的基本假设就足以构成企业文化的雏形，即企业文化1.0。它已经蕴含了企业文化的基本要素：

- 动力——企业家精神。
- 判断标准——企业家精神＋基本假设。
- 方向——哪里有机会就往哪里去。

企业文化 1.0 阶段是企业的创业阶段：企业规模小，员工数量没有超过企业家管理的上限，这时往往依靠企业家精神就能够支撑企业前行。企业家依靠有限的信息迅速判断哪里有机会，然后靠着精神把自己和有限的资源投向机会，再用源源不断的精神动力完成客户的需求。在这个几乎一无所有又缺乏经验的阶段，企业家往往得依靠精神支撑，去完成很多实际上到手后才发现难如登天的订单，去击败很多比自己强大得多的对手，去承担精神冲动和经验不足带来的近乎致命的失败，去感召能与自己同甘共苦的伙伴。由于对精神的充分使用，创业阶段的企业家能够因很小的回报而产生巨大的动能，也可以在没有良好报酬和工作条件的情况下，靠强大的精神吸引凝聚一批骨干成员。

但是精神的盲目性也为创业期的企业埋下很多地雷。这时候的企业家往往缺乏对自身的反思，不知道自己企业的能力上限，经常轻易给出承诺或矛盾的指令，做出轻率的决策。这些精神冲动有时会带来惩罚，例如客户的丢失、人才的流失、组织的震荡，但在企业家独木能支的时候，他可能还意识不到自己的问题，还能凭着精神冲动自然而然地做事，也不用去反思自己有哪些根深蒂固的基本假设，因为一切都还能凭自己的努力应付过去。

1.0 阶段的企业精神，更多的是企业家精神的不自觉外化，是面对外界的条件反射的积累，以及两者不断强化的产物。企业家和员工朝夕相处，他的精神不断地展示给员工，自然而然会产生一种持续性的感召，当感召通过反复内化为习惯时，员工也就耳濡目染了企业家的一些精神特点。另外，企业家将企业精神运用到实践中，会不断积累正面的成功经验，反思负面的教训，在应对中逐渐提炼出精神养分。然后用这些精神养分去服务客户、管理人才提升成效，于是企业家以至于企业，会无意识地反复激发这些有益的精神养分。通过组织内用进废退式的自然强化，以及员工之间的互相强化，一些企业家精神逐渐为员工所吸纳，逐步变成了企业精神。

当企业发展到企业家已经没办法靠自己支撑业务，也没办法靠企业家精神感召所有员工的时候，企业家必须开始使用理性梳理自己的精神和基本假设，按照实践的情况对其进行聚焦取舍，形成更清晰明确的企业文化，来更好地治理企业，激发员工精神。

一些关键性负面事件，如关键人才的离职、业务的重大挫折、企业家健康的恶化，往往会成为企业家理性反思精神的契机。他们精神的火焰还没熄灭，在遇到重大外部阻力后反噬自身，给企业家带来极大的精神痛苦。一些企业家甚至在这一阶段产生自我怀疑，用自己的精神反复考验过去深信不疑的基本假设。在这些反思当中，企业家剔除了不适合自身和企业成长的基本假设，聚焦了精神的方向，找到了更适合企业发展的文化。

◎ 典型案例

雷军离开金山

1998年夏天，雷军成为金山公司总经理，BAT还尚未诞生。但随后BAT从诞生到彻底甩开金山，只用了不到五年的时间，一直相信"人定胜天""天道酬勤"的雷军开始崩溃了。

"我1989年就出道了，也属于'老革命'，但是朋友们觉得，雷军这么拼命也就干成这个样，本质上雷军也行，就是战略能力差了一点儿。听到这样的话，我很不服气。"雷军曾如是说。

2007年，雷军带领金山成功上市后便淡出了金山，他花了三年时间寻找更大的商业机会。

刚从金山出来他就感受到了什么是"人走茶凉"："没有一家媒体想要

采访我，没有一个行业会议邀请我参加。我似乎被整个世界遗忘了，冷酷而现实。"好在，利用被人遗忘的这几年，他看到了智能手机潜藏的巨大机会。

"雷军真正脱胎换骨的变化是他离开金山去做投资。在那之前，你可以说雷军还不太懂互联网，在那之后，雷军成了一个互联网专家。"周鸿祎说，过去的雷军被金山的包袱拖住了，"我觉得他当年离开金山，也许很郁闷，也许不太开心，但这个挫折没有把他击倒，反而给了他一个跳出来反观自己的机会。一旦把互联网的'道'弄明白了，雷军过去这么多年积累的那些'术'马上就会发挥作用。"

雷军离开了，他思考了大半年，对媒体屡次提到"五点反思"：人欲即天理、顺势而为、广结善缘、少即是多和颠覆创新。

资料来源：搜狐网. 雷军的奋斗史.https://baijiahao.baidu.com/s?id=1630475442084526100&wfr=spider&for=pc，2019-07-11。

能够通过这类反思总结出企业文化的企业家是幸运的，这些从企业家精神和基本假设中提炼出来的内容，将成为企业的特色文化。企业自此逐渐成为企业家的外化，即使企业家未来卸任，企业也依然会因为这类文化，保有其特别的风格。

不过在更多的情况下，企业家精神并没能生出企业文化。原初的精神牵引着企业家不断地在未来进行决策和行动，但因为其与生俱来，往往没能获得企业家足够的注意，又如上文所言，许多企业家会选择性压抑对创业阶段的回忆，这种压抑带来企业家对创业历史的遗忘，企业家当初的精神也陷入两种困境：第一种困境，是企业家逐渐遗忘了精神；第二种困境，是企业家这么多年来缺乏对自己精神的反思，导致精神多年没有得到打磨和升华。第一种情况相当于丢弃了动力，这样的企业往往会故步自封、保守犹豫，结果错失机会；第二种情况则是没有反思，毫无成长，那么精神粗糙的地方就会与发展的企业龃龉，一些被非理性主宰的冲动就容易带来恶果，最终对组织造成伤害。无论是哪一种情况，企业家都必须通过自我反思，认清自己原初的精神，摆脱自我盲目带来的危险，不然就只能由危险来唤醒，即使是伟大的企业家，也可能没法跳过这一阶段。

◎ 典型案例

福特爷孙

亨利·福特缔造了福特这个伟大的企业，也差点亲手毁掉这个企业。晚年的福特被荣誉冲昏了头脑，开始变得独断专行、保守封闭，公司家长式的领导体制造成管理的极度混乱。由于任人唯亲，公司担任高级职员的 500 余人中竟没有一名大学毕业生；设备、厂房陈旧，无人过问技术更新；财务报表像杂货店账本一样原始，没有预决算，甚至早已死亡的职工名字还列在工资单上。

在产品更新换代、企业管理上，老福特更是失去了早年的进取精神，变得因循守旧、故步自封。在 T 型车问世的 19 年里，他一直以这单一的车型维持市场。就在福特公司停滞不前时，通用汽车公司迅速赶超了上来。1928 年，福特公司无可奈何地让出了世界汽车销量第一的宝座。1929 年，福特在美国汽车市场的占有率为 31.3%，到 1940 年，竟跌至 18.9%。老福特到死也没有扭转乾坤，直到他的孙子福特二世大刀阔斧地进行改革之后，福特公司才起死回生。

可是当福特公司的发展再次处于高峰时，福特二世又犯了他祖父的错误。就在 1960 年，他以"我已毕业了"迫使让福特公司起死回生并担任了公司 15 年执行副总裁的布里奇识相引退，为福特公司的兴旺立下汗马功劳的 10 位"神童"或被解职或主动离开。6 年后的 1968 年，福特二世又突然把公司里一直干得很好且很有威望的总经理米勒给解雇了，让被他延揽过来的通用汽车公司副经理诺森接替。19 个月后，诺森也如前任一样，被炒了鱿鱼，由艾科卡取代。然而，艾科卡也遭到了福特二世的猜疑和妒忌，后来被无情地解雇。

福特二世的所作所为给福特公司带来巨大的灾难,并且为福特公司造就了一个强大的竞争对手。被福特解雇后的第18天,艾科卡被美国克莱斯勒汽车公司聘为总经理,当时克莱斯勒正处于困境中,濒临破产。随后,艾科卡几乎凭借一己之力,让克莱斯勒起死回生。1980年,回天乏术的福特二世黯然辞职。

真可谓"成也萧何,败也萧何"。

第二节 企业精神"铁三角"

企业家凭借自己的原初精神获得了许多成功,促进了企业发展,但是大多数企业家都是在不自觉地"用"精神,而从没有试着去"看"自己的精神中哪些是自己成功的关键,这些关键的精神之间又有怎样的关系。

通过调查分析,创新精神、进取精神和奋斗精神是企业家精神的必要核心。这三种精神将在企业家的成长中逐渐被清晰认识,并或多或少、或明或暗地融入了企业文化之中,如图3-1所示。

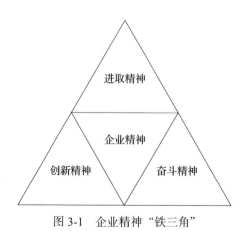

图3-1 企业精神"铁三角"

三种精神的组合同样可以看作一个文化系统，包含了动力、判断标准和方向。创新精神蕴含着求新的判断标准，进取精神侧重于前进的方向，奋斗精神则侧重于源源不断的动力与克服一切困难的斗志和勇气。

当企业家用理性从混沌的精神中提炼出这三种精神后，他往往会打磨、强化这三种精神的内涵，将它们置于价值观的位置。这是企业家通过反思长期的实践得到的必胜方法，是希望企业员工都能掌握的理念，也是员工要拥有企业家精神必经的三条道路。通过这三条道路，企业家将自己的精神灌注到企业精神之中。

一、创新精神

企业在生命周期中，要不断面对新的需求、新的资源、新的竞争、新的环境，因此，推陈出新是企业生命的存在形式和内在要求。

德鲁克先生讲：创新和营销是企业的两个基本功能。埃森哲在 2002 年的调查报告中明确指出：创造性是创业精神的核心，只有依靠源于内部的创造力才可能使企业在激烈的市场竞争中脱颖而出。

创新精神根植于中华民族的传统文化。《大学》中有"苟日新，日日新，又日新"；《诗经》中有"周虽旧邦，其命唯新"。《易经》的精神本源也是创新，其中有"天行健，君子以自强不息"，所谓自强不息，就是说要像周而复始的天体一般，进行永无止境的自我创新，跟上世界发展的节奏，把握变化以走向强大。

不理解传统文化中自强不息的一面，陷入静止、僵化、保守，是对中国传统文化的误解，也是禁锢企业创新的思维误区。

埃森哲对中国企业的调查显示：在接受调查的中国企业高层管理人员中，83%的人将他们的企业说成不愿承担风险的企业，而持这种观点的全球平均数是 42%，这就说明不愿承担风险和失败确实是中国企业实现创业精神的一个重大障碍。

埃森哲把问题部分归咎于中国求稳的传统文化，但是我要在这里呼吁，创业的人们需寻到中国传统文化的根，找到自强不息的法宝，从而获得面对风险的勇气。

（一）创新精神的定义与演变

当我使用创新精神概括企业家的原初精神时，我实质上让创新精神拥有了以下的一些属性：

（1）敏锐，即个人对于外界变化和危机来临的敏感。

（2）求变，即个人对于变化的强烈欲望。商业环境的瞬息万变和激烈的竞争，决定了一个人要走出创业的第一步，必须不满足于现状，必要去寻求新的刺激。

（3）冒险，即个人愿意直面变化所带来的巨大机会和风险。

创新是这三种属性的综合发展，是企业家在实践中逐渐凸显出来的新精神，即个人主动打破常规与平衡状态，创造新的形势和事物的精神。敏锐是一种直觉，冒险是依赖直觉的盲动，求变缺乏对未来的判断，也许变化之后会更好，也许会更糟。在创业过程中，这些原始属性不足以保证企业脱颖而出，创业者如果只是怀着冒险心理，抱着对变化的直觉和渴求，实践中却停留在模仿别的企业，邯郸学步、循规蹈矩地做事，将很难找到突破口，也很难在竞争中取得优势。商业变幻莫测的形式会驱使企业家习惯于在其中找到有利于自己的新态势、新事物，并在此之上做功，从而找到新的突破口。创新，意味着企业家已经有了新和旧的判断，而要能够判断出新旧，就必定要有对客观的认识，这意味着创新是精神中与理性最为接近的部分。如果创新精神不再仅是精神，还能更多地表现出理性的长处，如精心的策划、明确的目标、体系性的方案，那么创新就会离成功更近一步，它所蕴含的力量也会被更全面地释放出来。这需要企业家不仅要激发创新精神，还要用理性不断地思考、训练和实践。正如德鲁克所说，"目标明确的创新源于周密的分析、严密的系统以及辛勤的工作",这可以说是创新实践的全部内容。

(二)创新的力量

德鲁克在《创新与企业家精神》[一]中列出了两种餐饮企业：

- 第一种企业的典型：一对夫妇在美国市郊开了一家熟食店。
- 第二种企业的典型：麦当劳。

第一种企业只是日复一日地重复制作、贩卖熟食的流程，把赌注押在该地区外出就餐的人口会逐渐增多上，既没有创造新的满足，也没有创造新的消费诉求；第二种企业看上去没有发明什么新食品，却通过标准化将流程制度创新，大幅提高产出，开创了新市场和新顾客群。第一种企业永远和卓越无缘，它的成长完全是看天吃饭，被动地等待顾客；第二种企业通过创新主动地掌握自己的命运，达成了第一种企业无法实现的成就，这就是创新的力量。

德鲁克纠正了许多人的思维误区——以为创新只和科技挂钩，并给出了创新的更精确定义：

"创新"是一个经济或社会术语，而非科技术语……创新就是改变资源的产出；或者，我们可以按照现代经济学家的习惯，用术语"需求"而非"供给"对它加以定义：创新就是通过改变产品和服务，为客户提供价值和满意度。也就是说，一切能够改变资源产出或者改变产品和服务以满足客户需求的方式，都可以被视为创新。这样看，可以推出以下类型的创新。

客户创新：①创造新市场、新客户；②创造新需求。

客户不变的情况下，针对产品：①提高生产量；②提高生产质量；③创造新功能、新产品。客户不变的情况下，针对服务：①提升服务效率；②提升服务质量；③创造新服务方式。

[一] 本书已由机械工业出版社出版。

为了产品、服务创新而做的间接创新：①管理创新；②制度创新；③流程创新；④文化创新；⑤战略创新。

我认为，这诸多创新仍然紧紧围绕满足客户展开，只有最终实现客户端的价值、满意度增长，才能判断所进行的创新到底是好是坏。

按照马克思的经济学理论，资本家为了获取利润，是不可能按照劳动者劳动产生的全部价值来付工资的，而必定是在支付劳动者工资之外，留下一部分价值，以投入价值的再创造。留下的这部分，便被称为"剩余价值"。

一个企业想要盈利，以维持价值的不断再创造，从外部市场考量有一种方式：拓展外部市场，获得更廉价的劳动力、生产资料，把产品和服务卖到能够获得更高回馈的新市场去。如果市场不变，就需要考虑剩余价值，有两种剩余价值：

- 绝对剩余价值，即资本家延长劳动时间，增加劳动强度，从而榨取更大的价值。
- 相对剩余价值，即通过技术进步，提升生产效率，从而获取更多的价值。

获取绝对剩余价值方法非常直截了当，往往是企业常见的操作。现在许多员工诟病的"996"模式，以及裁员的同时维持裁员前工作量的做法，都属于此类。一些紧急情况，比如企业陷入生存危机时，这些方法也确实是缓解危机的高效方法。例如，阿里巴巴在曾经面临现金断流的情况下，大刀阔斧地裁员节流，才保住了阿里巴巴的生机。但是明眼人都能看出，这些方法都是猛药，不能长期服用，因为这很容易把劳动者推到企业的对立面。这种情况下，劳动者会觉得自己被企业当成了盈利工具，产生对企业的不信任。大部分人和企业离心离德的情况下，不要说企业文化无法让员工相信，企业的一般指令都会触发他们的怀疑。只会这招儿的企业自然是无法可持续发展的。

那么重心就回到另外两个方法上——技术进步和市场拓展，这两点无疑都属于创新的范畴。西方的强盛与西方劳动者待遇的普遍提升，很明显与这两点创新相关。技术进步，对应着西方主导的多次技术革命；市场拓展，对应着西方主导的新航路开辟和世界市场建设。

也就是说，只有保持企业的创新，才能在保证企业价值再创造的前提下，有提高劳动者待遇水平的契机。在这个契机下，企业才能吸纳更多真正认可自己的劳动者，形成更大的基本盘，进入企业盈利与劳动者待遇提升的良性循环中。

（三）企业家与创新

在德鲁克看来，企业家精神的本质是有目的、有组织地系统创新。德鲁克所说的"企业家精神"，与我所说的"企业家精神"并不相同。这个概念的出现，是因为坎蒂隆、萨伊等经济学家发现，企业家对企业来说，具有某种特别的性质，使它区别于一般劳动者，成为一种专门的生产要素，所以要对企业家的特性进行定义，这种定义可以将其称为"企业家精神"。比如萨伊定义企业家特性是，"能够把经济资源从生产率较低和产量较小的领域，转移到生产率较高和产量较大的领域"。从这个定义看，企业家的与众不同，正在于对原有资源的整合创新。

20世纪，经济学家熊彼特明确了企业家精神与创新的本质关系。他认为企业家就是"经济发展的带头人"，能够"实现生产要素重新组合"的创新者。熊彼特更提到了企业家独特的一面，即企业家要成为"创造性的破坏者"，不断颠覆现状，打破市场均衡。这种破坏在熊彼特看来并不是坏事，他认为动态失衡才是健康经济的常态，而企业家通过创造性地破坏制造失衡，才获得了超额利润的机会。熊彼特认为，企业家不是永恒的，他一旦失去创新，就不再是企业家，创新才是判断企业家的唯一标准。

德鲁克吸收了萨伊、熊彼特等前人的观点，定义"企业家精神"是：

①大幅度提高资源产出；②创造出新颖且与众不同的东西，改变价值；③开辟新市场和新客户群；④视变化为常态，不断寻找变化，做出反应，并把变化加以利用，变成机遇。可以看出，"企业家精神"的每一点都指向了创新。

为此，德鲁克专门指出了创新机遇的七大来源，分别来自产业内部和产业外部。

产业内部来源（可靠性和可预测性按顺序递减）：①意料之外的事件，比如意外的成功、意外的失败、意外的外部事件；②不协调的事件，比如现实状况与设想或推测的状况不一致的事件；③基于程序需要的创新；④每个人都未曾注意到的产业结构或市场结构的变化。

产业外部来源：①人口统计数据（人口变化）；②认知、意义及情绪上的变化；③新知识，包括科学和非科学的新知识。

德鲁克认为，要使创新行之有效，就必须进行"企业家管理"，专注于机遇而非冒险，专注于现在而非未来。归根结底，创新不是科学理念或艺术创作，而是一种经过审慎分析的实践，一种有组织、有目的、系统化、理性化的工作。通过德鲁克的梳理，创新已经从精神层面，经由理性的牵引和训练，走向了完善的状态。在这种状态下，创新甚至不意味着巨大的风险，因为企业家已经理性地做了预期，采取了资源最优化的策略，把风险降到最低。

这是一种理想状态，但我仍要强调这一理想状态中精神性的一面，即企业家主动迎接变化和不确定性，去"做与众不同的事情，而非将已经做过的事情做得更好"。德鲁克所提到的七大来源，对于企业家来说都是外在的客观因素，要让整个企业更好地抓住这些新变化，企业家必须保持对这些外在因素的绝对敏感，并通过熊彼特所说的"创造性破坏"，打破企业内部的平衡。人的常规思维，总是追求平衡、安定，多数人一旦实现财务自由，便不再有动力；一些有更高追求的人，也容易陷入"匠人思维"，在稳定的通道中不断打磨自己的工作，精益求精，却忘记了外部的变化。没有企业家清醒地感知外部，并警醒员工，企业会走向僵化，所有创新的来源都可能溜走，甚至转变成危险。

华为有一个非常经典的案例。任正非在华为形势一片大好的 2001 年，发文《华为的冬天》，表现出强烈的忧患意识，主动扮演了"创造性的破坏者"这一角色，通过一系列变革推动华为持续发展。在任正非的"熵"理论中，陷入平衡态的企业意味着死亡，必须通过"耗散结构"，不断借外部力量打破平衡，才能让华为持续充满活力。任正非并不需要去在工艺制造、编程技术上精益求精，他要做的是保持创新精神，做华为的预警机。别人都可以梦游，但企业家的职责需要任正非永远保持清醒，不断在组织陷入惯性的时候敲打组织，引领组织推陈出新，这才是他成为华为不可替代角色的原因之一。

（四）企业的创新精神

企业家掌握了创新精神之后，要做的是将创新精神注入企业文化之中，形成企业的基因，并传承给企业的细胞——员工，形成新陈代谢，不断产生富有活力的健康肌体。

创新精神的注入，不一定要将"创新"二字用明文显示出来，而是要将创新的必然性注入企业文化的逻辑之中，使企业文化与创新有机结合起来，并创造适宜创新的环境，以至于员工要想真正内化企业文化，就得意识到创新的必然性，就要试着去进行创新，就要习惯于一种不断刷新的氛围。

这就要求企业文化必须在内容上展示出如下的特点：

（1）揭示运动和变化是世界、市场环境的根本特征。
（2）揭示企业生存和发展所必需的要素同样是不断变化的。
（3）如果要跟上这些变化，那么就必须不断根据客观变化进行创新。
（4）含有更新、自我超越、推陈出新等符合创新逻辑的要求。

例如，华为就没有在其价值观中明文写"创新"，但是华为依然拥有创新的文化，这来自华为最重要的价值观——"以客户为中心""以奋斗者为本""坚持自我批判"。

"以客户为中心""以奋斗者为本"，展示了企业生存和发展所必需的两种要素：客户和人才。很明显，这两种要素都是人，人拥有主观能动性，会随着外界环境的不同，展现出需求和特性的变化。这种变化体现在不同人身上，也体现在不同时间点的人身上。华为的员工想要尽可能服务好客户，团结好人才，就必须迫使自己不断去研究，适应这些人的变化，并进行创新。

"坚持自我批判"更是一种做到创新的优秀方法，它的本质是实现自我的不断创新。它的逻辑是通过自我批判的方式，不断发现自我僵化、封闭、无效的成分，进而克服，回到运动、变化、开放的状态中，实现自我的成长进步，这种推陈出新正是创新的逻辑。

同理，阿里巴巴也是将创新注入价值观中。"客户第一，员工第二，股东第三"展现了阿里巴巴对客户这一要素的重视。服务好客户自然需要时刻关注客户的变化，以进行创新。"唯一不变的是变化"直接揭示了环境的根本特征。"今天最好的表现是明天最低的要求"，则激励员工要不断进行自我超越，同样展现出创新的逻辑。

在方法上如何正确引导员工创新，是新时期下企业文化建设的一个新课题。特别是在市场竞争日趋激烈的今天，应该让每个员工都感受到市场压力，由市场来评判员工的劳动是否有效。现在企业最大的困惑是企业的领导感到市场的压力非常大，而有些员工并没有感受到多大压力。如果把市场压力传递到每个员工身上去，员工一定会想办法来化解压力，这就需要创新，而这个创新正是企业文化最需要的。如果每个人都来动脑筋、想办法，这对企业来说是一笔非常大的财富。企业要从组织结构上让每个人与市场都联系起来，每次创新都要清楚用户的需求。如果能够满足用户需求，那么你的创新就是有价值的，这个创新就不是空洞的，而是非常具体的。让员工动脑子想一想，今天的创新是什么，是不是满足了用户的需求，而不是被动地领导让干什么就干什么。如果员工真正成了企业的主人，与企业联动，那么创新就是时时处处了。

其实每位员工都想体现自身价值，实现自身价值，企业要做的就是为员工提供实现自身价值的机会。在海尔，原来的开发人员现在叫"型号经理"。原来是上级要求你开发这种产品，定下来之后就设计生产，有没有销量与你无关，而现在是你自己来寻找市场，可以提出自己的方案，确定后生产，生产了并不表明你完成了任务，而是根据市场的销量来确定利润，根据利润来提成。也就是说，你不但与一个新产品挂在一起，而且也与市场关联在一起。从本质来讲，用户需要的绝不仅仅是产品本身，他们还需要产品服务。如果产品服务可以令用户舒心，他就会给你带来客源，你就得到了市场，获得了利润。相反，如果产品叫好不叫座，就会失去市场，你也就会失去利润，丢掉收入，劳动成果得不到市场的认可，只得另谋出路，另做打算。企业文化决定了企业的产品质量，创新是企业的灵魂。海尔作为一个知名的老品牌，市场销量不断攀新高，就是一个典型的例子。

创新是适应信息化和经济全球化的客观要求。面对今天这个信息化、经济全球一体化的时代，如果企业人不与市场结合在一起，不去创新，那么这个企业就没法生存。在信息化互联网时代，几乎所有的信息都是对称的，只有速度制胜才能占领市场，谁能最快满足用户需求谁就可以赢得市场。所以把创新的基因渗入每个员工心中，而不是只停留在口头上，通过市场途径来实践，企业才会有出路，离开了市场、疏远了创新，就如同涸辙之鲋，难以等到西江之水。国外的企业文化概念，前提是企业中每个人是利益最大化的经济主体，可能国人有些很难接受，其实就是把自身利益与市场利益结合在一起，企业与员工何得不双赢呢？

让我们牢牢记住"管理之父"德鲁克的名言：组织的目的在于使平凡的人做出不平凡的事。如果让每个人直接面对市场，每个人既是公司的老板，又是实际的经营者,企业人最大的创造力就会被激发出来,公司利益就能最大化了。

二、进取精神

相比于企业家特性中占有相当比重的创新精神,进取精神和奋斗精神则显得更为普适。但凡一开始就放弃"铁饭碗"选择进入企业的人,他们骨子里的进取精神和奋斗精神应该彰显,只要他不是之前对不同职业的特点一无所知。

进取精神,即用上进的态度,通过敢作敢为获得价值的精神。进取作为精神,它有如下几个特点:

(1)以价值为方向。进取精神必须确定方向,才能知道什么叫进,而这个方向的目标往往是主体认为有价值的事物。

(2)目标存在一定的困难性。伸手就够得着的目标不需要激发进取精神。

(3)唯精唯一。只有认定目标有最高价值,将目标设立为唯一,只朝目标方向去,才能称得上是进取精神。目标太多,朝三暮四,无法把资源和精力集中于一点,形不成压力,就难言进取。

(4)勇往直前。在前进的方向上如果有阻碍,进取精神会促使主体克服或冲破阻碍。

(5)不排斥与自己同向的对象,并乐于与他们竞争。

(6)对当下不满,尤其是不自满,不甘于人后,迫使企业家不断进取。正如鲁迅在《不满》中所言:"不满是向上的车轮,能够载着不自满的人类,向人道前进。多有不自满的人的种族,永远前进,永远有希望。多有只知责人不知反省的人的种族,祸哉祸哉!"

进取精神在中华民族的早期文献中,最具典型性形象的是《山海经》中的夸父。夸父立下追逐太阳的目标,虽然从未有人尝试过,并不清楚其中会有多少困难,但自信而勇敢的夸父却义无反顾地冲向太阳,直至最后牺牲。让他显得伟大的地方不只是他看着有些不自量力的进取精神,也有他最后要将手杖变为一片桃林,荫泽后世进取者的意图,使得他的进取精神被拔高到了无私利他的境界。

古人,尤其是提倡积极入世的儒家,为了更好地激发士人的进取精神,指引士人走正确的方向,树立了"格物、致知、诚意、正心、修身、齐家、治国、平天下"的进取通道,把进取精神从小我到大我、从利己到利他逐渐提升境界,使能力越大的士人越能扛起社会责任。对于企业家来说,重新建立起这样一条进取通道,扛起社会责任,不断修炼自己,是使进取精神行于正道的最佳方法。

进取精神突出表现为一种面对未知和困难一往无前的大无畏勇气,一旦目标形成,便一路披荆斩棘,克服艰险以达成目标。这种特点使得进取精神对于创业初期的企业家来说极为必要,因为创业初期往往是各种缺乏,缺乏志同道合者,缺乏资源等,更不要说缺乏核心竞争力了,此时逢山要开路,遇水要搭桥,如果心生畏惧,怎能把事业坚持下去呢?

当然,在缺乏理性的审视情况下,抱着进取精神向目标挺进,很多时候也会像唐·吉诃德冲向风车一般,中间夹杂了太多的盲目。当进取的冲劲完全脱离客观的支撑时,企业就可能一无所获,甚至遍体鳞伤。在面对失败的时候,痛苦激发了企业和企业家的理性,用理性自省和分析,将逐渐成为进取之前的必要准备阶段。可以说,进取精神的理性化,是战略的滥觞,而战略等理性的谋划,又将赋予进取精神清晰的视野,使进取者所向披靡、一往无前。

在个人的进取中,往往也会与他人产生冲突、矛盾,这样会激发理性的反思,反思的结果则是梳理自己的内心,清楚进取必须坚持的原则是什么。有了原则之后,可以进行灵活处理,甚至妥协以团结他人。华为提倡管理者要妥协、掌握灰度,便是从此而来,它是一种在坚持核心价值观的底线上的灵活和理智。

企业中培育进取精神，往往和古人一样，需要根据个人的能力构建层级分明的进取通道，并且通过适度地拉开差距，在内部构筑起强大的竞争意识，激发员工不断向一层层清晰的目标发起冲锋。在企业集体下形成的进取精神，往往带有非常强的进攻性。在华为，这便被称为狼性，这种狼性是建立在明确清晰的人才识别、晋升通道、岗位职责以及向头部倾斜、拉大差距的分配制度上的。华为选用的正职被称为"狼"，副职被称为"狈"。狼的特点是嗅觉敏锐、不断进攻，找各种机会撕开口子，实现突破，这就要求正职必须具备强烈的进取精神，狈则是狼的助手，理性更强，在狼攻取的地盘上进行精细化管理，守住既得利益。这就是华为在用人时，平衡运用精神和理性的经典方法。

三、奋斗精神

业精于勤而荒于嬉，奋斗精神是中华民族的传统。中华民族向来以吃苦耐劳和勤俭持家著称于世。

奋斗精神的底层信念，在于中华民族相信，通过自身的奋斗必能获得回报，这种信念被高度概括为"天道酬勤"四个字。我国的历史长河，就是由一个个天道酬勤的灿烂故事组成的。

曾国藩先生是中国历史上非常有影响的人物之一，然而他小时候的天赋却不高。有一个小故事，说是有一个潜入他家躲在屋檐下的小偷希望等他睡觉后行窃。但曾国藩一整晚都在翻来覆去地读那篇文章，就是背不下。贼人大怒，跳下来说："这种水平读什么书？"然后将那文章背诵一遍，扬长而去。

贼人是很聪明，可能比曾先生还聪明，但是他只能为贼，最后也没能在历史中留下名声，而曾先生却成为毛泽东主席都钦佩的人："愚于近人，独服曾文正，观其收拾洪杨一役，完满无缺。使以今人易其位，其能如彼之完满乎？"

改革开放以来,我们国家的经济为什么能够取得如此巨大的发展?奋斗、奋斗,还是奋斗!国家的发展、民族的振兴,是几代人改变命运奋斗的结果,国人用汗水、智慧和才干铸就了新时代的辉煌。多少感动中国的人物、多少人民的公仆,敢为人先,勇于负重,呕心沥血,鞠躬尽瘁,牺牲小我,成就大家。

20年间,我去过许多发达国家,也去过很多世界上极为落后的国家。无论在哪里,我都能够看到我们勤劳勇敢的中华儿女。在埃及开罗,我遇见了东北下岗的大姐在招徕生意;在赞比亚,我和一群国内输出的劳工小酌,共话异乡奋斗故事……

普通人的勤奋可以改变自己和一家人,一个企业家的勤奋,则可以给企业注入无尽的力量,奋斗精神是使企业成为伟大企业的核心动力。

奋斗精神,为进取精神和创新精神提供动力,它有如下几个特点:

(1)弱目标性。仅仅作为精神的奋斗,目标性是三种精神中最弱的。一个人完全可能没有明确的目标,更没有长期的目标,而通过模糊的直觉、需求、趣味去做一件事情,甚至很多事情。他的奋斗,很多时候不是为了得到什么,而是他无法面对什么都不做带来的巨大空虚感。也就是说,他不断外溢的精神动力驱使着他必须做点什么,以找回自身的意义。

(2)强斗争性。奋斗一定要与过程中的艰难困苦作斗争,面对困难、面对挑战毫不畏惧,甚至奋起斗争,不屈不挠以赢得胜利。

(3)正向情感反馈。每次克服艰难困苦,除了可能有的实质回报外,精神的极大投入最终获得改变,也会激发愉悦的情感。这就是为什么奋斗精神可以不靠明确、长期的目标,也能持续产生动力的原因。

中国古人的奋斗故事中,特别又典型的故事是吴刚伐桂。吴刚被炎帝惩罚去砍伐月桂,什么时候砍倒什么时候解脱。这棵月桂不死不灭,随砍随合,也就意味着炎帝给他的解脱的诺言全然是空头支票。多数理性的人在意识到这点之后,可能就直接放弃这种荒谬的无用功了。但是吴刚并不如此，他无怨无悔地投入到这场旷日持久的砍伐活动之中。奋斗本身其实就赋予他人生以意义和价值。在许多老一辈的身上能明显看到一点：就算已经解决了生存问题，他们还是闲不下来，一定要不断地劳作，心里才感到踏实。

这种对表面上似乎无意义的事情的坚持，也是一种奋斗，它充实了精神粮仓，丰富了中华民族奋斗精神的内涵。放弃奋斗，成功的概率几乎为零；坚持奋斗，再小的成功概率，也有实现的可能。

这样的奋斗和坚持，古往今来不乏人事。东汉有一位名将叫耿恭，在西域坚守疏勒城，在陷入匈奴围困、救援渺茫的情况下，守城数月，断粮之后，便用水煮铠甲弓弩，吃上面的兽筋皮革，最后26勇士获救，能安然回归玉门的勇士仅13人。正是这种处于绝境之中的奋斗精神，支撑起了勇士们坚持那些看似无意义的抗争，最终迎来奇迹。

这种精神在中国的企业发展史中同样是常态。在利润极低的情况下，如果没有中国企业的默然承受、默默奋斗，就没有海尔、美的、华为这些公司的崛起，中国也不可能在今天的贸易中获得强大的主导权。

但是奋斗作为一种不经反思的精神，是很有可能降温甚至熄灭的，因为很多人的奋斗可能仅出于生存的需求，或者还没有找到自己奋斗的意义。一旦生存的需求得到满足，甚至超预期地获得了名利后，那些出于生存需求而奋斗的人，可能会沉浸在名利之中而逐渐松懈怠惰；那些一直不知道自己为什么而奋斗的人，可能会随着理性的增长而陷入内心的空虚、矛盾和迷茫。这在一些成功的企业家中也是能看到的。2002年，记者采访搜狐总裁张朝阳时的一段记录让我印象深刻：

> "36岁了，像我这样年龄的人应该是找到为什么而活的时候了——为了房子、车子、孩子……但我找不到依托，不知道为什么而奋斗。这种感觉……"他手指轻叩桌面。

"生命中不能承受之轻?"

他静默了很长时间:"是的……生命中不能承受之轻……太轻了……可是托马斯仍然为正义活着,为自由活着……"

"你没有规则吗?"

"没有。接近中年的人都被上司、家人、同事种种小社会的规则稳定住了,我没有这样的规则稳定自己。"

"可能,必须重新发掘那些朴素和有意义的事情,或者,用理性说服自己去感动,不能这样下去。周末的时候,一个人走到街上的人群里,觉得自己像长白山上的一条狼……"

出租车上,他一言不发,很久才说:"按常理,谈话应该是有来有往的,但一个人出了名,就可以这样连续三个小时喋喋不休地谈论自己。"他的手机响了,是记者的约访。挂断电话后他说:"就这样不断地做讲座,讲 WTO,讲市场化。也许……我的生活里其实还是有一条规则的,就是希望国家富强。"他做了个手势,"不管什么,哪怕是为了……我自己。"

资料来源:柴静. 张朝阳:不知道为什么而奋斗.《人才瞭望》,2001 年 06 期。

在互联网飞速发展的黄金年代,搜狐曾经站上巅峰,却又一次次在十字路口陷入迷茫,错过了不少机会,这也许与张朝阳本人缺乏奋斗精神的原因分不开。

奋斗精神要保持其持续动力,需要理性的协助,将奋斗精神变为奋斗的思想,将自发的奋斗变成自为的奋斗。因此,像华为这类企业,把艰苦奋斗,尤其是思想上的艰苦奋斗,转变成强有力的文化价值观。在华为深圳总部门前,有一块刻着"天道酬勤"四个大字的石头,远远地就能看到。华为崇尚艰苦奋斗,号召员工签订奋斗协议。其独具特色的夜宵文化,各种培训中的 20 公里跑步文化等,无一不是华为奋斗者文化的典型阐释。而这些,都来自任正非自己人生路上勤奋的精神内化。

40多年来，任正非每天晚上读书到凌晨。早上起来，先读书读报30分钟，40多年来，雷打不动。任正非坚持在三个场合读书：飞机上读书，火车上读书，厕所里读书。工作之外，便是读书之时、思考之时、写作之时、创作之时。旅途之中，他总是备书。到终点站，书已读完。如果是长途旅行，他会准备多本书。任正非喜欢经济、历史、社会、政治、军事、人文各类书，并从社会实际中发现那些人性的东西，然后总结实际可用的管理哲学，这些修炼了他从不同角度看问题的能力。他不但自己读书，对读过的书还会写推荐文章，再推荐给华为公司的人去读。任正非读书讲究"读"与"思"并行，只读书不思考那是死读书，思考让他的管理思想吸收到古今中外的智慧。华为日常管理方法大多数来自其读书之中，尤其军事上的名词、战例，如"城墙口""炮火""无为而治""上甘岭""农村包围城市"。管理者是各方面都懂一点的通用型人才，管理者阅读广泛，才会形成华为的"宽文化"。

任正非发言的文件，字字均出自自己手笔。公司年度的讲话，他会提前两个月构思，甚至会议前一天晚上，还在逐字斟酌。2014年的年度大会，他特别在会上提出来前晚要修改而秘书忘记了修改的几个字，以及为什么要这样改。

任正非通过学习，清晰地意识到艰苦奋斗是成功的重要法宝。像柯达、诺基亚这样的行业巨头，一旦陷入自己的舒适区不能自拔，忘却了自己发家的艰辛，就在朝夕之间被时代的浪潮淘汰。任正非也指出，中国对标的国家日本与美国，其成功都离不开艰苦奋斗。在《北国之春》一文中，任正非高度评价了日本人的敬业、乐观以及为工作全力以赴的精神，他说："我曾听过歌曲《北国之春》数百次，每一次都热泪盈眶，都为其朴实无华的歌词所震撼。《北国之春》原作者的创作之意是歌颂创业者和奋斗者，而不是当今青年人误认为的一首情歌。"在《我向美国人民学习什么》一文中，任正非肯定了美国精英的奋斗精神，指出："拼命奋斗是美国科技界普遍的现象，特别是在成功者与高层管理者之中。美国的科技进步是靠数百万奋斗者推动的技术进步、管理进步、网络的优良服务而取得的……如果以狭隘的金钱观来认识资本主义世界的一些奋斗者，就理解不了比尔·盖茨每天还工作十四五个小时的努力。不带成见地去认识竞争对手，认真向他们学习好的东西，才有希望追赶上他们。"

随着华为的不断壮大，以及华为人生活和收入水平的改善，其艰苦奋斗的落脚点更多落在了思想的艰苦奋斗上。在《反骄破满，在思想上艰苦奋斗》一文中，任正非开门见山地指出："成功是一个讨厌的教员，它诱使聪明的人认为他们不会失败，它不是一位引导我们走向未来的可靠向导。"任正非进一步分析："艰苦奋斗要求的是不做思想上的懒汉，是不断总结经验，不断向他人学习，无论何时何地都能自我修正与自我批评，每日三省吾身，从中找到合适的、先进的思想和方法。"

任正非意识到思想上走出舒适区的困难，必须依靠思想上的艰苦奋斗，保持自我革新。这样，任正非勇敢地举起针对华为自身的手术刀，以思想的手术不断促使华为艰苦奋斗。在1998年的《不做昙花一现的英雄》一文中，任正非指出："我们要有长期在思想上艰苦奋斗的准备。持续不断地与困难作斗争之后，会是一场迅猛的发展，这种迅猛的发展会不会使我们的管理断裂？会不会使意满志得的华为人手忙脚乱，不能冷静系统地处理重大问题，从而导致公司的灭亡？事实上，摆在我们面前的任务和使命，比以前我们重技术、重销售时期更加重大而艰难，要全面地建设和管理我们事业的艰难度要远远大于以前，这就要求我们干部更快地成熟起来。管理是全世界企业永恒的主题，也是永恒的难题，华为在第二次创业中更加不可避免。"也就是说，任正非要求华为时时刻刻保持未雨绸缪的状态，不断给自己敲警钟，用思想上的艰苦奋斗换来华为发展的稳定。

最终，任正非将艰苦奋斗变成了华为人的荣誉。他在《天道酬勤》一文中写道:"中国高科技企业的成长之路注定充满坎坷与荆棘,选择了这条道路的人生注定艰辛与劳碌,同时也更有价值……由于华为人废寝忘食地工作,始终如一虔诚地对待客户,华为的市场开始有起色了。友商看不到华为的这种坚持不懈的艰苦和辛劳,产生了一些误会和曲解,不能理解华为怎么会有这样的进步。还是当时一位比较了解实情的官员出来说了句公道话:'华为的市场人员一年内跑了 500 个县,而这段时间你们在做什么呢?'当时定格在人们脑海里的华为销售和服务人员的形象是:背着我们的机器,扛着投影仪和行囊,在偏僻的路途上不断地跋涉……在《愚公移山》中,愚公整天挖山不止,还带着他的儿子、孙子不停地挖下去,终于感动了上天,把挡在愚公家门前的两座山搬走了。在我们心里面,一直觉得这个故事也非常形象地描述了华为 18 年来,尤其是 20 世纪 90 年代初、中期和海外市场拓展最困难时期的情形:是我们始终如一对待客户的虔诚和忘我精神,终于感动了'上天',感动了我们的客户!"在任正非忘情的陈述中,华为的成就很大程度上归结为以客户为中心的艰苦奋斗,加上华为"不让雷锋吃亏"的激励机制,让艰苦奋斗实质上成了华为人的荣誉勋章,让每个奋斗的华为人都找到了奋斗的意义和价值。

对于企业家来说,在创业时期,他判定的价值可能更多的是商业价值和个人价值,哪里有利润就往哪里进取,向利润进取的路上持续奋斗,然后再通过利润使企业获得发展,以实现部分个人价值。这一切体现出非常明显的机会主义特点。但如果企业的生存困难得到缓解,企业更大的问题则是方向问题,企业家必须克服机会主义的短视、功利,不然企业只能对短期机会进取,企业家也会陷入各种短期事务中假忙活,却得不到明确的发展方向,最终因为进步迟缓而落后甚至被淘汰。

这时,企业家必须反思企业为什么而存在,企业的未来在哪里,企业该怎么向着未来进取和奋斗。通过理性的介入,企业的使命、愿景、价值观也就呼之欲出了。

四、通过理性、实践孕育企业文化的企业精神

企业精神是天地未分时期的混沌，虽然它已经有了动力，有了向外做功的本能，但它仍然是缺乏自我的，也就不能形成系统的企业文化。只有通过不断的实践和理性的介入，慢慢去粗取精、去伪存真，企业精神才会慢慢孕育出对自己和外部的认识，企业文化 1.0 才能前进到 2.0 乃至 3.0 阶段。

早期创业者在进取精神、奋斗精神、创新精神的激励下，在实践中、学习中，在反复的理性思考之中，认识和明确了客户至上、人才为本的企业经营最本质的逻辑关系，这就是企业之道。企业精神在商业思维的指引下，客户至上地理性思考，就能回答企业为什么而存在，企业存在的意义是什么。人才为本就成了：企业将来会是什么样子，人才有着怎样的未来，应该给人才什么样的梦想。在这种思考和探索之中，先天的、本能的、蓬勃的精神，在客户至上的牵引下成为组织的使命，在人才为本的引导下成为组织的愿景。前者是企业如何看待自身运营的动力和存在的意义，是定位外部矛盾的优先级以及如何解决外部矛盾的基本主张，后者是内部矛盾的定位以及解决的基本主张。外部矛盾是组织发展的动力，组织以推动外部世界某种发展为使命获得取之不尽、用之不竭的动力；后者是组织发展的能量，只有依靠内部人才的团结，内部人才的成长才能获得无穷无尽的能量。就像飞机飞行，必须依靠空气反推给予其动力，又必须依靠燃油的燃烧获得能量。

当企业文化最终完善后，企业精神的大多功能会被文化的其他部分所取代，作为内核，它也会被严密的文化体系包裹起来。但不能忘记，它仍然是企业的原动力，只要商业世界一直是变幻莫测、危机并存的，那么企业精神就永远不能消逝。一旦遇到紧急、重大而棘手的事件，企业精神这颗灼热的内核，就再度爆发，驱动企业向着未知的未来跃进。

第四章
· CHAPTER4 ·

核心价值观是企业文化的标尺

天行健，君子以自强不息；地势坤，君子以厚德载物。

——《易经·大象传》

第一节　核心价值观的定义

2014年五四青年节，习近平总书记在北京大学师生座谈会上发表了讲话《青年要自觉践行社会主义核心价值观》，对核心价值观有如下论述：

> 人类社会发展的历史表明，对一个民族、一个国家来说，最持久、最深层的力量是全社会共同认可的核心价值观。核心价值观，承载着一个民族、一个国家的精神追求，体现着一个社会评判是非曲直的价值标准。
>
> 古人说："大学之道，在明明德，在亲民，在止于至善。"核心价值观，其实就是一种德，既是个人的德，也是一种大德，就是国家的德、社会的德。国无德不兴，人无德不立。如果一个民族、一个国家没有共同的核心价值观，莫衷一是，行无依归，那这个民族、这个国家就无法前进。这样的情形，在我国历史上，在当今世界上，都屡见不鲜。
>
> 我国是一个有着13亿多人口、56个民族的大国，确立反映全国各族人民共同认同的价值观"最大公约数"，使全体人民同心同德、团结奋进，关乎国家前途命运，关乎人民幸福安康。
>
> …………
>
> 价值观是人类在认识、改造自然和社会的过程中产生与发挥作用的。不同民族、不同国家由于其自然条件和发展历程不同，产生和形成的核心价值观也各有特点。一个民族、一个国家的核心价值观必须同这个民族、这个国家的历史文化相契合，同这个民族、这个国家的人民正在进行的奋斗相结合，同这个民族、这个国家需要解决的时代问题相适应。世界上没有两片完全相同的树叶。一个民族、一个国家，必须知道自己是谁，是从哪里来的，要到哪里去，

想明白了、想对了,就要坚定不移朝着目标前进。

....

  我为什么要对青年讲讲社会主义核心价值观这个问题?是因为青年的价值取向决定了未来整个社会的价值取向,而青年又处在价值观形成和确立的时期,抓好这一时期的价值观养成十分重要。这就像穿衣服扣扣子一样,如果第一粒扣子扣错了,剩余的扣子都会扣错。人生的扣子从一开始就要扣好。"凿井者,起于三寸之坎,以就万仞之深。"青年要从现在做起、从自己做起,使社会主义核心价值观成为自己的基本遵循,并身体力行大力将其推广到全社会去。[一]

这次讲话已经展示给我们核心价值观的定义:核心价值观是一个组织所共同遵循的关键判断标准和行为准则。是价值观,就要求它们承载着对于是非曲直的价值判断标准;是核心,就意味着它们是最基本的价值观,不宜太多;是组织的核心价值观,则意味着它们必须成为组织的"最大公约数"。

讲话同样也展现了许多核心价值观的重要特点:

(1)核心价值观可以作为美德的基础。核心价值观通过在组织中形成"最大公约数",来激发组织中绝大多数人同心同德,团结起来向着同一目标奋进,这就可以帮助组织更好地改变命运,并反过来惠及所有参与者。因为核心价值观能够达成使绝大多数人受惠这一善的结果,因此它可以被视为一种美德。

(2)核心价值观虽然更多地体现为规范和约束,但更为深刻的地方是能够从核心价值观中生发出前进的力量。在我看来,这些力量体现了核心价值观与组织精神的内在联结。

[一] 习近平:青年要自觉践行社会主义核心价值观——在北京大学师生座谈会上的讲话. 2014-05-04. 人民网. http://cpc.people.com.cn/n/2014/0505/c64094-24973220.html.

（3）不同的组织有不同的核心价值观，来自不同的历史、客观环境和所要解决的时代问题。第一，提醒企业制定核心价值观时，切忌囫囵吞枣式地照搬别的组织的成果，要从自己的历史、所处客观环境和所要解决的时代问题出发；第二，提醒企业在制定核心价值观时，可以从中华文明的历史中寻找根系；第三，提醒想要进军全球市场的企业，在制定核心价值观时，要仔细研究不同市场的文化背景，站在世界的大时代视角，发掘各文明的"最大公约数"，以帮助企业在国际化进程中，减少不同文化员工接受企业核心价值观的阻力。

（4）核心价值观的养成，如同扣扣子，有非常关键的节点。对于企业来说，第一个关键节点是新人进入企业；第二个关键节点是他们由企业员工转身为干部；第三个关键节点是他们由一般干部转身为高层干部。每一个关键节点，都少不了文化的培育、识别和激发。

（5）核心价值观是推己及人的，主动权在自己，最后形成的效果是每个个体都从自己做起，推己及人，进而影响整个组织。

在本书的企业文化模型中，核心价值观是从主星中直接分离出去的卫星，也就意味着核心价值观与文化的主星有强烈的血缘关系。文化的主星，由涌动不息的精神和根深蒂固的基本假设组成，那么由它们分离出去的核心价值观，就应该带有二者的影子。核心价值观是企业家（或者加上高层管理者）通过理性的思考，从没有被理性把握的精神和基本假设中，总结出的清晰、明确的元素。核心价值观也许是文化中最为长期静止的部分，那是因为它们与根深蒂固的基本假设和最本源的精神相同步，这些卫星的公转要与主星的自转保持完全同步，才能让体系显得和谐而稳定。

据此，在企业文化的星系中，核心价值观需要承担艰巨的拱卫、承接任务：

（1）加强引力。核心价值观与落地内容结合，更紧密地面向实践，更直接地指导实践，以实践作为优化的标准。通过实践—反思流程的反复，不断丰富企业文化的组成部分，并强化企业文化的影响力和吸引力。

（2）保卫主星。核心价值观作为理性的产物，形成体系化、更有说服力的组合，然后广泛传播，从而打消许多员工对企业文化的质疑，并在实践中遇到反常之后，通过调整价值观的内容，解释和吸纳反常，从而减少对精神和基本假设的直接冲击。

（3）以简对繁。核心价值观在精不在多，每一个维度都要有很强的解释力，整体也要形成与企业全面对照的体系，让企业的内治理和对外业务，都能够化繁为简，从价值观提供的几个维度进行思考和判断。

（4）作为参照物。正如人们总会以北斗七星为参照定位北极星，人们也会以价值观为参照，领会企业的精神和基本假设。这是因为价值观有明确的解释和清晰的标准，人们可以通过理性迅速理解；也正因价值观给出了解释和标准，它也会直接面对实践的检验，并为企业制定规章制度和文化考核奠定基础。

（5）返回主星。价值观是直接从精神和基本假设中推出的部分，对价值观的深入理解和反复实践，有利于员工形成与企业文化近似的基本假设和精神，完成企业文化的完全内化。

可以看出，核心价值观的出现，原因在于企业招揽的一群人不可能一开始就完全同步，大家各执己见去行事，自然就会产生内部的不协调和无谓的消耗。企业通过明确核心价值观，给员工的认知树立标尺，给员工的行为设立边界，这一开始可能会成为一种束缚，但是束缚的目的是自由，也就是员工在核心价值观的重复践行中，逐渐掌握其中的规律，从而能够从心所欲不逾矩地判断、做事，不再在内部发生摩擦。最后，由精神和基本假设生出的核心价值观，又会把员工拉回到精神和基本假设，让他们可以不假思索地行动并激发力量。如此一来，企业不只有一个企业家，也许会出现无数能互相产生共振的企业家，共克时艰，共同朝着"六亿神州尽舜尧"的组织终极态势进发。

第二节　从精神和基本假设中来，到他人和社会那去

适用于核心价值观的概念很多，但是企业家要做的，是在万千概念中选出与自己企业最契合的几个。这个做减法的过程只能由企业家亲自参与，因为只有他经历了企业从创立到今天的全历程，只有他能够回答企业的深层精神和基本假设是什么。

一、回顾、审视和筛选，做一次全面的思维厘清

发掘基本假设，需要企业家从自我中抽离出来，成为一位自我的旁观者、审视者。要做到这一点，仅凭记忆是不够的，因为自己的记忆有被自己无意中修饰、遗忘的可能。

企业家最好拿出客观材料，例如：

（1）自己参与的项目、工作记录；

（2）自己在各个公共场合的发言记录；

（3）自己亲自写下的文字，或者自己亲自记录的音频、影像资料。

在客观材料之外，企业家也可以去和当年与自己一起创业、打拼的亲历者沟通，他人提供的记忆、评价和建议，如拼图一般，可以还原出更客观的企业家形象。

有了客观材料，企业家就可以对照反思自己的创业史，从中总结出那些自己认为重要并且坚守至今的认知、思想和概念。

之后要做的就是给这些对象按价值排序，通过不断的取舍，筛选出最为基本、底层的观念，即企业家经营企业的基本假设。

这种刨根问底的方法曾被儒家使用：

> 子贡问政。子曰："足食，足兵，民信之矣。"子贡曰："必不得已而去，于斯三者何先？"曰："去兵。"子贡曰："必不得已而去，于斯二者何先？"曰："去食。自古皆有死，民无信不立。"

在这个案例中，子贡再三地让孔子减少要素，最后非常清晰地得到孔子观念中政治的根基，即民众的信任。企业文化想要立得住，必定要通过类似的方式，在企业家刨根问底地做减法中寻找到根基，并用简洁的概念清晰地展示出来，以帮助自己在未来的行动中轻装上阵，不要背负太多思想包袱。

二、直刺本心：我的基本假设正确吗

总结出基本假设之后，企业家也不能就此掉以轻心，他必须反思这些基本假设：我的基本假设符合客观现实吗？我的基本假设足够底层吗？我的基本假设对企业经营管理有用吗？我的基本假设能够规范人、凝聚人吗？

我在和企业家、高管交流时，经常得到我认为并不正确的基本假设，但对方却在表述这种基本假设时显得自然而然。其中有一些基本假设，如果被员工获知，可能还会产生负面作用。

其中最常见的一种基本假设就是说"人性本恶、趋利避害"。很多人还会跟我说，这是从韩非子那里学到的。

那我就只能认为，他们没有学会韩非子更底层的假设，这个假设就是《韩非子·五蠹》中所说的"世异则事异，事异则备变"，意思是世道变了，事物就会变化，事物变化了，我们对待事物的方式方法也要跟着变化。我相信，韩非子如果到了今天，以他的智慧，他肯定会冷静地分析世道的变化，从而对他"人性本恶、趋利避害"的假设做出调整。

"人性本恶、趋利避害"所得出的方法论，就是"赏莫如厚而信，使民利之；罚莫如重而必，使民畏之；法莫如一而固，使民知之"，这种方法放在现在当然还有相当的效用，却无法完全适应企业的需求。

在韩非子所处的年代，国家的赏赐可以极其丰厚，不但能赏金钱、土地、人口、奴仆，甚至还能赏政治特权，使人获得远超一般人的待遇。请问现在的哪家企业能实现这个级别的赏赐？

在韩非子所处的时代，国家的惩罚可以极其严苛，不但有对权力、物质上的剥夺，更有对肉体和生命的摧残。请问现在哪家企业能严苛到这个地步？

韩非子所处的时代，人口流动困难，受教育率低，物质又显得短缺，物质和思想上双重贫乏，加上没有选择，自然能被重赏重罚驱动。现在的劳动者，家里往往已经实现小康，个人受过良好的教育，市场上的工作选择也多，企业能仅靠赏罚驱动他们长期为自己效力吗？

因此，企业家在反思过程中必须避免对基本假设的盲信，结合现实情况来分析和判断基本假设，从而更新自己的认知，也为找到正确的价值观奠定基础。

三、价值观形成的方法论

企业家寻求和践行价值观的方法，可以在《礼记·中庸》中找到答案：博学之，审问之，慎思之，明辨之，笃行之。

- 博学之，就是企业家要广泛、充分地学习，以获得足够的知识支撑。
- 审问之，就是要找到高人，向他们有针对性地提问，以获得有价值的指点。
- 慎思之，就是做慎重、周全的思考。
- 明辨之，就是自己通过思考逐渐形成清晰的认知，从而做出明确的辨识、判断。
- 笃行之，就是企业家既然已经明辨，得到了自己确信的价值观，那么就要按照价值观坚决践行。

另外，各条核心价值观应该有机联系，形成一体，并与企业文化的其他部分构成一个理论体系。这就要求企业家充分发挥自己的理性，把自己获知的现象、累计的经验，通过理性的作用逐渐将其抽象，并找到其中的规律，以客观规律建设自己的体系，并最后使其回到实践中去。从现象到理论的步骤，如图 4-1 所示。

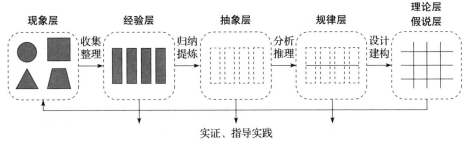

图 4-1　从现象到理论的步骤图

四、注意囊括价值理性和工具理性

为了企业文化能够真正形成凝聚力和可持续发展力，企业文化必然会超越工具理性达到价值理性。

虽然理性并非原生态的东西，但它要承担主宰者和牵引者的角色，这并非说理性在文化系统中有至高无上的地位，而是理性、激情、欲望的分工不同。欲望和激情是胡冲乱撞的烈马，而理性是驾驭这两匹烈马的人。理性要熟悉这两匹烈马的特点，以好好发挥它们的优势；理性要给两匹烈马套好缰绳，训练它们约束自己、相互配合行进；理性要一边掌握好马匹前进的方向，一边不断地观察外界的情况，做好新的路线规划。

理性失控的企业，凭着本能非理性地进行决断和行动，虽然决断的效率确实相当高，但是在目的上盲目，在规划设计上空白，最终导致结果上完全不可预期。大量小微企业基本都是凭着企业家个人的意志决断和行动，而一旦企业家本人是盲目冲动的，他往往只会根据可见的现象做出本能的反应，而行动之后全然没有总结、反思和优化，这样，短视和缺乏积累、成长的冲动行动叠加起来，会使面临危机的概率提升到几乎必然的水平。由于冲动的盲目性，企业可能面临频繁地朝令夕改，员工或无所适从，不能形成日常性的工作积累，或者他们也凭本能行事，导致不同冲动互相冲击，形成巨大内耗，这也是小微企业难以成长为大中型企业的一个原因。

失去非理性力量的企业，则是另一幅画面，虽然一切井井有条，但整个公司显得垂垂老矣。从上到下所有人都专注于遵循章程、法令，而不去探索规定之外的任何可能性；在决断时丧失原初的勇气，依赖复杂的理性分析，效率低下，犹豫不决；在对待员工时忽视其存在的欲望和激情，而更看重他们对规定的遵守，有时会导致人才的流失。失去欲望和激情的企业往往是大型企业，危机感的淡薄、利润的稳定让它们逐渐丧失了面对和挑战未知的冲动，甚至通过严格的规范抑制非理性的挑战，从而使企业逐渐走向官僚主义、形式主义、教条主义。但任何企业的理性在没有安抚个体的非理性之前，都没有办法让这些个体真正地服从它，个体可以完全遵循企业的理性规范，并使用自己的理性在规范的空间内寻求自身利益，其结果是企业被理性的利己个体蚕食为空壳。

从上述内容可以看出，理性本身同样会对企业造成危害，这种危害形成的原因是什么？是理性不够完美，还是提到的理性仍处于需要超越的水平？

马克斯·韦伯对理性的分析模型告诉我们：我们最常讨论的理性，实际上只是理性的一种，而且是存在缺陷和弊端的。韦伯区分了两种理性：工具理性和价值理性。

工具理性：以可计算和预测的后果为条件，在乎的是如何合理地实现目的，即用理性思考如何最高效地达成目的。这种理性关注的是手段、结果，它使用实证、量化、归纳等方法尽可能地摒弃主观因素的干扰。它寻求的是事实，也就是回答和解决"实际是什么"的问题。

价值理性：先有某种价值信念，然后以这种价值信念为基本假设，遵照这种价值信念去思考和行动。这种理性寻求的是通过树立价值信念的基点，来指导一切行动，也就是回答和解决"应该是什么"的问题。

工具理性是必然需要的部分，甚至是理性的基础，但是工具理性存在以下缺陷：

（1）工具理性不去判断目的本身的意义和价值，只是为了目的而不断地调用资源。

（2）工具理性把包括人在内的所有事物都当作达成目的的工具或手段。

（3）工具理性偏重事物达成目的的效用，而不去考虑目的之外事物其他方面的特性，不赋予事物任何意义和价值。

在这种情况下会导致：

（1）参与者丧失了对目的本身合理性的思索和批判，而只是顺从目的行事，一旦目的存在偏差，工具理性会把方向带偏。

（2）意义和价值的缺失让参与者陷入迷茫之中，不知道为什么要做这件事，这件事与自己有何关联。

（3）只注重事物对达成目的的用处，而缺乏对事物真正深入、全面的研究。形成路径依赖之后，只会把路径打磨得更精细高效，但因为对暂时缺乏用处的内容不够关注，而容易忽略路径之外发生的变化，这在变化迅速的商业中非常致命。

（4）把人当成工具和手段，而不去真正了解人的特性、情感和思考，最终导致这些人感觉被利用了，从而产生隔阂甚至互相利用。

（5）达成目的的过程中缺乏对手段的反思和约束，很有可能导致目的之外其他事物的损耗甚至破坏。

精通工具理性，可以充分利用了个人最宝贵的资源——时间，把单位时间高效地转化为收益，但是它经常把自我之外的一切当成工具，去压榨和损耗他人的时间。

相当多的企业是理性的，但仅仅是工具理性，它熟稔资本运作的客观逻辑，具有获取利润的清晰目的，不断地用各种手段从客户和员工那里榨取价值，而企业文化在其中也仅仅是对外宣传的工具和对内灌输的工具。这些企业对于定下的目标极为聚焦，但对目标之外的事物缺乏兴趣和敏感，往往在精确的数据和精细的建模之外忽略了潜在的变化，尤其是客户群心理需求的转变。

这种企业必然会背离真正的企业文化，因为企业文化必须选择价值信念，必须有人性的温度，才能真正建构起信念的共同体，形成真正的凝聚力。工具理性对人的理解过于机械，而企业最终要和客户和员工建立关系。当今的劳动者，随着教育水平的提高，理性水平也在不断提高，以工具理性对待他们，只能获得工具理性的反馈，不在价值层面感召和说服他们，就根本无法形成效率的最大化，最终与工具理性的目的也会背道而驰。

深谙价值理性，则会超越个人对时间的利用，通过源源不断地感召和团结具有相同信念的人，形成组织对时间的积累，把有限的个人时间变成可以积累的组织时间。

价值理性与工具理性在企业文化中的分类：价值理性（不可再质疑或推理的基本信念）包括客户至上、人才为本等；工具理性（达到基本信念要求的手段）包括创新求变、自我批判、艰苦奋斗等。

化用爱因斯坦的一句论断：没有价值理性的工具理性是盲目的，没有工具理性的价值理性是跛脚的。

五、面向未来，查漏补缺

核心价值观的选择，既有总结过去的一面，也有面向未来的一面。如果企业家出于文化变革的目的，想要企业得到之前缺乏但今后必需的核心价值观，那么就要有取舍。首先，这种无中生有的价值观最好尽可能少，减少企业吸纳异己的排异反应。如果一家企业树立了多条自己缺乏的价值观，那么很容易出现有太多目标要消化的现象，分散了吸收的专一和力度。企业家必须在众多想要添加的概念中选出自己最需要的一部分。为此，企业家必须清晰地知道这些概念背后的思想，以及自己企业缺少哪些必要的文化，然后以极大的决心聚焦一点,着重推行这部分新内容。

华为推行自我批判就是一个典型例子。自我批判对于任何组织和个人,都很难成为自发产生的价值观,因为绝大多数人都会长期囿于从自我出发的惯性。只有那些超越自我,有着更高格局的人,才会明晰并坚守自我批判。也只有这些觉醒者去高举自我批判的旗帜,才能让它变成组织的价值观。自我批判能够成为华为的价值观,首先在于任正非清晰地意识到自我批判对于华为的重要性,在《为什么要自我批判》中,他说:

> 华为还是一个年轻的公司,尽管充满了活力和激情,但也充塞着幼稚和自傲,我们的管理还不够规范。只有不断地自我批判,才能使我们尽快成熟起来。我们不是为批判而批判,不是为全面否定而批判,而是为优化和建设而批判,总的目标是要导向公司整体核心竞争力的提升。

为了将自我批判融入华为,任正非拿自己开刀,自己带头公开进行自我批判,从而树立起了这一宝贵的价值观。2016年1月27日,任正非针对《华为的宿敌思科,诞生爱情土壤中的技术之花》一文,写了如下自我批判:

> 我不如钱伯斯。我不仅倾听客户的声音不够,而且连听高级干部的声音也不够,更不要说员工的声音了!虽然我不断号召以客户为中心,但常常会主观臆断。尽管我和钱伯斯是好朋友,但又真正理解他的优点多少呢?

在任正非的坚决推行和以身作则下,自我批判开始在华为自上而下地学习和实践,并形成了一系列常设机关和相关机制,帮助员工正确地进行自我批判。例如,2006年,华为专门成立员工自我批判委员会,有公司级员工自我批判委员会,各体系有员工自我批判指导分委员会,作为自我批判的非常设机构。任正非、孙亚芳两位正、副总裁亲自担任顾问,以保证组织的效力。

像华为这样的价值观植入工程,会比原生文化的成功推行付出更大的毅力和心血,对企业家的决心和耐心都是考验。当然,一旦这种原本缺乏的价值观真正融入企业,就相当于补齐了之前的认知短板,可以帮助企业更平稳地展开未来行动。

六、我的价值观推演

讲完方法论后,我也需要针对价值观,给出自己的一点建议和方案。我会列举出核心价值观的大致类别,并给出我觉得必须考量的概念。

企业所面对的对象,可以分为三类——人、事、物,并由此形成三种针对不同对象的核心价值观。

- 人中常见对象有自我、客户、人才、股东、友商、竞争对手等,也存在以明确组织为对象的,如团队、国家、社会等,也可以算到人的范畴中。
- 事情最终的判断标准,一般来说是结果,而做成事情的方法、态度、能力,则形成了诸多常见核心价值观,如创新、进取、奋斗、开放、务实、技能等。
- 物中常见对象有资源、资本、技术、产品、知识、市场等。

在我的思维方法中,我会首先对这三个大类进行价值判断,而我的判断结果是:人这个大类最为重要,事次之,物则最后。

把人放在最前,是因为我认为做企业最必要的一条基本假设是"人本主义",其原因如下:

(1)人是企业存在的根本原因。首先,企业存在是因为存在需求,人是需求产生的源头;其次,企业的一切活动都需要人去完成;最后,企业的一切理念都建立在人的思维之上。总之，企业只是人类社会中一个由人构成的环节，用以满足人的特定需求，脱离人类社会这个环境，企业这个环节就没有价值。

（2）人是最重要的变量。除人之外，所有其他因素要么是静止的、有限的，要么是在创造性上无法发生质变的，一块钱不会自己变成两块钱，一匹马永远不会造出轮子，一件事情没有人的参与就会停滞不前。人具有主观能动性，这让人可以通过主观能动性的变化，牵动其他要素的变化。人有强大的精神，可以主动为自己相信的事业和目标做出巨大的奉献。掌握人这个变量，别的变量也有了抓手。

（3）人是最为复杂的要素。只有人有思想，而思想是一种相当复杂且可以不显露出来的东西。要理解人的思想，还要考虑到他的情感、欲望、关系等的作用，这让人身上存在太多的因子。对人的理解越透彻，对人的思想的引导效果就越好，也就能从根本上影响企业的治理。

排开人，企业所需要的物终归需要通过企业的作为，也就是把事做成来获得，因此事是处于第二位的大类。根据考察，大多数企业家在多年的打拼中，都形成了对于事的基本假设，比如认为事情总是处于变化中，危险和机会总是互相转化的，资源总是有限的，需要依靠竞争获得。这些都是非常常见且必要的假设，它们让企业时常具有对事物的敏感性和危机意识，不断激发企业向外竞争。

总的来说，物由事得，事在人为。企业在选择核心价值观过程中，最好多考虑人的层面，再加上做成事的关键方法，形成"人+方法"的基本结构。

除人本主义之外，我认为还需要坚持的一条基本假设，就是利他主义。利他主义放在第一，自我放在第二位，这是企业核心价值观必须体现的地方，原因在于：

（1）自我的认知依赖他人。如果我们回首自己的成长历程，就会发现我们的自我其实是在不断变化的，而这种变化一定要通过和他人的互动，没有他人这面镜子，我们很难认识自我。企业同样如此，只有认清楚他人，才能找准在他人构成的社会中，自己所处的位置。

（2）自我的存活依赖他人。人是社会性动物，分工协作、各尽所长、各取所需，才能真正发挥出自我的力量，脱离社会而单打独斗的人极难生存。对于企业来说，无论是组成企业的员工，还是支撑企业生存的客户，都是企业赖以生存的重要对象。

（3）自我的发展需要他人。对企业来说，他人不但给予企业以发展所需的资源，同时通过他人组成的社会和市场，展现出未来的机会和道路，供企业参考。

（4）思维惯性上，容易从自我出发，导致个人的膨胀或企业的故步自封，忽视他人对自己的支撑。因此更要拿利他主义警醒自己，不要忘记他人的帮助。

老子说过："圣人不积，既以为人，己愈有，既以与人，己愈多。"利他主义，正是在自我心太重的情况下，反向通过为他人思考、为他人服务，而最终达到反过来帮助自己的方法。这一方法与商业的基本程序是相符合的，商业同样是要先为他人付出才能有所收获。而伟大的企业家甚至会跳脱出商业，而想着有利于国家、社会、人类，例如稻盛和夫用自己的私有财产创设的"京都奖"（表彰对人类科学和文明发展做出突出贡献的人），就上升到了人类的层面。这源于稻盛和夫骨子里的利他主义，在他看来，人类一切行为中最尊贵的行为就是为他人尽力的行为。企业想要走向卓越，必须把利他主义的价值观时刻铭记于心，提醒自己走正确的道路。

对于人本主义和利他主义，摆正了企业这个"我"和他人的位置，就能更好地帮助企业精神找到正确的方向，企业精神只有向外对他人做功，才有真正的价值。如果企业精神老是向内陷在自我里面，没有外部目标，慢慢也就消亡了，这是一些企业失去活力的原因。

从人本主义和利他主义的基本假设中，我着重推出了两个最重要的价值观——"客户至上""人才为本",我认为二者一外一内,构成了企业的乾坤。除这两条之外,别的核心价值观,可以根据企业所需,由企业自行探索,如图4-2所示。

图4-2 企业乾坤:客户至上,人才为本

《易经》云:"天行健,君子以自强不息;地势坤,君子以厚德载物。"对于企业来说,这句话可理解为:客户可以说是企业的"天",企业必须向着广袤天空不断地奔跑,在奔跑中让自己逐渐强大;人才是企业的"地",企业必须用宽广的胸怀和深厚的德行,来夯实自己的地基,容纳更多的人才。

第三节 客户至上,自强不息

一、"客户至上"是企业的魂,客户在,企业的魂就在

资本主义初期,由于物质的整体匮乏,当时的企业更热衷于以最低的成本生产大量产品。但随着工商业的发展,满足一般需求的产品已经远超市场所需,消费者的意识也逐步觉醒,简单粗暴的低价竞争策略不再能够应付客观变化。19世纪中后期的马歇尔·菲尔德百货公司,其创始人马歇尔·菲尔德(Marshall Field)提出了"顾客总是对的"(The customer is always right.)

这一影响深远的理念。在当时，零售业还奉行"商品一旦出售概不负责"的原则，但该百货公司一改此原则为"无条件退货"，并在商店内设置凳子等便民设施，建立休息区，供疲劳的顾客稍事休息，以便有精力继续采购。这一"客户至上"理念的雏形，随着公司销售的成功逐渐推广开来。随着时代进步，商业愈加发达，"客户至上"的概念也变得愈发清晰。

从一家企业自身发展的历史上看也是如此，企业的产生是因为企业家精神自然爆发，捕捉到了市场需求，发现了客户机会，并且依靠自己的创新精神、进取精神和冒险精神赢得了订单，获得了现金流和利润，形成了企业成长需要的基本营养。如果没有市场，没有客户需求，企业就像鱼离开了水，或者像真空中的物体，没有任何依靠，也就没有运动产生。同样，企业精神，如果不是为了满足客户需求，那就会缺乏服务的目标和方向，就没有任何真实的价值。

企业在早期发展过程中，必须一切以客户满意为标准，像对待上帝一样对客户，用尽自己的心思去了解需求、响应客户，这样才可能获得订单。但是在成长后，或者成为规模企业、大型企业后，有些企业渐渐地把客户放在了次要地位，并将精力转到领导、资本、管理者等那里，企业也就失去了方向，失去了动力系统。

德鲁克说得非常明确，企业存在的目的不是企业自身，而是企业外部，企业的唯一目的就是创造客户。

从商业逻辑上看，客户至上也是非常清楚的道理。一个企业，只能通过客户，获得自己用于生存和发展的价值。既然自己的生存和发展都需要客户，企业自然要在态度上实现客户至上。

天行健，君子以自强不息。对企业来说，客户就是天，客户是企业的刚需，客户的变化永远刚健有力，谁能跟上这种刚健之道，谁就能强大。大道至简，真理就是对于这样的常识的坚持。

可惜的是，人总是从自己出发，随着成功的不断来临，很容易"乱花渐欲迷人眼",忘了简单的常识。很多公司创业时期能够戒骄戒躁,能够保持对头顶上天的敬畏之心,一旦有了成就以后,就开始以自我为中心,忘记了抬头看天的重要性,对客户需求的反应变得迟缓。曾经的手机品牌霸主诺基亚、胶卷霸主柯达等就是如此,一旦跟不上"天"的变化,"天"塌下来就在旦夕之间。

许多成功的企业,虽然没有直接亮出"客户至上",但考察其文化,定会发现有和"客户至上"契合的地方。例如,中广核(CGN)在价值观中提及"客户导向",但其最核心的概念是"安全第一",似乎客户需求并没有排在最前列。但仔细考究就知道,这是基于核能这一产品的定位。客户甚至整个社会对核能最基本的要求就是安全,一旦失去安全,根本谈不上对客户需求的满足。所以中广核把安全放在第一位,同样是对"客户至上"的坚持。

一些企业制定文化的初衷是好的,但是对客户的考虑不够,这可能会限制企业的成长。例如,我们可以对比松下过去与现在的文化。松下的成功得益于松下幸之助的"自来水"文化,即让民生必需的电器变得像自来水一样便宜,随时能得到供给。这其实就要求松下必须提高生产效率,为消费者提供可靠、便宜的产品,以满足消费者的刚需。为此,松下幸之助提出"质量必须优先,价格必须低廉,服务必须周到"的经营方针,极好地贴合了客户的需求。而当今松下的文化,将"环保""绿色"放在了核心位置。绿色、环保是非常先进的理念,体现出松下强烈的社会责任感,但是对于客户来说,绿色、环保不一定是关键需求。松下电器在松下幸之助的文化基础上种上绿色、环保的文化,也许是锦上添花,但如果将绿色、环保变成了基础,那么就可能会限制客户的数量,这让我对松下的未来感到隐忧。

20年前看过的一部电视剧《商道》,其中有一句话至今我还记得非常清楚:财上平如水,人中直似衡。商人、企业家、社会组织,一切社会活动的起点都是因为人的社会性,而人的社会性的特征就是为他人做什么。

企业的社会性，从根本上来说，就是满足客户需求，就是客户至上，企业的一切生产经营活动，一切组织设计、政策制定、流程设置等，都是为了更好地感知和满足客户需求，而且要以超越对手、超出客户满意为永恒的追求。满足客户的能力，就是企业强大的证明。总而言之，"客户至上"是企业自强不息之道。

二、客户价值主张决定了企业的价值主张

价值主张是客户期望从企业获得产品和服务中的利益，是客户自身提升价值创造过程中明确面向未来的创新思考或者现实问题和痛点。客户的投资预算也只会依据自身的价值主张展开。价值主张的基本原则是为客户创造价值，创造价值有两个方向：一是帮助客户节约投资，降低创造价值的投入和成本，二是通过客户投资，帮助客户提升价值创造的能力。因此，价值主张也有两个明确的方向：一个是面向过去，质量好、服务好、价格低；另外一个同样是质量好、服务好，但是价格适中。今天的互联网时代，响应速度变得越来越重要，消费者对于需求响应越来越要求即时化，因此响应速度成为价值主张的核心内容。随着人们生活水平的提高，品牌化成为现今越来越重要的价值主张。价值主张只有对准客户的痛点，聚焦客户的痛点，才会真正被客户关注和接受，并且最终获得客户的认可。

如果企业是一艘承载客户的船，价值主张就是船前进的方向。企业的价值主张只能来自客户的价值主张。企业竞争力的核心是企业的价值主张，如果价值主张是独一无二的，那么企业就没有竞争对手。如果价值主张有自己明显的差异性，那么企业必然会被承认这个价值主张的客户所认可，并最终赢得客户。

客户的价值主张决定了企业的价值主张。一切商业组织的核心价值观的根本，都应该是客户至上。就像一艘船在水里，如果水不能让这艘船浮起，那么一切都是徒劳的。

价值主张强调创新，它必须依靠普遍客户关系的支持，必须以对客户的深入了解为基础。价值主张的实现，要回到企业精神本身，那就是创新。创新是实现独特的、有竞争力的价值主张的唯一手段。除此以外，再也没有其他手段了。

三、服务客户是企业队伍建设的宗旨

目的决定一切，一切服务于目的。企业就像水力发电机，如果没有流水进入企业系统，发电机不能围绕水运转，不能将水的势能转化为电能，发电机就不会有效开展工作。发电站的选址经历过一些变化，开始时，觉得发电站是最重要的，觉得流水取之不尽，用之不竭。后来发现，其实水是宝贵的资源，是有限度的，而且和气候及地理条件关系很大。要建发电站，首先要修大坝进行蓄水。今天再建设发电站，必须一切以丰富的水资源条件为核心，为基本的前提。

发电机必须根据水的动力特性来设计，蒸汽机要根据气体的特性来设计，汽车要根据人的特性来进行设计，企业的组织建设必须以服务为宗旨来进行设计。

企业文化的特征是服务文化，只有服务客户才能够换来商业利益。实际上，任何组织的存在都必须通过服务其他组织来实现。服务是无止境的，服务既是有形的，又是无形的，不仅以订单的形式体现，也体现在和客户沟通交流的一切行为之中，以及思想的逐年传递之中。提供稳定的、优良的、有着明确标准的服务，才能够去了解客户、认知客户、理解客户，最终赢得客户。合作的基础是信任，客户对企业的信任，是企业最宝贵的财富。

伟大的事业，当然来自看得见、摸得着的产品、团队和人，来自企业核心竞争力的管理、战略等，但这一切的背后都必然是尊道而行，这个道的一部分就是客户至上。

第四节 人才为本，厚德载物

一、"人才为本"的德，源于"客户至上"的道

人才为本的价值观，与人本主义的基本假设有直接的联系。这种基本假设肯定了人在这个世界上独一无二的地位和作用。人是组织的基本单元，是组织的细胞，组织的价值最终由人的劳动和智慧所创造。任何组织都必须由人构成，为人服务，被人推动。离开了内部的人，组织就不存在；离开了外部的人，组织就失去了存在的意义。

人本主义思想和时代的进步总是相辅相成的。春秋时期儒家的仁政理念、墨家的兼爱理念，均把人放在了中心位置，为中国两千年的国家治理烙上了民本的印记。西方的文艺复兴，使人的尊严不再笼罩在神的阴影之下，人们的思想、个性进一步被解放，与欧洲同时期的工商业发展相得益彰。在企业史上，管理体系的发展，先是如何让工作变得有效率，让工作能够科学简单，然后是如何让人提高效率，如何让人充分发挥技能技巧的价值。20世纪下半叶，明茨伯格、德鲁克等管理学大师纷纷把管理的重心放在了人的身上，稻盛和夫等伟大的企业家更是在管理中践行人本主义，造就了一系列企业的成功。进入知识经济时代后，人成为企业越来越核心的要素，人的知识、人的智慧、人的创造性，成为企业创造价值最宝贵的要素，并造就了一大批新兴的高新技术企业。

对于企业这种特殊组织来说，由于它必须依靠自己的努力获得价值，并保障自己的生存，因此以人为本对企业来说还不够准确，企业必须以那些能够为企业创造价值的人为本，这就形成了"人才为本"的价值观。

今天企业的竞争，在客户层面看起来是产品的竞争、服务的竞争、价格的竞争和用户体验的竞争，这些其实只是企业经营管理系统的表象，是企业经营管理的结果，而产生这些的根本原因在于企业文化，以及符合企业文化

要求的、以企业家为核心的组织领导力的竞争。企业家、文化、领导力成为企业的"三驾马车",也是三个引擎。三者之间相互作用,通过战略、执行与运营、管理等动作产生相应的结果,而实现这些关键动作的基本载体都是人才。战略的规划和制定离不开顶级的人才,执行和运营需要的是高素质的人才,管理同样必须以符合要求的人才为基础。

地势坤,君子以厚德载物。人才是企业的地,要想为企业构筑坚实的地基,企业必须有深厚的德来凝聚人才。

这里所说的"德",需要与"道"对照起来理解。在《易经》中,"道"是指客观的规律,"德"是指顺应客观的规律。老子说:"人法地,地法天,天法道,道法自然。"顺应更高的客观规律,就是德的本质。前一节已经点明,企业的"天道"是客户,那么承载人才的"地德",必定效法客户这一"天道"。也就是说,只有在客户的客观标准下,才能判断一个人是不是企业的人才。如果一个人有很强的技能,却不能服务好客户,不能得到客户的认可和回报,那么他也许有才,但并非企业需要的人才。

即便是那些不直接与客户打交道的员工,他们也依然需要客户来判定他们是不是人才——他们必须服务好内部客户,也就是更贴近客户的那些员工。他们能够为贴近客户的作战部门输送炮火,帮助他们获得客户的认可和回报,才能证明他们的才能和价值。

如果企业已经树立起清晰且科学的企业文化体系,那么企业的人才衡量标准还可以加上一条,就是对企业文化的认同。只有员工认同企业文化,他们才能成为企业发展中长期的同道中人,才能更好、更持久地为客户创造价值,为企业提供价值。

综上所述,我可以为企业的"人才"下这样一个定义:企业的人才,是认同企业文化,在合适的岗位上能够发挥自己的才能,服务好客户,获得客户认可的员工。

这一人才判定标准是动态的。一位员工也许在某一岗位上并没有彰显长处，因而没创造价值，算不上人才，但是给他一个可以彰显他长处的岗位，也许他立马就成为人才。一位员工在某个时期充分地认同企业文化，咬定客户不放松，就应该是企业器重的人才。但也许有一天，他背离了企业文化，失去了对客户的敬畏，那他就不再是人才了。

践行人才为本首先是企业的责任。企业必须保持动态发展的眼光，不断识别人才、培育人才，把人才放在合适的岗位上，充分发挥他们的长处，并用企业文化统一他们的基本认知，形成认同企业、导向客户的习惯。这样企业才有望在万千人中锻炼出一支属于自己的"铁军"，为企业的可持续发展奠定内部基础。

二、如何审视与对待人才

要审视人才，首先要回到人的问题上。

一个人在集体中一定会产生存在的需求，这种存在的需求是他思考和行为的依据，是他作为社会动物的必然需求。

存在可以被细分为三种境界：生存、存在感、存在价值。生存的问题，主要交给管理；存在感、存在价值的问题，则主要由领导力去落实。

(一) 生存

生存是一个偏向物质层面的概念，更多地体现为个人保全和延续自己生命的本能。正因为出于本能，个人往往不需要意识控制，肌体就自发地做出反应。由于现代中国生存权得到保障，基本需求得到解决，而且社会总体上承平日久，生存意识已经大大弱化。但是对生存的意识总会在遇到威胁时被唤醒，从而极大地改变一个人。

对于个人来说，感知到身体的不适、疾病、痛苦、恐惧甚至死亡，往往会使其爆发出平常所没有的力量，这是求生本能使然。

首先，企业可以做的是改善人才的生存状态，即让人才有更为舒适的工作生活环境。

其次，企业需要关注人才生存的异常情况，如身体的不适、苦痛，及时对他们施以关心和帮助。

最后，企业还要通过管理给予人才工作岗位上的生存压力，人才必须通过自己的努力达到管理要求的标准，以保证自己在岗位上的存续。这种压力会转化为人才提高自己的动力。

（二）存在感

存在感，字面意思可理解为对存在的感知，不同于生存，这是一种纯粹的精神活动，表现为个人对外界的筛选和注意，以及希望自己能在外界的筛选中获得注意。在这个过程中，存在感出现了四层内涵：

第一层，外界对象纷繁复杂，个体必然不会照单全收，只能按照自己的意愿筛选和注意部分对象。对于个体来说，这些对象是有存在感的；对于企业来说，企业自然希望在人才的筛选和注意中，工作永远存在一席之地。这就意味着要对工作进行清晰的分析，并将其与人才的特点及发展趋向关联起来，使人才不断地感受到工作与自身的切身相关性。

第二层，人作为社会性动物，渴求自己在别人（尤其是自己看重的人）或集体那里有存在感。大部分人可以为了获得这种存在感，主动地按照他人的期许，约束和规范自己，从而保证正常的社会生活。对于企业来说，这意味着建设明确清晰的秩序、营造良好人才关系和氛围、树立标杆典型的重要性，它们表现出了一种方向，告诉人才如何能在企业内获得存在感。对于企业的领导者来说，这意味着对人才的关注，他必须不断地传递给人才信息"你所做的努力，我看在眼里"，并帮助人才和同事们建立联系，融入集体之中。

第三层，个人永远是在与外界的相互影响中感知到自己的存在。外界是个人的镜子，没有这个镜子，个人难以真正感知到自己。但是外界这个镜子可以如实地反映一个人，也可能模糊、扭曲个人形象，以至于影响了个人对自身的感知，改变他之后对外界的言行。对于企业来说，如何在互动中清楚地认知员工，给他们施加正向、准确的影响力，让他们得到正确的感应，并因此而向规划的路径改变，将是领导力的重大课题。

第四层，存在感停留在感知层面，而缺乏理性的审视和判断，往往使人追求存在感的行为缺乏方向性和一贯性。对于企业来说，必须激发和引导人才超越存在感层面的认知，通过理性的认知、规划、引导，将员工从单纯地获取存在感转化为自发地认识自己、规划自己、成就自己。

（三）存在价值

这里所说的存在价值，并非指个人判断客体是否对自己有利，而是指个人对自身存在对他人、集体的价值判断。

价值是被有意识的个人或集体赋予的，存在价值同样如此。

存在价值源于人对消亡的感知，当人意识到自己的存在是有限的，生命终究会结束时，这种巨大的虚无感逼迫人必须赋予自己存在价值感，让自己能够充实地利用有限的生命，坦然无悔地面对最终的归宿，甚至通过自己的行为让自己感觉到自己的存在能够延续下去。所以当人认为自己的存在价值是为了某一目的时，他甚至可以超越生物本能，无畏地牺牲自己。

高度社会化的今天，存在价值正是社会赋予人和组织的，而且存在价值的赋予是明确的。对于企业来说，其自身的存在价值是其服务的客户和社会赋予的，而其员工的存在价值应该与企业的存在价值息息相关。这要求企业明确使命愿景，通过文化建设，赋予企业行为明确而宏大的价值感，使员工不会对自己的工作以及自己在企业中的作用，有任何空虚之感或者抱有疑虑。对于领导者来说，他必须将组织的存在价值植入人才的工作中，对人才的贡献给予充分的肯定和尊重，让人才感觉到自己的工作有价值，自己在这个集体中能够不断感受到他人对自己价值的肯定，而自己的努力付出将会被他人甚至企业的历史铭记。

从整体上看，企业必须引导人才不断地从生存超越到存在感，从存在感超越到存在价值，并通过人才的自我超越，赋予自己新的工作挑战，让他进入新一轮的"生存—存在感—存在价值"循环。

人才为本就是成就人才不断创造价值，一切依靠人才，一切为了人才，全心全意服务好人才。我们可以把它分为五重境界。

第一重境界：承认人才创造价值的本质，这是最为基本的。如果觉得人才无用，那么就违背了人才的本性，人才必然会离开，或者会被废掉。韩信为什么要离开项羽，因为项羽不承认韩信是个人才，觉得他就是个小小的执戟士，认为韩信没有什么才能。韩信几次妙计帮助项羽，结果项羽都没有采用。韩信听说刘邦非常重视人才，于是克服很多困难，投靠到刘邦帐下。历史上这样例子很多。今天的企业里面也有很多这样的例子，腾讯的张小龙，原来是准备自己成立公司做一番事业的，结果被马化腾的诚意深深打动，之后加入腾讯，放弃了自己的主张。

第二重境界：人们的知识、经验和技能能够得以承认，并且能够得以发挥来创造价值。

第三重境界：人才的核心价值观能够与组织的核心价值观匹配。当员工和组织的核心价值观适配的时候，在面临重大问题和关键决策时，员工就会做出符合组织要求的自然反馈，而不是和组织发生冲突。如果一个人才是因为有了与组织相适应的核心价值观而被吸引到这个组织，他在组织中会通过组织的教育学习到组织的核心价值观。组织的核心价值观，就像在长江里行船的风，当个人的核心价值与组织的核心价值观适配，就像一艘船在顺风而行、顺流而下，自然会走得很快；如果个人的核心价值与组织的核心价值观是相互冲突的，那么个人在组织里就像逆水行舟，无论他多么努力，最终都会无功而返，不会给组织带来价值，那么迟早这个人会与组织分手。

第四重境界：人的智慧和思想以及思维活动发挥价值，被组织激活。人能够通过思维进行创新,顺应甚至驾驭规律。其实,这也是一个人的主观能动性的充分发挥,它是有意识的思考和思维活动,有着明确的目标和动机。

第五重境界:人的精神与组织完全相符,或者被组织完全激活。人是万物之灵,有着天地本来的精神,天人合一的力量说的就是人的精神完全得以发挥出来。那些能够创造出伟大企业的人,必定做到了天人合一。

从企业的具体操作上来看,企业要做到人才为本,就要抓住主要矛盾,这个主要矛盾就是先主抓干部,让干部不断地自我超越,和企业文化共识,精神共通。然后通过干部发扬领导力,去激发、引领更多的人才,形成自上而下,不断成长、超越的良性人才发展环境,最终收获人才如云、猛将如雨的硕果。

第五节 案例:阿里巴巴的价值观落地

阿里巴巴在千禧年之后的异军突起,与马云在企业文化上的巨大投入息息相关。根据蚂蚁金服 CEO 彭蕾回忆,2001 年 1 月 13 日,关明生就任阿里巴巴 COO 的第五天,他问马云:"阿里巴巴有很好的文化,有价值观、使命感,我们有没有把它写下来呢?"马云想了很久说:"从来没有。"当天,大家集思广益把从创业以来的所有感受、教训、血泪都写了下来,整整贴了一面墙,最后从 100 多条中筛选出 20 多条,最后精简到 9 条。这就是阿里巴巴的"独孤九剑":创新、激情、开放、教学相长、群策群力、质量、专注、服务与尊重、简易。

关明生的上任,实际是临危受命,当时阿里巴巴已经处于生死存亡之时。2000 年,互联网泡沫破灭,整个行业陷入寒冬。阿里巴巴因为之前扩张太快,此时备受煎熬。2001 年春节刚过,关明生和蔡崇信就飞往全球各地,开始了大批量关停和裁员动作,中国大陆之外的全球各个办事处都关停了,大陆各地的办事处也全部砍掉了，只剩下杭州总部和北京、上海少部分人。同时，公司高层带头工资减了一半，广告公关零预算。但是，阿里巴巴依然坚持建设文化，甚至在培养新入职的"中供铁军"时，文化占了一半的内容。

马云曾这样评价文化的重要性："公司内部是制度重要还是文化重要？一定是文化重要，制度是来强化文化的。有哪个人是看了刑法才知道不许杀人的，或者法律说不许杀人才不杀人的，你是从爸爸妈妈平时的生活习惯中知道了很多事情是不能干的。企业的制度是强调使命、愿景、价值观，如果你做得好，制度可以少很多，因为大家知道这东西不用讲，大家肯定不会犯。如果你的制度能强化好使命、愿景、价值观，那么基于这三样东西，你再来考虑你的战略。"

在马云看来，确立使命要想明白三个问题：你有什么？你要什么？你能放弃什么？能回答清楚这三个问题，就能以此聚集一群按照这三个问题去做事的员工，并围绕使命去开展工作。使命，在公司生死攸关、重大利益抉择面前会发挥作用，平时没有用。使命不是写在墙上给别人看的，而是你骨子里面的，甚至是超常态的。没有一种超常态的执着和热爱，你是不可能在后面孤独的路上走下去的。

愿景，则要有阶段性，体现出5年、10年、20年后的企业会怎样。愿景和使命要同步，愿景和使命碰在一起会产生化学反应，激发出很多有意思的东西。员工觉得工作因此有了意义，才会努力做下去。

最后则是价值观。马云也强调了价值观和考核的重要关联：

"我们招人进来，你问，我们的使命同不同意？同意。愿景好不好？好！接下来就约法三章，看我们做事是否讲究诚信，讲究客户第一，讲究拥抱变化。价值观是什么？是我们前进路上的操作方法，是创始人制定的。价值观不是虚无缥缈的东西，是需要考核的。如果不考核，价值观就没用。文化，是考核出来的。如果你的文化是贴在墙上的，你也不知道怎么考核，那文化就没有用。

"十多年来每个季度我们都要考核价值观,业绩和价值观是一起考核的。每年的年终奖、晋升都要和价值观挂钩。你业绩好,价值观不行,是不能晋升的。你热爱你的公司,但因为帮助别人,自己的业绩没有完成,那也不行。业绩和价值观都好才行,这是一整套考核机制。现在告诉大家文化是怎么培养出来的。"

为了落实核心价值观,阿里巴巴采用了双轨制的绩效评估体系,价值观考核成绩和业绩各占绩效的50%,这就是阿里巴巴要求的"又红又专"。"红"是针对公司文化的考核,阿里巴巴希望每个阿里人把文化、价值理念融入血液中,落实到行动中。"专"是针对工作业绩方面的考核,每季度、每年每个部门都会制定具体的、可行的目标。

价值观考核以季度考核为主,年终有年度考核,考核组为员工上级、上级的上级、HR。不能够遵守打分的基本要求、不能够区分员工的管理者,将影响其自身的打分。

阿里巴巴的"六脉神剑"中,除了"认真生活、快乐工作"不考核外,其余每条都列出了若干行为细项。一般来说,前两条的细项为基础项,没有反例就给分。其余的细项为进取项,必须有正例才给分。

价值观得分在合格及以上,不影响综合评分数,但要指出价值观改进方向;价值观得分为不合格者,无资格参与绩效评定,奖金全额扣除;任意一项价值观得分在1分以下者,无资格参与绩效评定,奖金全额扣除。

根据价值观与业绩,阿里巴巴建立起了评价员工的矩阵,区分了不同员工。对于价值观好、业绩不佳的员工,阿里巴巴会给予一定的宽容,认为他们"往往是放错了位置的明星",会给他们改正或转岗的机会,如果还没有突破,则淘汰。对于业绩好、价值观不行的员工,坚决不留,阿里巴巴认为只以业绩为导向,不考虑团队、客户利益的人会毁掉团队。

一旦出现违背价值观的典型事件,阿里巴巴会痛下杀手。2011年2月21日,阿里巴巴B2B公司宣布,为维护"客户第一"的价值观,捍卫诚信原则，2010 年该公司有约 0.8%，即 1107 名"中国供应商"因涉嫌欺诈被终止服务，阿里巴巴 B2B 公司 CEO、COO 为此引咎辞职。马云对此表示，"诚信，是阿里巴巴最珍贵的价值观基础，这包括我们员工的诚信以及我们为小企业客户提供一个诚信和安全的网上交易平台。我们希望释放一个强烈信息，就是任何有损我们文化和价值观的行为均不可接受"。在同一天发出的马云致员工的公开信中，他要求所有阿里巴巴人对不诚信行为采取零容忍态度。他说："客户第一的价值观意味着我们宁愿没有增长，也决不能做损害客户利益的事，更不用提公然的欺骗了。"这种典型事件的处理震撼了整个组织，使核心价值观的大旗高高立起，以严厉的处罚为阿里巴巴的员工提供了鲜活的警示。

第五章

·CHAPTER5·

使命愿景是企业存在的意义

志不立，天下无可成之事。

——王阳明《教条示龙场诸生》

第一节　流浪星球找到了自己的轨道

企业诞生的时候，也许没有明确的长期目标和路线，大家脑子里的想法还是：抓住机会活下去。随着企业的发展，员工和业务量的快速增加，企业将不可避免地面对一些根本性问题：我们的企业因为什么而存在？我们的企业存在的意义是什么？我们要往哪去？我们的未来究竟是什么样子？

如果这些问题没有明确的答案，企业中的人们无法统一辛苦工作的终极意义和目标，也就没法进行正确的自我驱动和指引，只能靠外部指令的干预和协调来完成工作。这样的企业看似一个整体，实则是一群个体做无规则运动，力量四散，汇聚不成水滴石穿的强大力量。

企业设定使命愿景，就是力图给这些根本性问题提供明确的答案。

在第二章里，我把使命愿景定义为企业文化"星系"的"轨道"，它为企业定位，并指明了方向。这个轨道不同于真实宇宙中的星体运行轨道，真实宇宙中的星体受各种引力干扰，可能会偏离轨道。如同企业在文化 1.0 阶段的状态，弱小且缺乏自觉的企业往往会被各种机会和强大的文化吸引，并向着它们运动，但总找不到自己的安定路线，总是在经受着文化上的漂泊流浪。

使命愿景构成的轨道，更像近几年大热的科幻作品《流浪地球》中的地球轨道，是有清晰意图的人类设计出来的轨道，地球离开衰老的太阳，向着遥远的新家园挺进。在挺进的旅途中，一切干扰轨道的引力都会被人类全力以赴地排除。这样的"流浪地球"是人类意志的载体，它的愿景是找到新家园，焕发第二春；它的使命是为人类带来新的希望和幸福。

同理，企业就是与企业相关的一群人的意志的载体，这群人是客户、合作伙伴、管理者、员工、股东、社会相关人员等，他们共同承载了企业的愿景，担当着企业的使命，实践着企业的定位，赋予企业存在价值，并描绘出企业未来的新家园。使命愿景也反过来激发他们扫清前进路上的干扰，把轨道打造得更坚实。

就像《流浪地球》中的假设，人类需要 2500 年的时间才能抵达新家园，前提是"地球人类"共同来争取物种的生存，怀揣"我们要活下去"的信念。如果企业没有短期的目标和长远的使命，就会如地球一样流浪；企业要完成使命、实现愿景，也同样需要一代代企业人矢志不渝、披荆斩棘。漫长的旅途靠什么来征服？靠的是长存于心的使命愿景，靠的是心中不倒的信念。怀揣使命愿景，目光坚定地向前，脚踏坚实的土地，黎明的曙光就会在奋斗中出现。

第二节　使命愿景：成就他人，成就自己

一、使命：用利他给自己一个存在的理由

使命，英文通常为"mission"，是指对自身和社会发展所做出的承诺，是公司存在的理由和依据，是组织存在的原因。

企业的使命应该有以下的含义：

（1）企业的使命实际上就是企业存在的原因或者理由，也就是说，是企业生存目标的定位。不论这种原因或者理由是"提供某种产品或者服务"，还是"满足某种需要"或者"承担某个不可推卸的责任"，如果一个企业找不到合理存在的原因或者不能明确存在的理由，甚至连自己都不能有效说服因何而存在，企业的经营问题可就大了，往严重里说这个企业"已经没有存在的必要了"。就像人们经常反问自己"我为什么活着"的道理一样，企业的经营者对企业的使命应该了然于心。

（2）企业的使命是给企业生产经营的形象定位，它反映出企业为自己树立何种形象的初衷和目标，比如"我们是一个愿意承担责任的企业""我们

是一个健康成长的企业""我们是一个在技术上卓有成就的企业"等。在明确的形象定位指导下，企业的经营活动就会始终向公众昭示这一点，而不会"朝三暮四"。

企业存在的原因和理由就是企业的使命，明确企业的使命，就是要确定企业实现远景目标必须承担的责任或义务。

美国著名管理学家彼得·德鲁克认为，为了从战略角度明确企业的使命，应系统地回答下列问题：我们的事业是什么？我们的顾客群是谁？顾客的需要是什么？我们用什么特殊的能力来满足顾客的需求？如何看待股东、客户、员工、社会的利益？

在微观上，使命为企业构建了他人的视角；在宏观上，使命为企业构建了社会的视角。通过他人对企业的联结，企业找到了自身在社会中的定位；通过为他人和社会提供产品、服务，不仅使企业获得了价值，找到了定位自己的镜子，同时也将自己沉甸甸的责任与跟企业紧密联结的他人和社会绑紧，企业存在的意义就更加彰显且深远。

二、愿景：用最长远的目光展望未来的自己

愿景，英文通常为"vision"，体现了企业家的立场和信仰，是最高管理者对企业未来的设想，是对"我们代表什么""我们希望成为怎样的企业"的对应回答和恒久承诺。

德鲁克认为企业要思考三个问题：第一个，我们的业务是什么？第二个，我们的业务将是什么？第三个，我们的业务应该是什么？这也是我们思考企业文化的三个原点，这三个问题集中起来体现了一个企业的愿景，即企业的愿景需要回答以下三个问题：

我们要到哪里去？我们未来是什么样的？我们的目标是什么？

愿景是当下企业对最长远未来的展望，目标自然是宏大的，对企业来说也不可能是一蹴而就的。美国作家柯林斯和波勒斯合著的管理学书籍《基业

长青》中写道:"愿景的任务是创造一个未来,而不是预测未来……关于未来前景本质的问题应该是——这会令我们活力四射吗?我们会觉得刺激吗?这会激发我们前进的动力吗?这会让人们行动起来吗?未来前景必须振奋公司内部的人,否则这就不是成熟的、胆大包天的目标。"

但是愿景又不能让员工感觉是不可能实现的空中楼阁,这就需要愿景具有以下三个特点:

一是共同性。企业愿景,按彼得·圣吉的说法,一定是共同愿景(shared vision)。也就是说,企业愿景一定是所有员工共同持有的,而不是少数人的自我感动。企业愿景必须和员工个人愿景结合起来,激活其中的共同点。

二是可见性。企业愿景非常注重"看得见"对精神的激发作用。因此,企业愿景必须明确且具体,给出企业在未来的精准定位,通过定位使这个远大目标是可衡量、可证明的,在对未来的想象中,是看得见、摸得着的。

三是激励性。如果企业愿景与员工个人愿景联结起来,如果让员工能直观地感受到企业的不同业务在未来场景中的使用情景,如果让员工知晓自己每一阶段的工作都是通向企业终极目标不可或缺的关键,显然更能激发员工工作的热情和创造的潜能。微软每两年会发布一个"未来愿景"(Future Vision)视频,形象地展现微软的技术、产品在未来生活中的应用,这对激励员工具有很好的示范作用。

三、使命在前,愿景在后

使命和愿景有区别也有联系,设定时有先后顺序吗?答案是肯定的。但是,企业在设定使命和愿景时,往往会按照它们在自己心目中的重要程度来排序,这和生活中人们总是更容易从自我出发一不小心就忽略了他人一样,而在我看来,一定是使命在前,愿景在后。作为一个有社会责任感的企业，更需要先立起使命的大旗，时时刻刻提醒大家放下小我，多看看他人。这与我之前说过的基本假设"利他主义"相吻合，企业要通过利他来最终利己。

使命是利他的，愿景是为我的，从它们要回答的根本问题中就能看出这一点。愿景回答的是"我在未来会是什么样子"，这里面只有"现在的我"和"未来的我"；使命要回答的是"我为什么而存在"，明显有一个有别于"我"的存在，并且是"我"存在的依赖。这个依赖对象肯定不是自己，也不是某个物件，因为企业必须和他人进行交易，而这些物件只是交易的中介。"我"的存在只能依赖于一种和我平等甚至比我更宏大的对象，那就是客户乃至客观社会。

满足客户的需求，我则获得了商业价值以及客户对我的评价；满足社会成员的需求，我则获得了社会价值以及社会成员对我的评价。所有客户对我的评价总和，则定位了我面对客户的整体形象；社会成员对我的评价总和，则定位了我面对社会成员的整体形象。这些形象不因我对自己的愿景设计而发生改变，想要改变它们，只能努力地付出有利于客户、有利于他人、有利于社会的行动。

使命在前，愿景在后，如果将顺序颠倒过来，无异于设计师已经确定了建筑图纸，然后才去征求客户对建筑设计的理念和风格的要求。企业只从自己的设想出发，很容易被资本、利润、产品等带偏，给自己一个缺乏现实支撑的定位，忘记了他人才是最重要的元素。这样也容易闭门造车，导致视野狭隘，对企业未来很难有精准的定位。

更重要的是，如果一个企业没有在使命中培养利他的习惯，也就很难让员工真正为客户着想，甚至同事之间也互不利他。这样，愿景的感召力就大大削减了。

从自我出发是一种惯性状态，人如此，企业也如此，在使命不够显性的时期尤其如此。商业社会早期的企业，企业家也有愿景，但这个愿景一般就是他个人的愿景，将员工"置之度外"。企业往往从自我出发，去寻求能满足自我的他人，比如客户、人才和股东。从自我出发，非常容易把他人看成自己的需求、"对自己有用的东西"，这就彻底地物化了他人，忽视了他人和自己其实是同位，他人也有自己的思想和主观能动性。如果缺乏这种同理心，企业即使短期内对他人、对社会有利，那也只是因为自我与他人、社会不谋而合，更多时候企业可能为了自己损害他人的利益而毫无察觉。这样，企业的商业往来是难以持续的。

更可悲的是，从自我出发的企业往往容易丢失自我，因为它们只是通过寻找利润来满足自我，最后甚至会变成利润和资本的奴隶，彻底败坏企业和企业家的社会形象。这种现象在早期商业社会中常见且赤裸，以至于马克思引用的邓宁格的这段话成为醒世恒言：

资本害怕没有利润或利润太少，就像自然界害怕真空一样。一旦有了适当的利润，资本就胆大起来。

如果有10%的利润，它就保证到处被使用；

有20%的利润，它就活跃起来；

有50%的利润，它就铤而走险；

为了100%的利润，它就敢践踏一切人间法律；

有300%以上的利润，它就敢犯任何罪行，甚至冒着绞首的危险。

如果动乱和纷争能带来利润，它就会鼓励动乱和纷争。走私和贩卖奴隶就是证明。

随着商业社会的成熟，纯粹从自我出发的企业制造的社会问题，逐渐超过了它们为社会产生的价值。激烈的社会矛盾、轰轰烈烈的运动和暴力冲突，以及逐渐供大于求的市场，让伟大的企业开始寻找自我，企业的使命便应运而生。

打破对自我的执念后，企业围绕着对他人有利、为他人着想展开思考和行动，反而通过他人的反馈获得了自我价值。这样，企业先利客户、利人才、利合作伙伴、利股东，最终上升到利社会。企业通过梳理使命，明确了自己在社会中的定位，以及如何对社会有利，反过来会明白自身存在的有限性，更谦卑地扮演为社会服务的角色，并通过社会发展和正向回馈证明自己的价值。

老福特的成就社会就是成就自己，算是经典的早期案例。20世纪初的汽车价格高昂，对工人来说买车简直是妄想。老福特有一个"人人都买得起汽车"的特别梦想，在梦想激发的创新精神下，他发明并推广了福特式流水生产线，这种大批量组装的方式，极大地提高了生产效率，降低了生产成本。1909年价格高达950美元的T型车，到1924年下降到290美元。

流水生产线的推广也促使老福特思考如何激励生产线上的工人。1914年1月5日，福特宣布新的劳工薪金方案：最低工资从每日2.5美元调高为每日5美元，实行8小时工作制，外加利润分享计划。这立刻成为全美的话题，福特被说成劳工之友、社会主义者、让公司破产的疯汉。许多企业界人士包括大多数福特公司股东都认为他的决定轻率，但是福特不在乎任何批评："你得给员工好待遇，才能和他们坐下来谈。"

福特的两项创举，使汽车由奢侈品变为大众产品，并创造了具有消费能力的新兴中产阶层，极大地促进了社会生产水平和民众生活水平的提升，他自己也成为社会发展的受益者——1917年福特公司市场占有率超过42%，1921年达55.45%，成为当时美国最大的汽车制造商。福特T型车1927年停产前共售出1 500万辆，同一车型连续生产长达19年。

享受着前人种树福祉，身处当今更为发达的商业社会的企业家，更应该明白其中"反者道之动"的道理：越是从自己出发，制定的愿景越容易落空，因为这不过是"颠倒妄想"；越是能够克服从自己出发的惯性，多为客户着想，多为社会着想，在以他人为根基的使命上经营，越能持久地获得他人、社会的正面回报，最终被他人一步步推向愿景。

四、在实践中找到使命愿景

使命愿景相对于文化的其他核心部分，与外部联系最为密切，具有强烈的客观经验特点。使命愿景是企业对自己和自己未来的定位，通过这两个定位，形成了联通未来的两点一线。要定位，就必须清醒地认识到企业处在怎样的社会关系中，这种对社会关系的认识，只能通过企业在实践中逐渐积累经验，通过学习、思考，逐渐完善。

初创企业很难有准确的使命愿景，原因是缺乏实践经验的支撑，它们往往凭着自身所拥有的企业精神而行动，并依赖外部的反馈确定自己行动的正确与否。就像问小孩子的梦想是什么，很多孩子会脱口而出，说想当科学家、企业家、明星等，但其实他们对这些职业所承担的社会职责一无所知，无知才无畏。孩子们不知道，要把童年的美好梦想变为现实，需经过多少艰难曲折——通过什么道路去做，实现的梦想究竟会为社会和他人带来什么，与做好自己梦想的职业有哪些差距，这些可能都还不曾在他们童年的脑子里盘旋过。同理，企业使命愿景的形成，意味着企业从童年开始走向成熟，从懵懂走向稳重，目光越来越长远、越来越清晰，认识越来越深刻，他人的价值在自己心目中的分量越来越重。使命愿景的成型，证明企业有了一定的行业经验，并在经验的基础上分析了自身的定位和未来路径的可行性，有了把梦想变成现实的可能性。

因为使命愿景是基于实践的认知，而这种认知往往具有阶段性，所以使命愿景也是企业比较容易去改动的文化核心部分，尤其是作为企业最长期目标的愿景，经常在实践中被不断修正。微软这样的卓越企业，在成长过程中也修改过自身的使命愿景，阿里巴巴现在的愿景也是第二版。但是使命愿景作为文化核心部分，不能频繁地进行变更，不然就会导致企业定位紊乱，对方向失去信心。使命愿景的更改标准，只能是实践中发现的客观现实。

第三节　使命愿景与精神的关系

一、使命愿景激发伟大与崇高感

习近平总书记强调："伟大事业孕育伟大精神，伟大精神引领伟大事业。"㊀企业在确定使命愿景的时候，往往还没有形成伟大的事业，但使命愿景可以刻画出通往伟大事业的轨道，从而激发企业精神在指向未来的轨道上飞驰。

使命愿景与企业精神的碰撞，会爆发出一种在别的文化组成部分中难以看到的力量，那就是伟大与崇高感。

伟大的产生，在于当下力量渺小者敢于用精神力量构建伟大蓝图。愿景正是如此，尽管现如今的此岸与浩海的彼岸似乎相隔万里，但是制定愿景的人们如果虔诚地对待愿景，严肃地规划路径，并一步步地向愿景迈进，那么宏大愿景便与强大的精神发生共鸣，使今日旅途中渺小的跋涉者，生出与愿景一般伟岸的身影，这种反差能够创造出伟大的感染力。

美国无数伟大的公司都诞生于狭窄老旧的车库，甚至因此形成了所谓"车库文化"。沃尔特·迪士尼没钱租画室，只能在父亲的车库里办公，和老鼠打成一片，最终创造出米老鼠这一经典形象；年轻的盖茨在一间车库成立了微软，一年后，同样年轻的乔布斯在自己父亲的车库里，同两位朋友创立了苹果公司，两位巨擘就这样迈出了伟大的第一步……这些起初平凡、渺小甚至困顿却最终成就伟业的故事，散发出强大的感染力，不断地激励一代代美国人投身于创业。

崇高的产生，在于用有限去追求无限，变成有限对无限的激烈碰撞。相当多的使命正是如此，比如迪士尼的"让世界快乐起来"，代表的是人类对美好的无止境追求，是不可能完成的无限任务，但当拥有有限的肉体、时间、精力的个体与之产生强烈的碰撞时，便激发出另一个无限性——精神的

㊀ 出自 2021 年 2 月 25 日习近平在全国脱贫攻坚总结表彰大会上的讲话。

无限性。无限的精神不再顾及有限的物质牢笼，而是扎根于无限的使命，为无限的追求而做着愚公移山式的努力，这种碰撞创造出崇高的感召力。许许多多的人凭着对使命的坚守，不断地突破自己的有限性，投身到无限之中，谱写出了无数伟大企业的崇高赞歌。

渺小者投入了自己的全部力量，却未能抵达远方的乐园；有限的生命为无限的追求奉献了全部，却在碰撞中灰飞烟灭。这些彰显巨大精神力量却止步于自身局限性的故事，被称为"悲剧"，但"悲剧"之外的意志和勇气、态度和胸怀、气概和精神，是值得人们永远铭记的。通过凝聚一群人，在使命愿景的牵引下形成合力，创造伟大，把使命往前推进一步，则构成了英雄的史诗。

鲁迅先生曾经说过："我们自古以来，就有埋头苦干的人，有拼命硬干的人，有为民请命的人，有舍身求法的人……这就是中国的脊梁。"在科技追求至善、商业不断探索市场极限的时代，我们的国家正需要这样为使命愿景敢于付出、勇于攀登、竭力求索的伟大崇高的企业。

二、精神激发器

使命愿景不仅是企业家精神中雄心壮志的体现，也是企业家个人精神走向企业精神的关键。它们必须激发员工的精神，与企业家精神形成共振；它们也必须让员工像企业家一样有宏大而庄严的责任感，在此之上形成自己工作的意义和价值，从而产生源源不断的动力。

马云对此有精妙的评价："我们今天还有几个人能真的被"洗脑"？原因在于你能真正激发员工心底的那个东西。愿景和使命碰在一起，会像化学反应一样，激发很多有意思的东西出来。他只有把自己点燃了，觉得做这件东西有意义，才会努力做下去。"

我们可以回想德鲁克在《管理的实践》⊖中述说的经典故事：

⊖ 该书已由机械工业出版社出版。

>有人分别问三个石匠他们在做什么。
>
>第一个石匠回答："我在谋生。"
>
>第二个石匠回答："我在做全国最好的石匠工作。"
>
>第三个石匠自信地回答："我在建一座大教堂。"

德鲁克用这个故事来说明目标管理。在他看来，第三个石匠是管理者，因为管理者必须注重企业的整体成功，让所有人的贡献融为一体，不产生冲突和重复做功。所以管理者必须有一个整体愿景，也就是头脑中要先有大教堂的概念，他才能真正知道该怎么把大教堂建起来。

但我还想在这里反问自己：管理者只做到这一步就足够了吗？

在我看来，故事其实隐藏了一种人——这座大教堂的设计者和建筑承包者，也就是企业家。他们不应该止步于第三个石匠的思维，而是应该进一步激活这些石匠。既然是在建教堂，那么这些石匠或已具有或将浸染类似的文化基础——宗教文化因子，那么设计者（企业家）应该告诉石匠们："你们未来会造成一幢宏大的教堂。你们现在砌的砖瓦，将以它们的规整和洁净，为宏伟的教堂增添神圣庄严；你们雕刻的圣像，将会激发每一位朝拜者心中的信仰和善意；你们的工作会把神圣和至善传播给更多的人，也会把你们对美和艺术的追求植根于人们心中。"这样，设计者就为石匠们的工作注入了强大的使命愿景，赋予了石匠工作以至高的价值。被激活的石匠们，将以信仰的热情驱动自己为建成教堂而精益求精。

事实上，如果我们去参观那些宏伟美丽的教堂，比如圣彼得大教堂，就会知道只有建教堂的设想是远远不够的。圣彼得大教堂是由一批最伟大的设计者和最会雕琢的石匠共同完成的，其中很多名家和名匠大家都耳熟能详，比如被誉为"文艺复兴美术三杰"的米开朗基罗、拉斐尔、达·芬奇。这些人如果没有对伟大工程的追求，就不会把自己对美、对人文精神、对信仰的执着倾注其中。今天他们的名字依然与教堂镌刻在一起，他们的杰作仍然在感染着所有参观者。互相成就，终成经典，应该成为想走向卓越的企业的终极追求。

通过企业家树立使命愿景激发出来的精神，与企业家自身的精神一脉相通。企业家自身的精神是一团不断燃烧的活火，但面对越来越庞大的企业，这团火最后也成了星星之火。企业家的精神火焰，如果只能点燃他身边的一圈人，却不能让这一圈人继续点燃别人，那么企业这片草原就依然是冷清的。

不是所有员工都像企业家一样，与生俱来具有乐观主义精神和持续为事业奋斗的热情。在成功之前有些人看到的更多的是障碍，有些人的热情总是只能维持三分钟。但是企业家应该相信这些被选入自己组织的人，拥有被激发的潜能，如果他们现在没有被激发，很可能只是还没有对自己的工作有清晰且远大的认识，就像第一类石匠，只是把工作当成谋生的手段。企业家必须通过使命愿景让员工认识到：企业的成长与他们自己的成长方向统一，从而被正面牵引；他们身上肩负着社会赋予的责任，这种沉甸甸的压力也会激发奋斗的动力。企业家能够有强大的感召力，是因为他清晰的使命愿景激发了自己的企业家精神。因此，员工无须崇拜企业家，只需忠诚于使命愿景，按照轨道运行，同样能获得精神的感召；员工也无须忠于任何上级，只需忠于使命愿景，就是对企业的忠诚。

简而言之，使命愿景让冲动聚焦，让感动常在，让群体合一，它是企业家精神走向企业精神的关键。

第四节　使命愿景与价值观的关系

德鲁克在《管理的实践》中，经常使用使命、愿景和价值观三个词。

使命：组织存在的原因、目的，回答了"组织为什么而存在"。

愿景：未来所创造的蓝图，回答了"组织将成为什么"。

价值观：我们追寻使命过程中的生活方式，回答了"组织如何采取行动"。

使命、愿景和价值观之间的联系可以归纳为：使命是一切的根本，一切源于使命；愿景把使命转变为真正富有意义的预期结果；价值观是以什么样的方式和行动去实现真正富有意义的预期结果。

根据模型，使命、愿景塑造了企业文化的轨道，价值观则与轨道共同运动，并创造了引力场，维持轨道前进的稳定，保护轨道以不轻易被外物吸引，不会受到冲击而发生改变。

如果企业精神是企业的无形名片，那么使命、愿景、价值观就是企业对外最确切的名片，它们共同清晰准确地定位了企业秉持的文化道路。

这张名片起码能吸引以下几种外部人士：

- 客户。客户可以通过使命、愿景、价值观，确定一个企业是否值得长期合作。
- 人才。人才能够通过企业使命愿景审视与自己是否相合，并判断自己的价值观与企业的价值观是否一致，从而强化对志同道合的人才的吸引，并筛掉道不同的人。
- 股东。股东投资也会倾向于使命、愿景、价值观明确的企业，因为这样的企业能够减少股东探寻企业的资源耗费，并能够增加对企业的长期信任。
- 社会成员。通过使命、愿景、价值观，可以判断该企业能够为社会做什么，将来会成长为什么样子。

第五节　使命愿景的制定原则

一、聚焦

马云曾说，经过多年之后，你一定要想明白：你有什么？你要什么？你能放弃什么？这三个问题决定了你这家企业的前途，在教育学中称为"使命驱使"。你要想做战略，离开了这些问题，一切都是空的。

马云的三问，不但适合使命，同样也适合愿景。其关键就在于清楚自己资源的有限性、自己的现实定位以及与未来的差距，并进行取舍。

虽然企业家往往怀揣很多梦想，但一个企业要在一个行业内把一件对社会有益的事情越做越好，往往需要数十年的沉淀和数十年如一日的大力投入。在这一过程中，企业家需要用使命愿景不断地排除艰难险阻，保持自己的初心。

初心，往往生于"我想要成为……"的梦想，但并没有真正回到原点，正如前文所述。

企业的原点一定落在客户上，这是商业的客观要求；企业为己的愿景，一定落在利他的使命上；有了客户、社会这些"他"，他们就会客观地告诉企业"我应该做些什么"；企业家必须先问"我应该做什么"，再去想"我要成为什么"，树立先使命、后愿景的逻辑，舍我而归一于他，也只有归一才能让内心感到安稳，才不会被多个因素扰乱。

如果企业家有很多想干的事情，一时间不好做出取舍，那就得反省自问：

- 自己所拥有的客户是谁？他们对自己的需求是什么？自己有没有好好地满足他们，并建立稳固的联系？
- 自己有没有把手头的事情做好、吃透，如果没有，如何确定另外一件事就能干好？
- 自己实际做的事情是什么？自己所拥有的资源是什么？
- 自己能不能找到不同事情间的衔接点，并通过自己的创新使衔接变得紧密？
- 为了自己想要做的事情，需要有多大的投入和牺牲，有没有做出投入和牺牲的勇气？

这些自我反思，有助于企业家消除那些看上去是梦想、实际上是空想的成分，把自己的精神聚焦在自己确认的轨道上。

然后，企业家要将使命愿景形诸文字，力求精练、简洁、准确；或定义、或诠释、或描述，让人一看就懂，能领会其精神实质，并记住它。

二、公开

使命愿景作为明确展现企业文化形象的一部分，一经确定，必须向内外公开，以便吸引那些认同者，为企业寻求到客户、人才、投资人和同盟军。使命愿景的公开，意味着企业在内外部为自己安排了无数双眼睛，监督自己按照确立的轨道前行。随着使命愿景的深化和落实，那些坚信使命愿景的员工，也会因为企业深入人心地对外宣传而自觉接受外部监督，自觉用使命愿景约束自己、激励自己，从而在营造良好企业品牌形象同时，实现自己的成长。

三、坚守

使命和愿景，尤其是使命，一旦确立，就必然让企业产生压力和动力。对于动力，企业要坚持；对于压力，企业不能逃避，而是必须扛起自己立下的承诺和誓约，尽管这可能意味着自己短期利益的牺牲。

《基业长青》中描述的默克公司坚守使命的案例长久让人激动。书中讲述了第三世界有上百万人感染了河盲症，这种疾病的成因是大量寄生虫在人体组织里游动，最后移到眼睛造成失明，只是这些人都很贫穷，买不起昂贵的药品。默克公司推出一项计划，希望某些政府机构或第三方会购买这种药品，分发给病人，但没有机构愿意购买。于是默克公司决定赠送药品给需要的人，且直接参与分发工作，以确保药品确实送到受这种疾病威胁的上百万人手中。

默克公司为什么推动这项名为"美迪善"的计划？公司 CEO 魏吉罗指出，若不推动生产美迪善这种药品，可能会瓦解默克旗下科学家的士气，因为默克公司明确提出自己从事的是"挽救和改善生命"的事业。

默克公司在创建之后的大部分时间里，都同时展现崇高的理想和自身的实际利益。乔治·默克二世曾说过："药是为了救人的，不是为了赚钱的，但利润会随之而来。如果我们记住了这一点，就绝对不会没有利润，而且我们记得越清楚，利润就越大。"

企业一旦逃避使命愿景赋予的压力，或者偏离了使命愿景的轨道，会在企业内外造成强烈的信任危机。阿里巴巴著名的"让天下没有难做的生意"的使命，是阿里巴巴常年来坚守的定位。这个使命告诉所有人，阿里巴巴的职责是打造生意平台，帮助所有人更好地做生意。多年来阿里巴巴也是沿着这个定位不断发展的，他先是靠"中供铁军"跑通国内客户，接着做了 B2B、B2C 平台，最后做了让支付更为便捷的金融平台，一切都在使命下有条不紊地前行。但是一旦其中的金融部分开始靠操纵杠杆盈利，立马就会受到内外界的强烈质疑，造成的文化震荡可能会对阿里巴巴产生极其不利的影响。

除非自己当初确实没想明白，否则使命愿景最好不要轻易改，要使其效力长期深化。如果要保持使命愿景的正向作用，唯有牢牢记住，持之以恒地坚持。正如《基业长青》的论述：成为高瞻远瞩的公司是一种持续的动态的进步，不是静止不变的。路途尽管遥远，但是任何公司在任何时候都可以沿着这条路走下去，变得更为高瞻远瞩。再度说明，这是一个漫长的过程，坚持不懈、找准方向走下去的人会赢得最后的胜利。我们的发现不是速效药，也不是一长串管理流行风中的下一个流行声明，或者下一个流行口号，或者被人引用的一种新"方案"，绝对不是！要让任何一家公司变得高瞻远瞩，唯一的方法是长期坚持一种恒久的程序，构建出一个保存核心而且刺激进步的组织。

第六节　案例：萨提亚·纳德拉为微软确立使命愿景

案例背景：微软陷入危机。

2013 年史蒂夫·鲍尔默突然宣布卸任微软 CEO 时，微软看上去依然是强大的"帝国"，但是很多敏锐的人已经不再看好"帝国"的前景。

从业务上看，微软最倚重的个人计算机市场开始出现下滑态势，刚推出的 Windows 8 也受到冷遇。与此同时，移动市场迅速扩张，带动安卓和 iOS 操作系统的市场占比急剧上升，给主要面向个人计算机的微软操作系统带来强烈冲击。微软在移动市场推出的 Windows Phone 不仅没能收复失地，反而远远被竞争对手甩在后面。这些问题导致长期被视为蓝筹股的微软股票一直低迷。

从公司内部看，微软的山头主义已经开始侵蚀组织肌理。2011 年，程序员兼漫画家 Manu Cornet 创作的漫画描述了各大科技公司的组织结构，微软的组织结构是 CEO 下分出林立的山头，而各山头还互相拿枪相向（见图 5-1）。

按照纳德拉的说法，"微软病了，员工倦怠了……尽管有着宏大的计划和伟大的创意，但还是落在了后面。他们怀着伟大梦想来到微软，但感觉真正面对的却是处理与高级管理层的关系，执行繁杂冗余的程序，以及会议中无休止的争吵"。当年微软的员工年度调查显示，大多数员工并不认为微软在朝着正确的方向前进，相反，甚至质疑微软长期领先的创新能力。许多人才渴求做很多事，却受到内部的各种阻碍，他们为此深感挫折和沮丧，甚至对微软产生了强烈的怀疑，认为必须靠外部人士才能带领微软回到正轨。

内忧外患之时，萨提亚·纳德拉临危受命，主导微软变革。纳德拉说驱动自己变革的因素是同理心和赋能他人的意愿，这让他把组织文化放在首要位置。而文化中，他首先将通过使命愿景的塑造，为微软重新打造一条发展通道。纳德拉将这一过程称为"重新发现微软的灵魂"。

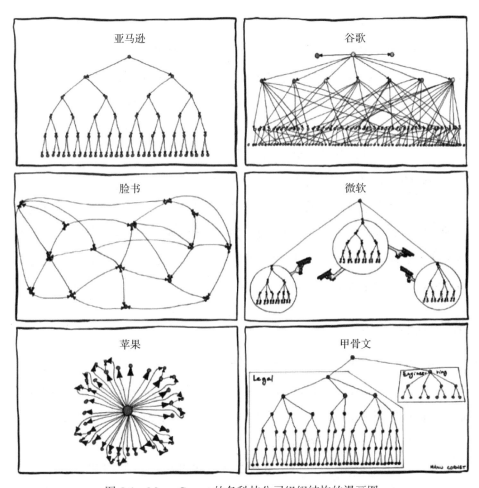

图 5-1　Manu Cornet 的各科技公司组织结构的漫画图

第一阶段：摸底

纳德拉非常注重微软传奇创始人比尔·盖茨对微软的深远影响，他争取到比尔·盖茨的参与和支持，让他更多、更深入地介入产品和服务的技术愿景的制定。比尔·盖茨的非凡影响力为凝聚人心、改造使命愿景奠定了基础。

同时，纳德拉在"我们为什么会在这里"（使命）和"我们接下来要做什么"（愿景）两个问题的牵动下，开始广泛倾听各方的声音。他首先和公司所有负责人会面，和他们强调要走出去拜访合作伙伴和客户，聆听客户的意见和建议。接着，纳德拉同数百名来自公司不同层级和部门的员工进行直接交谈，并设立焦点小组收集匿名意见。在聆听了客户、合作伙伴和员工的声音后，纳德拉了解了不同人的需求，让使命愿景慢慢清晰起来。最终，使命、愿景、世界观等的定义被浓缩在一页纸上。

微软的核心使命：予力于全球每一个人、每一个组织，成就不凡。

微软三大息息相关的愿景：第一，重塑生产力和业务流程，基于协作、移动、智能和信任四大原则，着手设计针对计算的职能架构；第二，构建智能云平台；第三，创造更个性化的计算，推动人们从需要 Windows 到选择 Windows 进而爱上 Windows。

第二阶段：阶段性造势

2014 年 7 月 10 日 6 时 02 分，是纳德拉精心挑选的用来发布文化宣言邮件的时间。在这个特殊的时间点，美国任一时区的员工都能在上班前收到邮件，而世界其他地区的员工，则会在周末之前收到邮件。纳德拉要保证尽可能多的员工第一时间收到这封宣言。

在宣言中，纳德拉呼吁员工重新发现微软的灵魂，理解和拥抱只有微软才能带给世界的东西，以及如何再次改变世界。紧接着，纳德拉顺理成章地展现了公司的新使命，并通过直观的"图形+文字"说明的形式展示了愿景。在一天内，纳德拉就收到数百封员工的回件，畅谈宣言对他们的启发，甚至是注入的新能量。纳德拉通过公开宣言，找到了思想松土的机会。

仅仅内部公开宣言还不够，纳德拉也向媒体公开发布了文件，并获得正面的响应和一些建议。

内外公开意味着微软的新使命愿景已经引起了千万双眼睛的关注，这是一个趁热打铁推进使命愿景的好机会，也是把自己放置在无数内外部人士的监督下，这些人的关注无疑会推动纳德拉把使命愿景落实下去。

第三阶段：管理团队达成共识

有了使命愿景，纳德拉就可以在高层中寻找志同道合的人，一起参与文化变革。同时，一些长时间无法在使命愿景上相合的高管不得不离开。纳德拉认为，争论对高管团队绝对必要，但高管团队也需要高质量的共识，这就需要文化的基础认识一致。

在稳定高管团队后，纳德拉需要一个更广大的管理团队来具体负责使命塑造和文化建设。他选择务虚会作为契机，但同时对务虚会进行了两项重要改革：

第一项改革，纳德拉邀请级别不足以参会的新晋管理者参与务虚会。这些人有使命导向，有创新精神，成长的环境与公司愿景契合，能够为务虚会提供全新的外部视角，打破传统。

第二项改革，务虚会期间安排客户拜访活动，并且拜访客户的小组成员之间并没有密切共事的经历。通过客户的牵动，这些之前山头主义严重、拔枪相向的管理者彼此间建立了新联系，发现了达成使命的新方式，感受到了跨部门共同解决客户问题的好处。

两项变革彻底激发了管理者的精神，他们充满激情，蓄势待发，并给予纳德拉深度参与文化建设的承诺。纳德拉顺水推舟，将务虚会各小组的负责人纳入"文化内阁"，担当起文化变革的重任。

第四阶段：正式公布

2015年，管理团队趋于成熟，公司也呈现出良好势头。纳德拉于是在当年7月召开的全球峰会的最后时间，向1.5万名员工分享了微软的文化。他以"对我来说，文化就是一切"作为响亮的开篇，不但讲述了使命愿景，也带出了新的文化内容——成长型思维。他从强烈的同理心着眼，通过微观层面的分析告诉员工，只要每个人都能成长，公司就能获得成长。紧接着，纳德拉又从微观引领听众走向宏观，呼吁每个员工思考他们心灵深处的热情，也就是他们的精神动力，并将个人的热情与微软的使命和文化联系起来。通过这种方式，纳德拉拓宽了员工的视野，在个体的员工和庞大的企业之间建立起呼吸与共的联系。据纳德拉回忆，"每个人都沉浸其中，有的人还轻轻擦起了眼泪"。很显然，他又一次抓住了绝佳的机会。

纳德拉这位"首席文化执行官"，指明了微软人所信仰的"远方"，让所有员工的激情再度飞扬！

第六章
· CHAPTER6 ·

企业文化是战略的基石

夫未战而庙算胜者,得算多也;未战而庙算不胜者,得算少也。

——《孙子兵法》

第一节　企业家的权柄：文化权与战略权

一、战略权只能源于企业家

管理学家明茨伯格曾用"5P"给战略做了一个全面的定义。

1. 计划（plan）

战略是企业在行动之前制订的有意识、有预计、有组织的行动程序，解决一个企业如何从现在的状态达到将来位置的问题。

2. 计策（ploy）

战略可以在特定的环境下成为行动过程中的策略，一种针对竞争对手，在竞争中战胜竞争对手的手段。

3. 模式（pattern）

与计划相对，战略可以体现为企业一系列的具体行动和现实结果。

4. 定位（position）

战略确定企业在其所处环境中的位置，并据此正确配置资源，形成可持续的竞争优势。定义为"计划"的战略是设计的战略，而定义为"模式"的战略是已实现的战略，战略实际上是一种从计划向实现流动的结果。

5. 观念（perspective）

战略表达了企业对客观世界固有的认知方式，体现了企业对环境的价值取向和组织中人们对客观世界固有的看法，进而反映了企业战略决策者的价值观念。

我所分析的"战略"概念与明茨伯格定义的第1、2、4、5条有重合。在我看来，战略的定义可以简化为如下表达：战略是企业面对有挑战性的目标时所制订的阶段性必胜方案。其具有以下特点：

- 有挑战性的目标：意味着企业必须进行正确的资源配置、人员规划、作战设计，才能够达到目标，道路中一定会有曲折和竞争，这才体现出战略的独特价值。
- 阶段性：意味着战略并不是企业最长期的规划，最长期的规划应该是使命愿景。
- 必胜：意味着企业在战略制定中必须将不确定性风险尽量降低，将胜算不断提高，形成某阶段内的必胜之势。对战略必胜的要求，可追溯到中国春秋，那时战略被称为"庙算"，也就是在庙堂之上所做的计划和决策。孙子对庙算的地位有如下表述："夫未战而庙算胜者，得算多也；未战而庙算不胜者，得算少也。多算胜少算，而况于无算乎！吾以此观之，胜负见矣。"也就是说，战略必须计划周密，尽可能地挖掘更多胜利条件，以此来和竞争对手比较，以定胜负。

对于企业来说，战略相当于国家的用兵大事。正如孙子所言："兵者，国之大事，死生之地，存亡之道，不可不察也。"和很多国家一样，许多企业经不起一次战略失误的打击，战略对于它们就是死生之地、存亡之道，不得不对战略慎之又慎。

然而，慎之又慎也会在战略决策和实践中产生一些操作变形，最常见的就是无所作为。无所作为可以表现为：

（1）发起期的无所作为：虽然大家都意识到需要做战略，但迟迟未能有人出来肩负起这项任务。

（2）商议期的无所作为：战略讨论各说各话，争执不下，难以形成统一意见。

（3）决策期的无所作为：战略频繁调整，朝令夕改，一直难以形成正确的节奏和连续性。

（4）执行期的无所作为：战略好不容易制定出来了，却找不到好的执行人执行，或者执行不下去、执行变形，导致效果与预期完全偏离。

看到这里，大家就能发现战略制定中产生的问题，与文化建设一开始产生的问题表现类似，这意味着它们有相同的根因。

战略的无所作为，往往是因为企业中的人们对风险忐忑不安，导致失去了抉择的担当。殊不知并非人们选择战略，而是战略背后所具有的客观形势在选择企业，不作为意味着更大的风险。这时候，企业中必须有人站出来，力排众议，力挽狂澜。在企业中能有如此权威的人，只能是企业家。

和建设文化一样，战略权来自企业家，最应担当起制定战略的责任人，正是企业家。如果战略上无所作为，根因一定出在企业家身上。

很多企业家在刚碰到战略制定的时候，内心是忐忑的：战略毕竟关系到企业未来数年甚至10年以上的发展，自己之前又没有接触过，完全没有自信。在这种谨小慎微中，企业家容易忘记肩上的责任，从而把战略权拱手交给别人。

在企业家放弃战略权后，有以下常见的错误操作。

1. 把战略权交给外部顾问

企业在制定战略时经常会邀请外部顾问，外部顾问通常具有丰富的理论及实践经验，可以给管理层有效的指导和启发，这是他们的价值所在。

但是，顾问毕竟是外人。第一，他的背景很可能和邀请他的企业并不相合，因此他会缺少对企业所在客观环境的长期认知；第二，他并非任职于企业核心管理层，对企业内部的具体情况也不够熟悉；第三，他没有企业内部的权力和权威，对企业的长期发展也不负有责任。

因此，把战略权交给顾问，而企业家站在一旁当局外人，结果往往是顾问做出来的战略缺乏权威，长期落实不下去，让企业家和顾问都陷入两难境地。

这样失败的案例非常多，当年实达电脑请埃森哲来做战略，但埃森哲因为缺乏行业经验，不了解中国文化，不了解实达电脑的企业文化特色，制定的战略最终无法落实，实达电脑也因此失去了非常好的时间窗口。

2. 把战略权交给一群人表决，美其名曰"民主决策"

从表面上看，这充分尊重了大家的意见，汇集了大众的智慧，实际操作起来却往往不是这么一回事，接连不休的争吵成为常态，战略原本可能还有清晰的地方，但经过无止境的细节争论，反而越讨论越糊涂，越讨论越混乱，最后流产。

明茨伯格在《战略历程》㊀的开篇，就用"盲人摸象"的故事来形容对战略的认识，我们完全可以将这一故事用在企业的战略讨论会上。企业中的每一个人都像盲人一般，紧紧抓住了大象的一个局部来理解战略，而对于大象的其他部分一无所知。这种情况在分工细化的现代企业中尤为明显，企业中绝大多数人都只工作在自己所负责的一个模块中，即使是高管，他们的视域也往往局限于自己掌权的一亩三分地，信息是不对称的。

所以，企业家让自己的下属来讨论、制定和表决战略，正像把大象交给一群只能摸到大象一部分的盲人，他们把自己抓紧的局部摸得越细、越透彻，越会固执地坚守自己的成见，和别人发生更激烈的争执。

另外，把战略权交给一群人，意味着战略背后的责任被一群人所分割、稀释，很多被邀请来制定战略的人，本身就不对战略制定负有责任，而一些可以负起责任的核心人员，也乐于将自己原本沉甸甸的责任在"民主"中减负。大家肩上的担子都轻飘飘的，自然是愈发随心所欲地各抒己见了。

结果就是，战略这只大象被盲人们"民主决策"一番后，变成了一群细节非常丰富，整体上看却奇形怪状的"大象"，互相冲来撞去，让企业家自己都头疼不已。最后企业家可能还要顾及这些人的情面，四处捧场，把战略反而冷在一边。

㊀ 该书已由机械工业出版社出版。

和文化权一样，战略权只能牢牢地抓在企业家手里，他也要为此背负起制定战略的责任，这是企业赋予他这一独特角色的职责。

- 在企业里，只有企业家站在最高处统揽大局，对整体态势把握得最准确，就算他之前没做过战略，是个"盲人"，那他也比企业中其他"盲人"摸得更全面。
- 在企业里，只有企业家最为通晓企业的整体历程，能够对企业的过去、现在和未来做全面的梳理。
- 在企业里，只有企业家能够在生死大计面前做最后的决定，并为此承担最大的责任。
- 在企业里，只有企业家能够拥有最高的权威，让他既能力排众议，又能凝聚众人，做好宏观的人力、物力调整，以最大力量把战略推行下去。

试问，战略这样的顶层决策，不由企业家主抓，还能由谁主抓呢？

无论是专家顾问，还是企业高管，他们的意见都在于给企业家提供不同的知识和视角，补充需要注意的细节，这并不能影响到企业家使用战略权。

二、战略来自企业家精神

和文化的来源一样，战略来自企业家精神。

企业家在面对未来的巨大未知，而对战略制定犯难，甚至交出战略权的时候，他必须意识到这种行为背离了他原初的精神，他必须在过去的精神激发下，重新拾起失去的勇气。

在公司初创时，企业面临的未知最多，企业家必须靠着进取精神，全力以赴地去应对一个个挑战；靠着创新精神，不断地找到新思路破局；靠着奋斗精神，锲而不舍地在机会点上拼搏。这三种精神让企业家在许多比自己强的对手中胜出，争取到客户。在那个阶段，机会就是战略，目标无比明确，企业家的精神和意志力也最为明显和强大，推动着企业迅速决策，不断向外冲锋，把一个个不确定变成确定。

随着企业的发展，客户越来越多，规模越来越大，竞争愈发激烈，产品和方案也更加复杂。这个时候，用于引领企业中长期发展的战略的制定势在必行。按照一般的逻辑，此时随着公司的成长，企业家也应该得到成长。企业家更应该强化自己的精神力量，挺身而出，用进取精神打破僵局，统一众意；用创新精神不断提高确定性，把更多未知变成已知，把胜利的因素集结成必胜的态势；用奋斗精神不断地钻研战略，搞清楚战略的内在规律，从而更好地行使战略权。只有精神力量强大的企业家，才能成为企业的掌舵者。

可惜的是，在发展阶段，许多企业家的精神力量反而弱化了。我往往看到的企业家是这样一个形象：

> 早上8点到办公室，立马碰到一堆申请：要见客户、要召集业务部门开会、要决策财务和人事问题、要面试重要岗位……于是一切从一个慌乱的早晨开始。
>
> 好不容易整理出一天的安排，做了两三件事，突然一位朋友前来拜访。心里觉得拒绝的话有些不合情理，于是一同喝茶叙旧。
>
> 上午很快过去了，原本的安排也落了空，不得不中午继续干活，午饭胡乱吃几口了事。至于下午要开的战略会，自己完全没做准备，只能硬着头皮上。
>
> 下午开战略会，有人请假，有人现场心不在焉，会议安排随意，大家没做准备，空手开会，各执己见。一路听下来没有太多有价值的内容，但要照顾大家的情绪，批评不得，不得不做"好好先生"。结果两小时过去了，没能达成共识。
>
> 会议之后，一些会上不服气的高管要见自己，为了照顾他们的情绪，也只能请他们一个个来私聊。聊的内容往往天马行空，一

会儿在战略上,一会儿跑到业务问题上,一会儿又跑到平台支持问题上。

等照顾完高管,发现已经到了下班的时间。晚上约了饭局,路上还要花半个小时。酒局上聊着聊着,就到了深夜。

半醉地回到家,精疲力竭。往床上一躺,突然想到该读的战略书籍已经半个月没翻了,该请教的战略顾问一个月没来了,该研究的业务地图和人才地图,好像也没有进展,不禁叹息:我实在太忙了!

说自己过于忙碌的企业家很多,但究其每天所做的事,就会发现他们是忙于过多的琐事。随着企业的发展,事务愈发繁杂琐碎,人情世故也越积越多,企业家陷在应付这些事情中,耗尽了自己的精力,完全忘记了应尽的责任——建设文化和制定战略。如果一个企业在发展期既没有文化,又没有战略,那企业家再怎么说自己忙,也不能掩盖自己的失职。

所以,企业家在企业发展过程中最需要自己的时刻,更要找回自己的精神力量,并理性地辨析哪些事情是自己该做的,哪些是可以交给别人做的,哪些是要拒绝或者延后的。把事情理顺之后,企业家必须把自己的精神聚焦在文化和战略上,找出利于企业向未来挺进的道路,并用自己的精神力量感召下属继续在道路上前行。

三、文化是战略的基石

根据上文,可以得出这样的结论:文化和战略都源于企业家精神,文化权和战略权是企业家的两大权柄。

正如《左传》所言:"国之大事,在祀与戎。"祀,就是祭祀,古代君主祭祀,表面上是取悦神明,实际上是让大众相信国家受到了护佑,从而团结一致。放到今天,祭祀的功能已经被文化取代。戎,也就是军事作战,直到今天,依然是国之大事,需要好的战略支撑。对企业来说,同样如此。

如果硬要梳理二者关系的话，文化应该成为战略的基石。必须先有统一的文化打底，才能让战略走得更顺利。就像德鲁克的名言所说："文化能把战略当早餐吃。"

如果看 IBM 和华为的战略模型——BLM 模型，就可以清楚看到企业文化中的重要组成部分——价值观，处在 BLM 模型的底座上，如图 6-1 和图 6-2 所示。

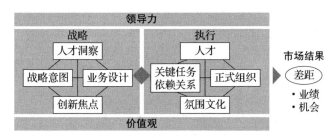

图 6-1　IBM 的 BLM 模型

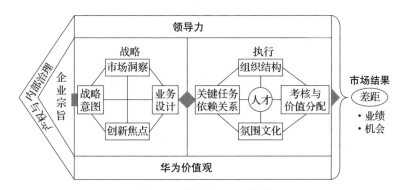

图 6-2　华为的 BLM 模型

究其逻辑，还是可以回到四个字上：事在人为。

- 战略，是把事情做成的方案，重心落在事上。
- 文化，则注重把一群人团结在一起，形成合力，重心落在人上。

任何大事都需要一群人同心协力地计划并执行才能够成功。从这点上看，首先需要的是同心同德的团队，而后是战略。

正因此，《孙子兵法》讲战略要考虑五个因素：道、天、地、将、法。第一个就是道。"道者，令民与上同意也，故可以与之死，可以与之生，而不畏危。"也就是说，"道"要求的是上下一心，同生共死。企业正需要通过塑造统一文化，来让上下同心，即使不说同生共死，也要做到同甘共苦。

正因此，明茨伯格的战略模型要考虑观念（perspective）。战略是决策者价值观念的反映，而它最终要变成组织的共同观念，则需要企业文化上的统一。如果一个企业连最基础的文化内容都没统一，企业家说 A，到高管那理解成 B，传到另外一位高管那又变成了 C，那么战略制定和执行的难度可想而知。

正因此，史玉柱在资金链断裂，近乎破产之后，仍然能够东山再起。虽然他的战略失败了，业务崩塌了，但陈国、费拥军、刘伟和程晨"四个火枪手"，就算没有工资，也一直对他不离不弃。这些骨干因史玉柱的文化而团结在一起，又用从史玉柱那里吸收的文化支撑起史玉柱，成就了巨人公司的第二次巅峰。

企业家想要真正做成战略，必须考察企业文化这一基石是否坚固，能否在企业中形成多数共识。如果企业尚有多个声音并行，那么企业家可能需要先搁置战略制定，而把文化的基础夯实，以保证做战略时，人们能够对企业的事业有较为统一的认识和原则。

第二节　文化助力战略归一

战略是顶层设计中最需要归一的部分，甚至可以说，战略的特点就是"一"：发源于一根，继承于一系，凝聚于一心，聚焦于一点，力出于一孔，长期如一日。唯有这样，战略才能在确定性上取得饱和，在一个点上钻出突破口,最终破局。如果战略中间分了叉,不但会影响战略的聚焦和连续性,也容易让企业内部产生不同的观念,导致力量分散。

诸葛亮在《隆中对》里,给刘备定下了统一天下的蓝图,成为研究战略的名篇。这一战略,在大多数时间都坚持了归一,例如:

(1)唯一的总战略目标:兴复汉室。

(2)一直发扬的长处:刘备帝室之胄的名分,四海皆知的重信义、求贤若渴。

(3)唯一的战略对手:曹操势力。

(4)一直坚持的战略同盟:孙权势力。

(5)不同阶段的唯一目标:第一阶段,取得荆州;第二阶段,取得益州;第三阶段,巩固内政外交。

但在最后一个阶段,诸葛亮给出了一个"二分"战略,也就是当天下有变的时候,派一上将带着荆州部队进攻宛、洛,刘备则率益州部队出秦川,两面出击。这其实是一步险招,因为荆州部队和益州部队相隔太远,无法实时联系,形成遥相呼应之势,也很难最后聚合一处。兵力长期分散为两部分,也很难对敌人形成局部优势,迅速击破敌方一点。毛主席对此评价道:"其始误于《隆中对》,千里之遥而二分兵力,其终则关羽、刘备、诸葛三分兵力,安得不败。"㊀

但问题在于,即使是诸葛亮这样高明的战略家,依然会因为不归一,而最终棋差一着。企业做战略,往往面对的干扰更多。在众多干扰下,企业尤其是企业家,往往失去了定力,一心化成二心、三心,不由得心猿意马起来。这样的表现有:

(1)感觉自己做的行业不行,只能啃骨头,而别的行业到处有肉吃。

(2)经营上遇到困难,不反思自己,反而觉得是行业的问题,感觉行业

㊀ 《隆中对》的战略失误. 文摘报(2017年12月26日06版). https://epaper.gmw.cn/wzb/html/2017-12/26/nw.D110000wzb_20171226_1-06.htm.

触到天花板了。

（3）感觉自己给客户做的是边角活，得不到客户尊重，一心想马上打入客户的核心业务。

（4）还没做到行业领头羊，就开始想着创造第二曲线，开始投资别的业务，但是这些业务又没能与自己的主营业务有机结合起来，最后变成各干各的。

（5）客户还没做深，就想着把自己的新业务、新产品也顺便做进现成客户里去，忘记了客户原本对自己的需求。

企业做战略，关键在于削去多余、不靠谱的欲望，减少不必要的扰动，惟精惟一，至诚通神。对于大多数中小企业来说，归一首先就是咬定客户不放松，不断深入，然后在客户需求的一个产品、一个方案上做到极致。在没有做到极致之前，在客户还没有和自己建立牢固关系之前，切忌分散。

要做到战略的归一，离不开一套系统的企业文化的助力。企业文化本身应该具有一套统一、贯通的逻辑，然后在以下方面为战略制定提供帮助：

（1）通过使命愿景，为企业确定唯一的道路和目标。

（2）通过价值观，为企业确定制定战略的一套标准。

（3）塑造文化统一的战略执行人。

第三节　战略是对使命愿景的分解

使命愿景为企业设定了最长远的目标和轨道，战略则承接了使命愿景，形成了阶段性的目标和轨道。阶段性的目标和轨道必须服务于最长远的目标和轨道，不能偏离甚至逆反。

使命愿景为企业确定了唯一的道路和目标，也就相当于帮助战略做了一次减法，让战略归一到一条轨道和一个最终目标上，哪些事在轨道上，哪些事越了轨，一下子就变得清晰起来。所有的战略都是兑现使命的手段，都是为实现愿景这一最终目标的分目标。有时为了实现最终目标，还需要在分目标中有所妥协，但在未来目标清晰的前提下，当下遇到的困境、诱惑、扰乱、压力，都是遮住眼睛的浮云。跳出当下，遥望目标，不忘初心、牢记使命，为未来定下心来，做长期布局，才能做好战略。

使命愿景的确立和强化，让员工对责任更加清晰，对未来更加信任。有了这两点，员工便有了长期坚守轨道的定力。在这种普遍的定力上，企业才能放心大胆地制定自己的战略，并保证只要战略走在使命愿景铺就的轨道上，员工就仍然能保持信任，仍然能像坚持使命愿景一样，把战略坚持下去。

使命愿景能对员工产生强烈的感召和激发，是企业能够坚持在战略指导下狂飙突进的动力。战略必须和使命愿景统一起来，才能让感召和激发同步到战略践行中，让员工感觉到战略每实现一步，都是对使命的准确践行，离愿景也又近了一步，这样才能保持精神能量，让走向未来的每一步都足够坚实有力。

战略必须是对使命愿景的准确分解，企业要能够通过一系列战略最终完成使命，达成愿景，不然战略就会削弱使命愿景的感召力，使员工对使命愿景产生不信任，从长远来看得不偿失。

战略制定，就像从今天看明天，很多事情难以看清楚。但是使命愿景给企业一个从后天看明天的视角，在后天这个更远的视角下，明天的很多事情又会清晰起来。战略则是连接今天、明天和后天的桥梁，帮助企业从今天走向明天，从明天走向后天。

第四节　核心价值观给予战略标准

使命愿景给战略定下最长远的目标和轨道后，还需要一些标准和原则，以进一步地减少干扰项，让战略更加归一。这些标准和原则中最底层的就是核心价值观。

在核心价值观不明确的时候，战略就算目标已定，也往往会被眼前的新变化所迷惑，或者被强大的竞争对手所困扰，被巨大的竞争压力所压制，而导致聚焦错误、打法变形。很多企业在制定战略时，习惯于跟着竞争对手的动作行动，寄希望于设计出极具差异化的"奇招"，迅速形成竞争优势或成功转型。但在追求出奇制胜中，企业往往忘记了自己本来的业务，以及在本来业务上的扎根深度。"奇招"游离于根系之外，往往就变成了"莫名其妙"。

雷军在谈到战略决策时，曾有四字口诀——守正出奇。他认为，很多企业遇到问题的时候，总想着出奇招来实现逆转，这是错的。遇到困难一定是某个基本功出了问题，很多企业归根结底是没守正，根基不稳，自己把自己击败了。因此，守正比出奇更重要。

守正是归一的重要方法，它要求企业踏踏实实把本分做好，把根基扎牢，在牢靠的实力前提下出奇。如何衡量一个企业的战略是否归一，是否守得住正？必须将两条核心价值观作为判断标准："客户至上"和"人才为本"。

一、客户至上让战略聚焦于一

从核心价值观上来看，与战略最息息相关的，就是客户至上。能够持续满足行业内最广大客户的需求，把客户基本盘做得固若金汤，这就是守正。能够心无旁骛，全心全意为客户服务，以客户的声音为企业的指引，这就是归一。

战略要聚焦于一，就必定聚焦到客户上，因为只有客户能够为企业提供价值。企业的战略是否能够持续满足客户需求，扩大客户群体，深入核心客户，决定了战略是否符合客观现实。如果一个战略脱离了企业现有的客户，脱离了客户的实际需求，只想着"我要如何"，却不能获取客户，那只能成为无根的浮萍。

雷军在金山公司时就曾经吃过这种败仗。1995年4月，雷军准备了一篇新闻稿，请了20多家媒体参加产品发布会，然后开始在报刊上刊登系列广告，宣告金山三年磨一剑的盘古系统即将到来。他回忆说："我们以前都是搞技术的，从来没做过市场，盘古系统的所有推广工作只是请方正帮助办了一个新闻发布会，然后打了一阵千篇一律的广告，我们以为这样就算是将市场工作做好了。"结果投入的200万费用没有换来市场回报。"1995年的经营额几乎还没有1994年的1/3！我们在珠海刚买了一栋楼，最旺盛时里面有200多人在工作，可是到了1995年最困难时只有20多个人！"雷军回忆，"这种结果让本来劲儿往一处使、感觉势不可当的队伍突然之间完全丧失了战斗力。辛辛苦苦干这么久，什么都没有成功。这些程序高手回想起那段经历来一定觉得很痛苦，我自己也很痛苦。不是每一分耕耘都有回报，当你以为必成的事情结果没有成功，你以为多年的辛苦一定有回报的时候，结果没有回报，那种滋味是很不好受的。"1999年，《中国计算机报》的文章《金山从市场中醒来》分析指出了金山当年对市场的分析不足："可以想象一下，几十个技术'疯子'主宰了金山的企业气氛，任何看起来同技术本身没有明确关系的东西，根本就不可能出现，市场是什么东西！""金山把所有精力都放到了技术的领先上或产品的质量上，而缺乏最基本的市场观念，比如深入细致地进行市场调查、立项分析等。所有的决策都是拍脑袋决定的，没有任何市场调研的支持，这样的决策导致金山在发展过程中有很多很大的失误。"对于科技人才来说，一心钻研技术、产品是可以理解的，但是对于掌控全局的企业家来说，这是不可原谅的。

从雷军的案例可以得出：不能让客户认同，就算技术先进、人才如云、资金雄厚，也很难成功。所以，客户至上，同时也意味着其他一切因素，如利润、资本、技术、产品、管理都不至上——它们都是为客户服务所需的资源和方法，它们有没有价值，有多大价值，最终的标准是：能满足多少客户，能获得多少新客户，能从客户那里得到多少回报。这样，我们就建立了以客户为核心的单一价值衡量标准。

即使企业要发展第二曲线,也只有从第一曲线的客户上,寻找生出第二曲线的土壤,才能让第二曲线平稳。企业只有在第一曲线里把客户做得足够扎实,充分满足客户需求,并得到客户信任,才有可能从客户那得到更多额外的需求。在分析清楚这些额外需求后,企业才可以依据这些新需求发展自己的第二曲线。即使像华为这样实力雄厚的公司,当年转战手机业务的第一阶段,也得依托已经做得扎实的客户——运营商,为它们做贴牌手机,并逐渐积累经验,扩展新的客户群。对于更广大的企业来说,发展第二曲线更需要依赖第一曲线的客户的援助,这样才能走得稳当。

如果一个企业在自己的第一曲线里,客户做得并不扎实,也没有拿下足够多的客户,那么它的第一曲线本身就不平稳,在不平稳的第一曲线上想着做第二曲线,往往要拿着第二曲线的业务,强行找第一曲线的客户进行推销,而如果客户之前并没能与企业构建起信任,这样的推销就很难成功。另外,有些企业甚至将第一曲线和第二曲线完全割裂开来,第一曲线和第二曲线的业务在客户端很难找到交集,这无异于二次创业,更是难上加难。

做出这种错误的第二曲线战略,往往是被一些干扰项所误导,偏离了对客户的坚守,做出错误的主观判断。其中最常见的错误就是被资本所影响,从资本的要求出发,倒推出企业的战略路径,想要用一些外表高大上的新业务包装自己,来让自己在资本市场中更能吸金。这种战略制定完全不顾及自己现有客户,而只图在资本市场中弄潮的一时之快,不可能长期坚持下去。

为了避免这类错误,只有在制定和执行战略时,高举客户至上的价值观,将所有的思考和行为都放在客户的标准下进行衡量,才能让战略聚焦于客户,保持方向的正确。

客户至上在战略中进一步转变为方法论,那就是"从客户中来,到客户中去",它要求:

(1)所有战略决策和执行者树立牢固的客户至上价值观。

（2）价值考核、组织建设、人才培养、资源调度，都要从客户中来。也就是说，贴近客户，以客户为企业经营活动的客观依据。客户的声音、需求、情况，都要被收集、整理，并进行总体的分析，形成集中的战略观点。

（3）基于从客户中得到的客观信息，制定为客户服务的战略方针，所有产品、服务、方案、技术，都要到客户中去，在客户那里获得验证。

（4）志在建设高质量的客户关系、长期合作的伙伴关系。要深入客户中，就必须获得客户的支持，被客户真正接纳。这就要求企业真正想客户所想，急客户所急，和客户打成一片，产生共鸣，成为良师益友，在不断地真心服务中搭建起良好的客户关系。到最后，企业最好能获得客户的完全信任，成为客户的长期战略合作伙伴。

（5）没有调查就没有发言权，没有深入调研工作就没有战略。客户需求要从广泛调研中来，只有全面地进行客户调研，拥有真实准确的客户信息，才能够把握客户痛点，才会清晰准确地掌握客户需求。

（6）在主航道上收窄战略面，聚焦再聚焦，在最细微的点上努力，才有可能深入到客户最深处。人们总是觉得针尖代表小，实际上，"针尖上有须弥山"，针尖在战略上是无限和广大的。聚焦于针尖，不但能减少利益冲突，还能极大提高压强，让局部的力量最大化，帮助企业迅速打破僵局，并持续深入。

从客户中来，到客户中去，就是以始为终、以终为始的循环，在客户这个核心上获得制定战略的依据和资源，再将战略用到客户中去。在这一循环之中，企业才能逐渐找到自己的节奏、根系，做到立于一而心自在。

二、人才为本让企业团结于一

战略聚焦于客户之后，接下来，战略还需要企业内部的守正——必须有一个高度团结、上下同欲的团队，来理解、补充、执行战略。没有这样一支正规军，企业很难在高度竞争的正面战场上真正做到守正。

虽然在第一节我曾强调企业家必须紧抓战略权，但这并不意味着企业家可以独断专行，其他人没有参与的机会。企业家要最终拍板，但他同样需要群策群力。战略过程中的每一个环节都需要核心团队的积极参与和操持。

在战略制定阶段，核心团队必须尽可能收集与战略有关的一切相关信息，并进行整理、分析，每位成员通过自己的调查，从自己的角度给出意见和建议，帮助战略尽可能地接近客观，并注意到一些关键细节。核心团队的成员也要出于公心，推荐自己认可的战略执行人。

在战略执行阶段，核心团队成员首先要充分理解战略，然后在自己部门进行战略分解和执行；其次还要注意团队合作，保证战略所需的人力、物力、财力可以在高效协同下迅速到位，并在协同作战中迅速发挥作用；最后，核心团队成员还要对战略执行人高度信任，全力配合其战略执行。

在战略复盘阶段，核心团队需要总结战略历程中的经验教训，进行分析和调查，从自己的角度给出意见和建议，帮助下次战略制定更为客观正确。

核心团队要做好这些事情，就要求企业在制定战略之前，已经秉持人才为本的核心价值观，有计划地培养了核心团队，让他们能够达到以下标准：

（1）高度认同企业和企业家，感觉到自己的事业与企业的事业合而为一，有强烈的主人翁意识。

（2）高度认同企业文化，并在企业家精神和使命愿景的激发下，保持着精神和斗志。

（3）坚持目标导向和责任结果导向，战略一旦确立，大家不会因目标前的困难而纠结和推诿，而是对自己的岗位职责非常清楚，各尽其职，勇于担当，敢于冲锋，乐于分享战果，长于结果复盘。

（4）有一定的战略眼光和理解力，能够跳脱出当下、手头的事务，跟得上企业家的思维，能够正确地进行战略分解和执行，能够做客观的调查分析报告。

（5）互相认可、尊重，团结一致，高度协同。

核心团队要达到以上标准，企业要事先奉行人才为本的价值观，起码在企业的核心团队认可人才的价值，尊重人才的人格，赏识人才的才能，将人才放在合适的岗位上，不断培育、引导人才按组织的规划成长，做到人尽其才，优势互补。这样培育出来的核心团队成员，才能够自觉把企业战略的责任扛在肩上，在企业面对困难时，团队才能团结为一、力出一孔。

如果在做战略时，企业的前线还在为利益互相争抢，平台和前线还在互相猜疑，各部门各自为政，山头主义严重，成员还缺乏战略素养和调查习惯，并且还要因情面而互相捧场，那么即便有好的战略，也很难有足够的向心力把战略坚持下去，大部分的力量会在内部就耗散殆尽。这时候，也许只能靠企业家自己团结少数先知先觉者，扛着更重的负担前行。

第五节　战略执行人必须符合文化模型

战略一旦制定，谁受命成为大将，全权执行战略，就成了最关键的环节。"将在外，君命有所不受。"一旦大将确立，企业家就必须给他充分授权，并完全信任他，即使战略执行过程中出现了非议，企业家也应该保持定力，减少对大将的直接指挥。毕竟在战略执行期，大将比企业家更贴近战场，对客观情况更有感知。

"疑人不用，用人不疑。"企业家和战略执行人中的任何一人在战略执行过程中不能做到一以贯之，而产生了分别和猜疑之心，战略失败的可能性就会陡增。这种信任不可能是任命的时候才产生的，企业家必须之前对战略执行人进行过长期考察，才能够积累足够的信任。

除了企业家个人的信任之外，核心团队的信任同样重要，没有他们的支持，战略执行人就会四处受制，难以发挥。《慎子》中说："立天子者，不使诸侯疑焉；立诸侯者，不使大夫疑焉；立正妻者，不使嬖妾疑焉；立嫡子者，不使庶孽疑焉。"也就是说，如果企业家要把战略执行人立起来，那么立起来的这个人首先就不能受到核心团队成员的怀疑，他必须是大家信服的人选。

如果决定的战略执行人引起了部分人的怀疑，那么企业家就必须用自己对人选的坚定信心和持续支持，来打消大家的疑虑。要打消大家的疑虑，信任让一位管理者成为战略执行人，这种信任就不能出于个人好恶，而是要有客观标准。在客观标准的衡量下，对人选的信任才能有客观基础。

在客观标准中，除了基础的技能、管理能力标准外，最重要的是企业文化标准。按照企业文化潘氏模型，一位战略执行人应该通过以下文化标准的衡量：

（1）与企业家有共通的精神——创新精神、进取精神、奋斗精神，能够用精神力量激发自己和团队，去排除万难，面对更多未知的挑战。这点在选人时最为关键，因为战略执行人注定要去面对许多未知的情况，注定会遇到许多困难。在这种情况下，如果精神不够强大，战略执行人无法凝聚团队。就算他在团队面前镇定自若，他也很容易在心里依赖更强大的人，比如不断到企业家那里寻求支撑，减缓自己的压力，这就增加了延误战机的风险。

（2）相信企业的使命愿景，目标和道路清晰，而且自信，善于用使命愿景激发团队，让大家为同一个事业而奋斗。一位合格的战略执行人，一定是强目标导向，能够为了目标而行动，而不是看到问题时就失去定力。如果战略执行人自己展现出对目标的坚持和进取，身边的人也很容易被这种聚焦引导回目标。如果战略执行人还能够用使命愿景激发所有人向着目标共进，则在此项上最符合标准。

（3）恪守企业核心价值观，尤其是客户至上和人才为本，个人在客户、在下属那里均获得很高评价。这一点意味着一位管理者要成为战略执行人，就不能只有平台的履历，还必须在业务线实实在在地服务过客户，得到过客户的正面反馈。

（4）善于使用企业文化营造统一的认知和氛围，从而团结起尽可能多的人，并将其导向战略实现。

企业家筛选正确的战略执行人并获得成功，余承东便是其中的最典型案例。在余承东主管手机部门之前，已经有三位总裁在这一部门苦心经营过，但都没有成绩。当时余承东已经坐稳战略与市场体系总裁一职，却主动请缨去终端做手机业务，而任正非展现出了对余承东的充分信任，对余承东在手机业务上的拓展充分授权。2012年，由于余承东砍掉大量贴牌手机和非智能手机，又未能打开高端市场，华为手机出货量骤减3000万台，公司内出现不少对余承东的质疑声，甚至要让余承东下课。这时任正非发出了"不支持余承东也就是不支持我"的决断，一锤定音。最终余承东没有辜负厚望，将华为手机带向狂飙突进的轨道。

这中间自然有对余承东能力的认可，他在接手手机业务之前，曾带领华为无线网络产品线研发出分布式基站和SRAN，技术领先于欧洲友商，产品顺利打入欧洲、日本等市场，业绩极为亮眼。

除了能力之外，更深层次原因，是任正非与余承东在文化、思想甚至精神深处的默契。余承东的思想底层充满着奋斗者的拼搏进取、自强不息的精神。余承东经常拿一句话激励团队："取乎其上，得乎其中；取乎其中，得乎其下；取乎其下，则无所得矣。"为此，余承东总是给自己定下最高标准，并向这个标准全力以赴。他还曾表示："我的字典里没有第二，我做任何事情都要是第一，而且是全球第一。"这种强大的精神，与任正非相通。

在精神相通之上，二人构建了相互的信任，并决定了战略上二人的相互支持与配合。余承东曾这样表达对任正非的信任："我觉得我们有个伟大的老板，所以将来公司应该是有前途的。"任正非也同样信任余承东，以至于他即使对余承东直接怒骂，也不损害二人之间的关系，他曾说："我骂谁是对谁爱，不爱他骂他干啥，余承东挨骂（多），你看他多风光。"只有这样的信任程度，才造就了任正非在手机战略授权上的用人不疑，以及后续华为手机业务的腾飞。

第六节　案例：安然公司的崩塌

安然公司曾是美国最大的天然气和电力公司之一，掌控美国 20% 的电能和天然气交易。1996～2001 年，《财富》连续六年评选安然公司为"美国最具创新精神公司"，在 2000 年《财富》世界 500 强排名中位列第 16 位，披露的营业额达 1010 亿美元之巨，员工数超过 2 万人，并荣登《财富》"美国最佳雇主百强榜"。从表面上看，这家能源大鳄应该能安稳地独霸鳌头，但是仅仅一年后，该巨无霸就在财务造假的丑闻中轰然倒下，留给世界一个巨大的惊叹号。

仔细审视安然的覆灭，可以从安然的企业文化一端看到危机的征兆。由于其错误的企业文化，导致了其战略错误；又因为其错误的战略，安然陷入了愈发严重的财务危机，并在自欺欺人中走向毁灭。

有毒的安然文化

从价值观上来说，安然公司就出现了严重的偏差，它最重视的要素，既不是客户，也不是人才，而是效率和利润。在效率和利润至上的价值观下，安然建立起被称为"压力锅"的企业文化。从整体上看，这是一种结果导向的文化，而结果导向文化在企业中本来没有问题，问题在于产生它的土壤。安然对结果的重视，仅仅就是对效率和利润的重视，没有去告诉人们，追求效率和利润背后需要肩负怎样的使命，需要坚守哪些原则。结果就是，安然的结果导向变成了唯利是图的导向。安然的员工说，公司之所以不断发展，就是金钱在发挥作用。随着公司不断发展,金钱的作用越来越大。所有人都知道每时每刻的股市行情,那些赚了钱的人为此狂喜不已。一位交易商还记得他的同事在交易日结束后站在桌子上大叫:"我真阔!"

1997年,安然首席执行官杰弗里·斯基林在全公司范围内采用了一套绩效评估程序:对同层级的员工进行横向比较,按绩效将员工分为五个级别,这些级别决定了他们的奖金和命运。每六个月员工和经理们就要重复这一评估过程。失败者迅速被淘汰,获胜者会留下来,做出最好结果的员工可以得到数百万美元的奖金。但是由于唯利是图的根基,安然的绩效评估系统"赢者通吃"的导向导致个人主义甚嚣尘上,每个人都从自己的角度出发,追逐更大的利益,为此不惜损害他人和集体的利益。"人们独立完成自己的所有工作,"一位安然的老员工说,"原因很简单,如果我和约翰是竞争对手的话,我为什么要去帮助他呢?"

更可怕的是,一些员工为了自己的利益可以放弃道德底线,采用各种不正当手段,踩着别人向上爬。在安然公司工作了18个月的信息技术合同工查尔斯·图尔其赫说,有些经理说谎,篡改他们想开除员工的记录。一位留在该公司的交易商也说:"安然公司真是个令人不快的工作地点。这里的竞争激励到了荒唐的地步,简直就是道德败坏。我每天晚上都要锁好我的办公桌,以免同事偷窃我的成果。"与此同时,弄虚作假以掩盖错误,从而保住个人利益,也成了一股安然内部的风气,最终导致公司不断隐藏债务、编造数据,积重难返。

追逐利润的个人在盲动中开始向对自己有利的掌权人靠拢,以求得自己的前程,这形成了安然内部派系林立的山头文化。前安然公司员工萨莉·埃森说:"今天你受到了青睐,明天就可能失宠。你知道谁得势,谁失势,你希望继续与这个组织联系在一起。为此,你会去做你所能做的一切。"安然公司的一些前高级负责人说,对高级管理人员来说,他们的升迁往往取决于争夺对公司的战略以及奖励之控制权的高层斗争的结果。

在这种唯利是图和个人主义的文化中,安然的大量员工越是陷入对利益的狂热追求,越是对企业、他人不信任。2001 年一次 4000 余人参与的内部调查中,30% 以上的员工说,他们不会死心塌地留在安然公司;42% 的人说,公司更注重"为自己利益服务";39% 的人说,公司已经变得越来越"傲慢";37% 的人说,公司已经不那么"可信"。

正如 2002 年 1 月 27 日美国《洛杉矶时报》发表的《傲慢和贪婪葬送了安然公司》一文指出,安然公司变成了唯利是图的集合体,金钱的作用越来越大,致富与头脑聪明被混为一谈。安然利益至上,忽视客户、人才利益的毒性文化土壤,迅速腐化了从土壤中生长起来的一切机制,也愈发驱动着安然高层以自我膨胀、贪图利润的思维做出错误的决策。

错误文化导致错误战略

唯利是图文化从根本上来说就是一种"我想要"的文化:只求索取,不愿给予;只求自我满足,不顾社会责任;只注重自己的妄想,而忽视实事求是。在这样的文化牵引下,安然高层陷入了盲目的自我中,不断地膨胀,最终陷入悲剧。

安然做实业时,其战略理念为"专注战略",这是一种脚踏实地、用心于一的战略。但对利润的渴求让安然开始了自己的"创新之旅"——只要能够赚到暴利,就是创新。安然决定在 20 世纪 90 年代甩掉自己传统实业的"土老帽",戴上"知识经济""科技企业"的新帽子,从而急功近利地向金融投资等领域拓展。1997 年安然的业务扩大到天然气衍生金融产品的交易,2000 年"商品交易"占安然销售的近 90%,这些合约形式包括利率掉期、金融衍生物和其他复杂的金融商品。特别是 1997 年,年仅 36 岁的安迪·法斯托被任命为安然 CEO 后,开始了在市场需求有限的情况下新一轮的"超常规"扩张,这时的安然已经从一家大型的能源公司,沦为一家从事能源产品相关交易和衍生交易的"对冲基金"。

在盲目的扩张中，客观实际已经不再重要，战略目标设计变得空洞，不再有指明道路的意义。例如，一次安然公司的执行委员会开会，原来的企业目标——"世界一流的能源公司"，似乎已无法跟上公司发展的需要，于是最后确定的企业目标是"世界上最酷的公司"。明明这是一个偏离客观实际的设定，说明安然已经完全不知道自己的主营业务是什么，当时安然的总裁杰弗里·斯基林却称赞道："这个目标体现出了一种改革创新的精神！"

安然的迅速扩张带来的是严重的消化不良，在许多领域都无法扎根。通用电气前总裁韦尔奇就这样评论过安然："通用电气过去与安然有很多合作，安然是第一流的石油天然气供应商，但是安然后来转向了贸易，对这一领域它们完全不熟悉，而且雇用新的人员，改变了自己的企业文化。"这种在陌生领域的盲目扩张带来了巨大的风险，例如在 2001 年第二季度，仅是安然寄予厚望的宽带业务，就亏损高达 1.09 亿美元。

业务上的亏损和扩张导致的负债，更加激发了安然对利润的渴求，为此安然不惜跨越法律界限。安然先后成立了多家离岸公司，用离岸公司来避税，提升公司盈利。离岸公司的设立使安然得以随心所欲地调遣资金而不被注意，同时掩盖了公司的经营亏损。

同时，为了保持股市上的"欣欣向荣"，为自己赚取更多的收益，安然的高管也在绞尽脑汁地财务造假，以此来保持投资人的信心。

一边是离岸公司、财务造假营造的巨大泡沫，另一边是内部秘密交易盛行，安然的一切行为最终脱离了企业的概念，变成了纯粹的欺诈。流入的钱大多数都拿去填了唯利是图的高管们的欲壑，客户、员工、投资人成了最大的输家。这种层层累加的弄虚作假，终于在美国经济逐渐遇冷后开始支撑不住了，导致安然的最终崩溃，曾经许多显赫一时的高管也因他们的铤而走险，最终锒铛入狱。

2002 年 5 月 25 日，《商业周刊》的文章《企业环境滋生舞弊》，一针见血地指出：安然的失败并不仅因为做假账和所谓的高层腐败，还归咎于它的企业文化。它一直强调收益的增长和个人的主动性，加之缺乏通常的公司制衡机制，使企业文化从推崇进攻型战略变为日益依赖不道德的投机取巧。最后，公司对没有经验的年轻管理者过度宽容，又缺乏必要的控制手段使失败的可能性降至最小。它是一家在不太可能开展的业务上错误地投入了太多赌注的公司。

文章的观点直指安然失败的根因——企业文化完全畸形。这种畸形的文化导致了安然公司的战略决策逐渐变形，最终为了利益完全失去了做企业的初心，自甘堕落。安然的轰然倒塌对企业的警示是：要让企业的战略回归客观，脚踏实地。为了在战略上做到这一点，就必须回到企业文化端，塑造求真务实，真诚为客户、人才着想的理念，让企业就算遇到了"热钱"，也能够通过企业文化找到初心，回到应该走的正确道路上。

第七章
· CHAPTER7 ·

企业文化是领导力的内涵

太上,不知有之;其次,亲而誉之;其次,畏之;其次,侮之。信不足焉,有不信焉。悠兮其贵言。功成事遂,百姓皆谓"我自然"。

——《道德经》

第一节 什么是领导力

一、领导力：带队直面挑战的力量

很多次，我和过去的下属再聚首，夜深灯明，饮至半酣，我们都会情不自禁地回想起当年在中东、非洲开拓市场的日子。

那时我们聚首在巴格达的一个院子里，战火纷飞，水电全断，我们在夜色中听着炮声，数着星辰，那些微光好像总有被深邃的夜空吞噬的危险。

那时我们一般凌晨才碰头，因为晚上我们都要跟客户觥筹交错，洽谈生意。只有到了夜深人静，我们才跨越城市聚在一起，复盘当日的工作。

组织刚刚建立，百废待兴；市场也只是刚刚进入，强敌环伺；环境更是恶劣，局势不稳，危机四伏，生活条件远达不到国内水准。但是我们的队伍没有被这些负面因素所控制，从来没打过退堂鼓。我们心中有理想、有目标，在夙兴夜寐的艰苦奋斗中，一步步地完成组织交给我们的任务，将这些难啃的市场划入华为的版图。

那个时候我们只是自觉地做事，并没有想太多。直到今日，我们都已经成为中高层管理者，再回溯这段经历，我们发现塑造我们这支队伍的是领导力。

领导力来自头衔和职级吗？当企业面对"90后""00后"的年轻人时，答案越来越清楚：头衔和职级无法让这些年轻人真正信服，他们总会有质疑和挑战的心态。

事实恰恰相反，领导力是领导者的本质，领导力赋予了头衔和职级以实际的力量，让"领导者"这个词真正名副其实。

那么领导力有怎样的特点呢？

美国前国务卿基辛格认为：领导就是要让跟随他的人们，从他们现在的地方，努力走向他们还没有去过的地方。

这一观点和任正非不谋而合。任总曾经分享过一句话：战争打到一塌糊涂的时候，高级将领的作用是什么，就是要在看不清的茫茫黑暗中，用自己发出微光，带着你的队伍前进；就像希腊神话中的丹科一样，把心拿出来燃烧，照亮后人前进的道路。

从领导的定义中，可以窥见领导力的特点：面对未知、困境，具有超出他人的精神、眼光，凝聚并引领他人重新找到求胜的斗志，鼓舞他人走向未知，直面挑战，破除困境。

首先，领导力是一种特殊的人际影响力。组织中每个人都会影响他人，也会受到他人的影响，但是具有领导力的成员，总是能将自己的影响力最大化，从而影响到最多的人，并将影响力转化为引导大家行动的力量。

组织中的每个人都具有潜在和现实的影响力，使他们有可能扮演领导的角色，无关乎他的角色、头衔和职级。越是在具有巨大变数的关键时间，具有领导力的个体越有可能将他的这种影响力发挥得淋漓尽致。在危急关头能够迅速展现领导力的人，不管其有何身份、地位，总能迅速获得信任，创造奇迹。

中国历史上最具典型的例子，就是虞允文领导的采石之战。

1161年9月，金主完颜亮亲自率军出征，"兵号百万，毡帐相望，钲鼓之声不绝"，宋军在金军的强大攻势面前简直不堪一击。金军长驱直入，抵达长江北岸，直逼南宋都城临安。主将王权畏敌如虎，连弃合肥、和州二城，后遭到罢免。此时文臣虞允文以中书舍人参谋军事的身份，来前线采石犒劳部队。

当时接替王权的主将李显忠还没到任，敌军四十万在江北虎视眈眈，宋军仅一万八千人，且都是王权的败兵，群龙无首，军心涣散。虞允文见状，毅然招来诸将，勉励他们为国尽忠尽义。有人劝他说："你是受命前来犒劳部队的，没受命督战，要是有人因此举报你，你要担这个责吗？"虞允文愤然回应："现在国家社稷都在危险中，我能避到哪里去？"虞允文的强大精神感染了诸将，大家重新燃起了与侵略者决一死战的热情，凝聚为一个听命于虞允文的整体。

虞允文同时也展现出了他优秀的军事素质。他将战船分为五组，两组横江；一组驻扎长江中流，隐蔽着精兵待战；最后两组藏在小港中，以备不测。金军轻敌冒进，攻入宋军阵。宋军毕竟人少，稍稍向后退却。千钧一发之际，虞允文亲入战阵，将士士气大振，与金军死战，最后取得大捷。紧接着不久，两军再战，宋军焚烧敌船三百艘，金军遁去。一场关乎国家存亡的战争，就这样由一位临危受命的文臣化解，留给千年后的人们的，依然是荡气回肠的力量。

从这个案例中，我们可以看出领导力与管理的不同之处。

领导力不同于管理。管理总是将人、事、物变得确定、规范，按部就班地展开行动；领导力面对的永远是不确定的环境、未知的未来、危机并存的市场、巨大的挑战和责任。管理一般需要组织授权，并通过组织行权，是有组织和体系支撑的；领导力则不一定如此，组织甚至不一定是前提条件，关键时刻无授权的勇者（比如虞允文），也能很好地通过展现领导力，获得实质的权力。管理一般是用固定的组织面对稳定的客户和队伍；领导力则往往面对的是什么都没有的局面，要从无中生出客户和队伍，变革自己的组织。简而言之，管理趋向于日常，领导力趋向于非常，它们是商业中常态与变化两种不同情境的不同应对。

正如约翰·科特在《领导力革命》中所说："管理是通过计划、预算、组织、人员配置、控制和解决问题来维持现有体系运作的一种活动；领导则是通过个人和文化发挥作用，它是软性的、热情的。管理通过层级和系统发挥作用，它更生硬、更不涉及感情。"

为了应对这些危险和挑战，领导力的基础是个人的能力，而非组织能力或其他客观要素。这些能力包括强大的意志力、对形势的洞察力、对事务的创造力、对他人的凝聚力、坚实的业务和管理技能。与这些能力匹配的，还有对于组织的正确观念：主人翁意识、担责意识、利他意识。只有拥有这些能力和正确观念的个体，才能够超过他人，脱颖而出，带领他人向着挑战前进，并用一次次艰苦卓绝的胜利，打造强大的队伍。

二、领导力的境界：从有为走向无为

以前和一位企业家讨论起领导力的基础时，他告诉我："一个人有没有领导力，基础在于他有没有通过自己的努力获得大家的信任。没有信任就没有领导力可言。"

这话与詹姆斯·库泽斯和巴里·波斯纳不谋而合，在两位的著作《领导力：如何在组织中成就卓越》中，他们认为诚实、有胜任力、能激发人、有前瞻性是领导者的四项基本品质，其中前三项构成了"信息源的可信度"。他们因此认为，信誉是领导力的基石。

我赞同"信"作为领导力的基础，不过我也在思考：就算有了"信"，领导力有没有不同的境界？"信"本身有没有不同的层级？

根据观察，我将我见过的具有"信"的团队分为三个层级。

第一层级的团队，他们的"信"需要反复确认和沟通，处于因为看见才能相信的状态。下属面对问题，总是会有担心和疑虑，他们相信领导者比自己更有能力，因此总是依赖领导的指示，需要不断和领导探讨。团队对领导的信任，也是建立在眼见为实的基础上，只有通过不断地进行成功和利益的分享，才能维持这种信任。一旦进展不顺、前途不明，疑虑就会再度升起。这样的团队，领导者奔波忙碌，战战兢兢。

第二层级的团队，他们对领导者无条件地信任，领导者一声令下，大家就毫无疑虑、不打折扣地执行。但是在领导者之下，下属互相之间遵循的依然是看见才能相信。他们需要互相揣摩和试探，不断确认对方可信，才能够开展协作。这样的团队，领导者要不断地施展自己的权威，以保证大家形成合力。

第三层级的团队，不论对领导者，还是下属互相之间，都能保持信任，处于因为相信而看见的状态。他们就像古罗马训练有素的军团一般，能够架起盾阵，冒着箭雨向目标前进。在前进的过程中，每个人都无条件地信任对方，相信左右的队友能够用盾牌照应自己，因而每个人都心无杂念，自然而然地向着目标挺进。无形当中，每个人都成了相互的领导。如果其中任何一个人对队友产生疑虑，那么他就会在动作上跟不上节奏，导致掉队，甚至影响到左右队友的安危。这样的团队，领导者操作最少，只需要高瞻远瞩，给出指令，队伍自然就会协同作战，合而为一。

从"信"的层级可以发现，领导力同样存在境界。境界越高，领导者动作越少，使用领导力就越轻松自如。

《道德经》有一段话：太上，不知有之；其次，亲而誉之；其次，畏之；其次，侮之。信不足焉，有不信焉。悠兮其贵言。功成事遂，百姓皆谓"我自然"。这句话给了我启示，我可以根据团队成员对领导者的态度，划分不同境界的领导力。

第一重境界是"侮之"，也就是团队成员完全不信任领导者，心里不承认领导者的言行，也就毫无领导力可言。

第二重境界是"畏之"，这有两种可能：第一种是领导者和大家的关系非常生疏，团队成员不了解领导者，领导者又非常有权威，团队成员自然出于自我保护而敬畏领导者；第二种是团队成员已经了解领导者，说明领导者在能力上确实有超出团队成员的地方，并且为了达成目标，他往往手段严厉，所以大家畏惧领导者，经常处于紧张状态。

第三重境界是"亲而誉之"，也就是说，领导者获得了信誉，他通过个人的能力和对他人的关爱，成功地用自己的亲和力团结大家。团队成员往往对领导者有很强的依赖性。

第四重境界是"不知有之"，也就是说，每个人都成了自己的领导，最大限度地发挥自己的能动性。大家不需要依赖领导者，而是在指令下达后，自然地开展工作，自然而然地攻克目标，不需要去时刻想起领导。这种情况，领导者的操作最少，反而效果最好，这就是"悠兮，其贵言"。

领导力到了第四重境界，也就真正地从有为走向了无为。在领导者无为的表象下，是所有人都将领导者具有的精神、观念、能力内化，从而实现了自我成长和超越。这样的领导力是领导者追求的最高境界：领导者通过领导力的传承，真正打造出一支自行运作、长治久安的团队。当他在任时，他不需要展示自己的全能，牢牢地掌控一切，而是观其大略、抓住大局，把更多的机会留给团队中的其他成员。当他离开后，团队能够依然如故，并不会因为领导力的突然缺失而陷入对前任的追念。这是因为领导者为整个团队留下了一套渗透进骨髓的文化，足以指导团队既始终如一又不失灵活地向着一个个目标冲锋，形成自运转的有机体。

如何在文化的影响下，让领导力从有为走向无为？这就是接下来要探讨的主要内容。

拉姆·查兰的《领导梯队：全面打造领导力驱动型公司》[一]中对此有详细的分析：组织领导力是从集团最高领导到员工都应具备和体现的、不同能力的组合。但组织领导力的强大不等于每个层级都有一个或几个强大的人物，而是各个层级都有其完善的领导力要求，并且具有能够充分地与上至董事会、下至客户的关联人群进行互动，理解并满足其要求，将后续任务清晰地分解并传递给下一梯队，最后又能将完成结果反馈回任务发起人的顺利而快速的执行能力。

第二节　文化激活自我：领导自己，肩负他人

要想成为领导者，首先要具有领导力。要具有领导力，首先要激活自己、领导自己。文化是激活自己的最重要方式。

㊀　该书已由机械工业出版社出版。

很多职场人缺乏领导力的塑造，这是组织的失职，同时也和他们自身的认知有关。"领导者"和"领导力"这两个概念，在很多人眼中被过度神化了，以至于他们看到这两个概念会想到：一是那些大权在握的老板、高管，似乎自己和他们差得非常远；二是那些具有强大个人魅力的领袖，似乎也和自己不沾边；三是领导力似乎是一种天赋，一些人生来就有，自己不是那类人。在这些想法的限制下，人们失去了训练自己领导力的可能。

对于观点一，我需要强调的是，只要有团队，就会有领导者，领导力是一个团队自然而然产生的需求。一位职员既可以是被更高层级所领导的执行者，也可以同时在他的同级和下级中成为领导者，二者并行不悖。只要一位职员实际上能够用他的影响力不断团结他人，直面挑战，达成目标，甚至帮助他人成长，那么无关乎职级或地位，他就是团队中的领导者，就是团队中最有领导力的人。

对于观点二，我需要借用"组织文化大师"埃德加·沙因的说法："魅力是文化创造的重要机制，但从组织或社会的角度来看，魅力不是一种可靠的植入或社会化机制，因为拥有魅力的领导者很少，其影响也很难预测。"个人魅力是一个非常含糊的概念，其中可能有很多先天的因素，比如外貌、性格、兴趣、对某一领域的敏感等，这些因素并不是学习得来的，并且这些因素也远远不能和领导力画等号，不然这个世界上的领导者应该凤毛麟角，现实并非如此。我们需要的是，提炼那些共性的、可被学习的因素，作为培养领导力的基础。

对于观点三，我赞同詹姆斯·库泽斯和巴里·波斯纳的观点，即每个人都拥有领导潜质，从而能够学习和掌握领导力，关键在于要将这种潜力激发出来。

破除错误认知后，我的观点是：一个人只要拥有正常的沟通能力、共情能力，以及和团队、岗位相匹配的知识、技能基础，他就有激发领导力的可能。

一个人要激发领导力，需要在团队中发出能够被聆听和信赖的声音，而这种声音是他自我探索后，形成文化自信的结果。按照詹姆斯·库泽斯和巴里·波斯纳的说法："要找到自己的声音，就必须深刻探索自己的内心。你必须明确自己真正关心的是什么，是什么让你与他人区别开来成为你自己，你只能在自己信守的原则指导下进行真诚领导，否则你只会敷衍了事。"

个人信守的原则，也就是核心价值观，来自你的基本假设。我认为，一位企业的领导者，首先应该有如下基本假设：

（1）他相信世界处在永恒的变化中，事情是可以变化的，人同样是可以变化的，关键在于正面应对这些变化。

（2）这种变化中存在着规律，可以凭借自己的努力探索逐渐把握，将变化转变为正面的效应。

（3）人是做事的根本，人除了动物性的一面，还有超越性的精神，可以在引导、学习下，激发成长、超越的潜力。

其次，在基本假设下，你可以推演出以下的文化要素：

（1）精神应对变化：由于变化是常态，因此无须害怕变化，勇于直面变化、认识变化、利用变化是关键。勇敢意味着激发自己的精神力量。变化中出现的一切挑战，需要首先激发向上、进取、奋斗的精神来应对。没有精神力量的支撑，领导力无从谈起。

（2）成长型思维与创新精神：变化也意味着没有一劳永逸的法则，人需要争取不迷信任何权威，但又可以不抱偏见地向任何对象学习，不断刷新自我，并用创新精神创造性地解决问题。变化有内在规律，也意味着人需要不断学习和实践，提炼和总结符合规律的方法，并逐渐培养领导力所需的前瞻性。

（3）使命愿景构造发展观：树立强有力的使命愿景，从而确立远大目标和大致路径，以此衡量自己的所作所为是否推动了企业的发展进步。相信了使命愿景，变化就不会扰动自己，导致自己停留在变化产生的问题中，他人也会被自己的信念所感召。一切问题都要在面向使命愿景中逐步解决，也只有大方向上的发展与进步，能够带来解决问题的希望。有了发展与进步的方向，才有领导的方向可言。

（4）坚守主流：由于人的优先度高于事，所以企业如果有既定的文化，则需要旗帜鲜明地倡导和遵守企业文化，在人上形成凝聚力。企业文化作为该企业的主流认知，是整个团队都知晓的信条，倡导和遵守企业文化是团结企业成员的基础。

（5）人本主义：事在人为，要把事情做好，达成使命愿景，一群优秀的、团结的人是核心。人是所有因素中最底层、最尊贵的。除人之外，所有其他因素要么是静止的、有限的，要么是在创造性上无法发生质变的，一块钱不会自己变成两块钱，一匹马永远不会造出轮子，只有人因为有思想，才存在无限的需求和无限的潜能。如果能紧跟客户的无限需求，就不用考虑会不会没有利润；如果能不断激发团队成员的无限潜能，就不用担心是否能跟上客户的无限需求。

（6）利他主义：人和组织终究是社会中的存在，其生存所需是他人给予的。越是从自我出发去努力，越是容易受到外在反作用力的冲击，遭到团队成员、客户、社会甚至是自然的否定。反之，从外在出发，反而会通过对更多他人的满足，最终获得他人的信任，得到回馈。这就是利他主义的路径。

要激活和培育领导力，用以上文化要素首先修炼自我，是必要条件。只有先领导自己树立坚定的理念，发挥强大的精神，不断超越自我，怀有强烈的使命感，把他人先扛在自己肩上，并以此时时刻刻砥砺自己，才能够领导他人，他人才能真心地接受他的领导。这就是先内圣，后外王；先格物、致知、诚意、正心、修身，后齐家、治国、平天下。自我领导的基础打扎实了，拿着这一套先进文化去领导他人，就是水到渠成的事情。

第三节　用精神锻造影响力

作为企业文化的内核，将领导者一人的精神注入整个团队，打造具有强大精神的队伍，是领导力长期发挥作用的关键。

一个具有强大精神的团队，即使组织崩塌、管理失灵，团队成员也能用精神力量重新振作，再建组织。

一个具有强大精神的团队，会向外散发出强大的力量，连感知这种力量的人都肃然起敬，从而在一开始与客户、人才接触时，就给对方留下良好印象，达到事半功倍的效果。那些加入团队的成员，也会被强大的精神力量营造的向上氛围所感染，逐渐激发出自己的精神力量。

汉文帝去周亚夫的细柳营犒军，只和军门都尉、壁门士吏、将军亚夫三人打了照面，总共听了三句话，就被周亚夫军队的精神面貌所感染，敛容俯身向军队表达敬意。离开细柳营时，"群臣皆惊"。想要打造这样的团队，领导者除了整肃纪律以外，更需要重视激发精神力量，以打造团队整体的精神力量。

一、用正面的精神面貌带来信心

要激发整个团队的精神，第一步就要领导者本人能够展示强大、正面的精神。只有领导者身先士卒，用强大的精神感召他人，与他人形成精神上的共鸣，才能逐渐在领导者与团队、团队成员与团队成员之间，达成精神上的默契。这种默契能够形成信任和信心。

根据第三章的论述，领导者需要展示以下三种精神面貌。

1. 创新精神

创新精神面貌，意味着领导者通过自己，向团队成员揭示世界的特点——不断变化，而只有保持创新，才能与变化共舞，形成向上变化的可能。激活创新精神，意味着团队成员不再纯粹地循规蹈矩，按部就班地规划自己和自己的工作，而是不断地投身于变化中，根据变化做出敏捷反应，从而达成自我成长与团队成功的目标。

为此，领导者第一要展现的，就是对危险和机会的敏感度。他的创新精神必须不断刺激他深刻研究身边发生的变化，从而前瞻性地找到危险和机会，为转危为安留有准备时间。

领导者第二要展现的，是他强烈的好奇心、学习能力，以及对创新方法的欢迎。在下属的眼中，首先他是一个自己能不断用创新方式解决问题的人；其次他应该是一个不断学习、不耻下问的人。对于他人的任何新观点，他的第一反应都是接受和分析；对于那些似乎可用的新方法，他会勇于进行验证；对于能够起到效用的新事物、新思想，他总能不吝赞赏，如果是自己的团队成员创造出来的，他更能及时给予激励和奖赏。

领导者最终要展现的，是自身的不断成长与超越，这是他不断学习、探索、创新的结果。"士别三日，当刮目相看"，一位具有创新精神的领导者，当一段时间共事后，团队成员在回忆他时，会发现他在一些地方一直有所进步。而那些过了一段时间再接触他的人，往往会惊讶于他的变化。

这样的领导者，往往会给团队成员一种信心，相信他总能给团队带来机会，也总能更轻松地面对形形色色的困难。

2. 进取精神

进取精神是面对目标发起冲锋的动力，作为冲锋中应该身先士卒、一往无前的领导者，他应该永远保持比团队更超前一步，以此为团队指明方向，给予团队勇气。

为此，领导者第一要展现的，是永不满足，尤其是不自满。他永远在成功和收获之后，在为团队提供适当的欢愉与释放后，又树立新的冲锋目标，再一次时刻为此积蓄力量。

领导者第二要展现的，是对目标专一的意志。一旦目标确立，领导者就矢志不渝、心无旁骛地对目标展开研究，并不断尝试向目标挺进。这个过程中除非企业给出了明确的反对指令，否则领导者不会为任何其他事情分心。

领导者第三要展现的，是不畏困难的勇敢。通向目标的道路中一定有很多未知和挑战，但是领导者不会为这些挡在眼前的障碍所动，而是为了达成目标，勇敢地面对并破除障碍。

展现进取精神面貌的领导者，锻炼的是一支眼里只有目标的机动队伍，即使他们破除障碍、达到目的的路径灵活，但向着目标挺进的精神默契统一，从而形成在任何时候都可以放下争执，为了目标而协作的底蕴。

3. 奋斗精神

保持强烈奋斗精神的领导者，需要保持两个相信：

第一，相信苦心人天不负。要创造成功与幸福，只能靠自己的艰苦奋斗。他对艰苦奋斗早已习惯，甚至在奋斗中找到了精神的愉悦。因此，他不但自己乐于艰苦奋斗，也会赏识那些艰苦奋斗的成员，不断肯定他们的态度，并奖励他们艰苦奋斗换来的成果。

第二，相信量变会产生质变，只要功夫深，铁杵自然磨成针。他会避免自己被投机取巧所诱惑，而在面对困难时，不断地实践、总结，再实践，以积累足够的经验，找到破除困难的契机。

能把奋斗精神传递给团队的领导者，将会得到一支脚踏实地的团队，团队成员在任何困难面前都不会乱了阵脚，而是通过艰苦奋斗，不断扎根，最终破局。

好的领导者，需要每时每刻向团队展现这些向上的精神面貌。即使领导者的情感是愤怒的、激动的，只要他在发出这些情绪时，同样展现出正向的精神面貌，那么他仍然能感召那些与他精神底蕴相通的成员。

与此相反，作为领导者，最忌讳的是向团队展示负面的精神面貌，例如对目标的迷茫不解，对问题的不愿担责，对成功的自足自满，对失败的沮丧埋怨。即使领导者在表现这些精神面貌时足够冷静、理性，也会极大地挫伤团队士气，导致积累的信心和精神力大打折扣。

更致命的是，精神很容易流露出来，被他人察觉。尤其对于一支新成立或者处在巨大压力中的团队来说，领导者时刻都处于团队成员的观察之下，领导者稍微流露出负面的精神面貌，就很容易在团队成员间转化为猜测和不安。

因此，领导者更需要时时刻刻注意自己的精神面貌，把负面的情绪藏在心里，展现给大家更积极的面貌。一旦负面精神有所流露，领导者应该迅速对成员进行澄清，并调整自己回到一致的正面精神面貌中。

二、日常注意培养精神

养兵千日，用兵一时。也许精神力量更多的是为了应对非常时刻，而日常可以通过流程、制度解决大部分的事情。但是，如果没有平时对精神的培养，很难指望到了需要激发精神的时刻，团队能够摇身一变成铁军。为了培育起拥有三种精神的团队，领导者日常就必须下足够的功夫，把精神的培育放到日常事务之中。

感知团队成员的精神，挑选合适的成员。精神作为自然向外散发的力量，很容易被人感知，尤其是一个人前后精神发生变化时。一位合格的领导者，善于在日常的交往过程中，敏感地察觉团队成员的精神面貌，并以此来展开工作。

- 一位精神面貌长期偏向负面、涣散、萎靡的人，领导者如果没有足够的精力解决他精神上的困顿，那么也许就不能选择或任用他。
- 一位精神面貌紧张、犹疑的人，领导者可以去了解他紧张、犹疑的原因，也许他的紧张、犹疑是出于想把事情做好，却不知道方法而产生的压力。那么领导者需要帮助他把做事情的逻辑理顺，指导他在团队中获得更多他人的帮助与协作，让他更快速地脱离适应期，并把压力转化为正向的精神。

- 一位过去是正向精神，却突然转变为负面精神的成员，是领导者需要关心的关键对象。这些人的急剧转变往往出于三种可能：第一种是团队内部的问题，比如他感觉到自己的正向精神在团队中的施展受阻，并长期得不到解决，那么领导者需要审视团队，并进行优化；第二种是目标达成问题，比如他长期目标达成不顺，从而出现自我怀疑，那么领导者需要帮助他复盘不顺的原因，并激发他继续向目标前进的斗志；第三种是他个人身边发生了变化，比如家庭变故、爱情变故等，那么领导者需要及时给予他和他身边的人关心，让他感到组织给予他的精神支撑。

在辨明团队成员的精神面貌之后，领导者就可以对团队成员进行合适的选、用、育、留。首先，领导者会把那些精神力量最正面、和自己精神最共鸣的成员，视为可用的骨干。在验证了他们的能力和价值观后，可以迅速提拔这些人，并通过他们向下传导精神。其次，对于那些精神力量不明显的成员，领导者需要对他们进行进一步的精神激发。

进一步激发精神的现实基础是不断成功，以提振和保持成员的士气。幸运的是，在日常这是非常有把握的事情，因为绝大多数日常事务的方法和道理，已经被总结沉淀，照着执行并加以发挥，总能获得成功。领导者需要注意的是，让不同才能的人才在合适的日常事务中发挥他们的长处，并不断肯定和激励他们。

另外，领导者在日常也可以做一些把握性非常高的探索、扩张，并通过这些探索获得一系列小胜，在小胜中展现精神力量，引领大家形成精神默契。

日常也是人才自身能力积累的绝佳时期。

在心理学上，将人对外部世界的认知划分为三个区：舒适区、学习区、恐慌区。

- 舒适区是人感到最舒服的区域，在这些区域，他接触的一切都是熟悉的，做事情也得心应手。
- 学习区是那些会让人感觉到新鲜、有挑战的区域，但这些区域没有太远离舒适区，可以以舒适区为基础，不断熟悉这些区域，实现自我成长。因此，学习区会带来压力和不适，但可以接受。
- 恐慌区是那些和自己熟悉区域相去甚远的区域，存在着完全的未知和巨大的挑战，个人还没有想好怎么面对它。在这个区域，人会感到恐惧、焦虑、不堪重负。

在日常，大部分事务循序渐进，是量变积累的好时间。相应地，领导者应该督促团队成员不断跳出舒适区，向学习区迈进，最终实现点点滴滴的进步，扩展自己的舒适区，把更多的挑战变成得心应手的日常工作。在这个渐进的过程中，团队成员不断得到正向反馈，从而树立起自信，以及面对事物的正向精神。

三、非常时刻感召精神

与日常截然相反，非常时期虽然不会占据一个企业的多数时间，但一旦出现，则会把成员们抛到一个远离舒适、充满危险的恐慌区，也许是强大竞争对手带来挑战，也许是关键客户攻坚受挫，也许是面对全新的业务探索，也许是企业内部出现危机。这些非常事件首先将对团队精神形成巨大压力，如果精神支撑不住，团队可能会陷入士气不足的危机，从而分崩离析。

正因为此，非常时期尤其需要具有强大精神力量的领导者。首先，他们在精神的长期激发下，形成了面对挑战和压力的平常心，在日常，他们早已在心理上为非常时期做足了准备；其次，挑战和压力反而会激发他们更强烈的创新、进取、奋斗精神；最后，领导者对恐慌区的适应能力远超团队成员，那些可能让团队成员意志崩溃的困难，放到领导者这里，也许有不少是可以解决的。领导者可以通过引导解决这些造成成员恐慌的局部问题，给予成员面对全局问题的信心和勇气。

疾风知劲草，烈火见真金。非常时刻对领导者来说，除了是自我的巨大挑战，也是拣选左膀右臂的绝佳时机。那些在非常时刻精神乐观向上、意志坚定不移、永远向着目标、乐于为此做出牺牲的团队成员，那些对非常时期显得异常兴奋，认为是展现自己才华和能力的绝佳时机，并确实在非常时期起到非常作用的团队成员，是领导者最值得重视的苗子。当非常时刻过去，回到日常时，领导者需要褒奖和宣扬这些成员的精神，并花更大的精力、资源在这些成员的培养上，他们在未来很可能是团队最核心的力量。

重任在肩，领导者只有展现出强大的精神力量，才能消除成员恐慌，稳住团队阵脚，让大家重新涌起勇往直前的力量，并重新用理性去思考如何朝向目标，解决问题。正如富兰克林·罗斯福所说："我们唯一不得不恐惧的就是恐惧本身——一种莫名其妙、丧失理智的、毫无根据的恐惧，它把人转退为进所需的种种努力化为泡影。凡在我国生活阴云密布的时刻，坦率而有活力的领导都得到过人民的理解和支持，从而为胜利准备了必不可少的条件……我们的先辈曾以信念和无畏一次次转危为安，比起他们经历过的险阻，我们仍大可感到欣慰。"当20世纪30年代美国陷入经济大萧条的时候，罗斯福挺身而出，通过演说和实际行动，消除群众恐慌，重新给予大家共克时艰的精神力量，最终帮助美国走向强大。当今想要称为领导者的企业人，也只有与恐慌朝夕相伴而不为所动，在关键时刻挺身而出，以强大的精神撑起整个团队，才能创造奇迹。

第四节　使命愿景赋予领导力以意义

赋予工作以意义和价值，以此激发团队成员的精神，是领导者的重要能力，也是伟大的使命愿景的一大作用。

使命愿景的确立，赋予了团队明确的长期目标，也给予了团队成员成就伟大事业的激情，和站在企业角度看当下、未来的宏观视野。团队成员需要相信，在使命愿景的指引下，在一个相信使命愿景的团队中，他们可以成就单靠自己所不能完成的伟业——这是他们超越狭隘的个体生命，走向无限生命的一座桥梁，自己不能失去这样一次宝贵的机会。

领导者想要长时间领导团队，必须通过使命愿景长期牵引，而使命愿景所确立的道路自信，也赋予了领导者的领导力以正当性。只要他的思路和言行都是对愿景的分解，对使命的践行，相信使命愿景的团队成员就自然进而信任领导者的决定，并在号召下跟随领导者一起行动。

要塑造对使命愿景的相信，领导者自己首先要树立大旗，并遵循使命愿景，这非常重要。同样重要的是对团队成员使命愿景的了解，这点需要在领导者熟悉团队成员的过程中，有目的地获取相应信息。

除了日常工作和工作后的交往沟通之外，领导者有必要营造一个放松的、与工作无关的场景，让大家在这一场景中放下工作，敞开心扉分享自己的成长旅程和心路历程。

微软 CEO 纳德拉深谙此道。在上任后不久，他就邀请为刚获得"超级碗"冠军的西雅图海鹰队做培训的心理学家迈克尔·热尔韦博士，为微软的高级管理团队开展"正念"训练课。在热尔韦博士的专业引导下，高管们逐渐放松，并最后开始互相分享个人的爱好、人生哲学，以及如何将工作与生活联系在一起等话题。纳德拉从中获取到许多平日所不能涉及的信息，并且他也顺理成章地向高管们分享了自己的梦想、使命、价值观。

在一系列的交往沟通中，领导者可以得到以下重要信息：

（1）成员的童年梦想，后来梦想的变化。

（2）成员所崇拜的偶像，偶像的哪些品格、行为影响了他。

（3）成员对后代的期望。

（4）成员的亲朋好友对他的期望。

（5）成员对企业、国家、社会的期望。

从第1、2点中可以推断一位成员所拥有或曾拥有的个人愿景，以及他通过偶像塑造的自我期望的理想形象。这种个人愿景、理想形象可能在成长过程中逐渐变形，成员也可能因为现实压制了自己的个人愿景，便放弃了对理想形象的追求。但一般来说，除非已经有了新愿景，否则成员的个人愿景、理想形象与他的现实状况差距越大，在他心灵深处越隐藏着深厚的实现个人愿景的渴望。如果企业的确有能力在第1、2点上有所作为，帮助成员看到，如果他努力工作，可以有一个实现或部分实现曾经梦想的机会，将会激发成员的巨大热情。

从第3点中可以推断一位成员当下潜意识中对自己的期望，以及不能实现期望的遗憾，他会下意识地把这种对自己的期望和遗憾投射到自己后代身上。领导者首先要明确达成这些期望，成员自己需要为后代做什么，激发他的责任感；其次发掘这些期望中哪些实际上是成员对自己的期望，从而帮助他厘清自己的愿景，再寻找他的愿景与企业愿景的契合点。

从第4点中可以推断一位成员所肩负的期望，这种期待是他成长过程中与他关系最密切的人们给予他的，并部分地影响到他的人生道路。如果一个人对自己的期望与亲朋好友对他的期望重合度非常低，那么，要么他会与周边的人长期处于紧张逆反的关系之中，个人也会背负巨大的心理压力；要么他会因为两种期望相差甚远而感到迷茫和不知所措，甚至不再为其中任何一种期望努力；要么他会压制自己的期望，选择妥协，但内心仍然处于挣扎中。领导者如果能激发成员对个人愿景重新燃起热情，帮助他超越亲朋好友的规划，向他的亲朋好友传递他的进步，并通过可预见的成功来让他与亲朋好友达成和解，那么不但能让员工的后方更加稳固，对企业心存感激，也更能激发他的工作热情。

从第5点中可以推断一位成员对企业、国家、社会的观点，从中显示出他愿意为怎样的企业、国家、社会效劳。领导者需要的是将他们头脑中理想的企业、国家、社会，转化成他们需要努力建设的未来愿景，从而把应该成为的梦想和如何去实现梦想的实际工作结合起来，赋予工作使命和意义。

总之，领导者需要通过在沟通中获得的信息，整理出团队成员的个人愿景。个人愿景与企业愿景的重合度越高，该成员对企业使命愿景的自发认同度就越高，个人的精神力量就越容易得到释放。

这点说明领导者有义务将个人的不同愿景厘清，并将个人的愿景与更宏大的企业愿景结合起来，让大家感觉到，随着企业愿景的逐步实现，自己的个人愿景也能够随之实现。

为此，领导者需要不断创造和团队成员交往沟通的场景，耐心地聆听大家的心声，让大家有足够的参与感和被尊重感，借机帮助大家厘清个人愿景，并告诉大家如何在企业愿景的引导下实现个人愿景。

除个人愿景之外，个人同样肩负着为他人、为社会的使命，但这点对于多数人来说，很难考虑到。领导者要做的，是赋予团队成员的工作以利他的意义，并通过团队成员对利他意义的深入感知，转化成对使命的追求。这需要做到：

（1）通过沟通，明确地说明企业的使命，并进一步说明团队成员现在的工作不仅是他们谋生的手段，还能够为团队、企业、社会提供怎样的帮助，从而赋予他们的工作使命感。

（2）鼓励团队成员互相肯定工作贡献，形成我为他人，他人必有正面回馈的利他主义思维。

（3）带领团队深入所服务的客户，让他们聆听客户的声音，建立与客户的联系，从中生起对客户的责任感。

（4）树立努力工作的典范，展示这些典范为他人、社会带来的价值，从而将一件工作引入宏大的社会叙事中，通过这种叙事，赋予团队成员以工作的神圣感。

（5）展现企业发展的历史，揭示企业如何为社会做出贡献，企业的使命从何而来，参与其中的成员会如何被历史所铭记，为后人所学习。这将极大感召团队成员参与到建设企业的伟大历史进程中。

人是社会的动物，到头来，人还是会希望通过自己对社会的贡献，得到社会的认可与回馈。越早想明白这一点，个人越有可能通过专注于利他、利社会，达到他个人的愿景。作为比大多数人更为高瞻远瞩的智者，领导者有义务通过使命愿景的塑造与激发，让更多人更早、更快地理解利他的逻辑，让更多人能够超越狭隘的个人视野，融入社会的成功规律中。

另外，对于个人的经历和生命长度来说，想成就一番被千万人肯定的事业是极其困难的，只有投身于一个具有伟大使命愿景的组织，通过团队的合作，形成强大的力量，成就组织的社会贡献，他自己才能作为参与者、亲历者，与有荣焉，并获得周围人的尊重和后来人的铭记。这种利他的使命感与未来利他的社会回馈，必须由领导者通过企业的使命愿景，清晰地传达到团队成员心中，让他们手头再微小琐碎的工作，都因企业整体对社会的巨大价值，而闪烁出灿烂光辉。

第五节　恪守核心价值观来赢得信任

除使命愿景外，领导者在交往沟通以及日常工作中，也需要重点关注团队成员的价值观，看看他们的底线和原则在哪里，从而将团队成员的价值观与企业的核心价值观进行比照，从而有针对性地采取行动。

在此之前，领导者自己必须成为核心价值观的恪守者，必须清晰地意识到，企业的核心价值观是铁一般的支架，并将自己牢牢树立在客户、同事面前。打破核心价值观的约束，即使短期获利，也是对领导者自己形象的损害，最终影响到领导力的发挥。

因此，领导者必须率先垂范，恪守核心价值观，在面对明显有关核心价值观的决策和行动中，旗帜鲜明地坚持核心价值观红线，从而做到言行合一，赢得他人的信任。

在自己身子立正之后，领导者再来整理团队成员的价值观，可以分为以下三类来处理。

1. 主流价值观

具有主流价值的团队成员所持的价值观与企业的核心价值观重合度非常高，领导者可以将这些价值观看作企业核心价值观可以解释或囊括的内容。比如，一位团队成员的价值观是与人为善，如果企业的核心价值观是客户至上、人才为本，那么自然很容易将与人为善解释为对客户善、对人才善，从而展现个人价值观与企业核心价值观的不谋而合，增加团队成员对这些核心价值观的认同度。

对于持有主流价值观的团队成员，领导者大可鼓励他们按照这些原则继续思考、工作，对做得到位的地方进行激励，对有欠缺的地方则使用更系统的企业核心价值观，帮助团队成员在认知上进行补齐。

2. 亚文化价值观

具有亚文化价值观的团队成员所持的价值观与企业的核心价值观重合度较低，但与核心价值观也没有明显冲突。比如，一位团队成员所持的价值观是注重个性化，这对于现在愈发开放的很多企业来说，在大多数情况下并没有和核心价值观有太多冲突的地方。

对于亚文化价值观，领导者需要保持开放和宽容，同时也要注意分析和扬弃。开放和宽容，是为了囊括更多有个性的人才，促进大家把事情做好；

分析和扬弃，是因为亚文化价值观在一些特定情况中，可能与企业核心价值观相吻合，也可能会由于成员下意识地把亚文化放到核心价值观之上，导致出现偏差和背离，领导者需要按情况处理。例如，注重个性化的价值观，如果该成员宣扬这种价值观，强调自己和他人都是独一无二的，就需要被尊重，那么领导者应该表现出对那些不影响核心价值观的个性的尊重，并把这种对他人个性的尊重，引导到客户至上、人才为本的核心价值观上。但如果该成员宣扬个性化，只是单方面为了强调自己的独特性，那么就有自我膨胀、忽视客户和同事的危险，领导者必须向他强调在面对客户和同事时，应该首先遵从客户至上、人才为本的核心价值观，在此之外再充分发挥自己的个性来做好工作。

3.反主流价值观

具有反主流价值观的团队成员所持的价值观与企业的核心价值观不相容甚至完全背离。比如，一位成员展现出利益至上的价值观，在这种价值观的驱使下，他采用欺骗客户的方式获取利益，违背了客户至上的铁律。持反主流价值观的成员，因其背离的言行，往往对整个团队都具有腐蚀性。

对于这些成员，最忌讳的就是持一种"人的价值观很难改变，这个人在别的方面还挺有才能"的绥靖心态，对成员明显背离核心价值观的言行坐视不理。如果这样做，意味着领导者自己同样背离核心价值观，负面示范作用明显。

一种典型的处理方式是领导者直接拒斥这类成员，惩前毖后，并以此树立反面典型。例如，雷军就曾对员工讲过一个反面例子。他面试了一位销售高手，各方面能力都符合标准，在前公司可以将一年900多万美元的业务，用4年做到2亿美元。他向雷军吹嘘，"我的能力就是可以把稻草卖成金条"。雷军向员工揭示了处理结果：他没有接纳这位高手，因为他觉得这位销售是把名不副实的东西，用欺骗客户的方法卖出去，违背了小米的价值观。这样的典型案例和典型处理，会让小米的在场员工深刻地认识到雷军在领导中所坚守的原则，加强对核心价值观的认识，并时刻警醒自己不要越雷池一步。

另一种典型的处理方式是抱着爱惜人才的本心，对症下药，治病救人。既然这位成员有才能，却因为价值观的问题，路线走反了，那么出于企业人才为本的核心价值观，也是对他个人成长的重视，自然要通过警告、惩处、引导等方式，纠正他的价值观。在处理之后，领导者积极与其沟通，并观察其态度的转变，从而在适当的时机给予他机会证明自己。

无论哪种处理方式，企业和领导者在秉持核心价值观方面必须自信，即坚信核心价值观是公司的原则和底线。对于那些想做出事业的人才，只要与他们保持及时沟通，说清楚道理，他们会通过自己的思考，纠正自己与企业价值观相悖的观念，从而获得自我成长和超越，更加信任和感激企业，而不是把企业对他们的处理视为对他们的针对和侮辱。华为干部部部长吕克曾两次被降职，一开始他也很郁闷，但领导迅速与他沟通，让他感觉到自己在问题中负有责任。另外，华为也很快给了他新的机会，让他很快证明了自己，并重新获得提拔。这更加让他坚信华为"烧不死的鸟是凤凰"的信念，他对华为文化也有了更深的理解和信任。

领导者对价值观的整合与引导，第一个原因是为了组织、团队的默契运作，他需要大家在核心价值观上达成共识，形成一致的思维和行为准则；第二个原因则是出于人才为本，领导者自己相信核心价值观实际上是企业沉淀出的成功法则。个人在成长中自然形成的价值观，往往缺乏体系，存在缺陷，而企业通过企业家、高管高屋建瓴提炼出的价值观，往往比个人价值观更系统、更科学，不但对团队成员做事有帮助，也能够为他们做人提供指导。为了帮助人才更好地自我成长和超越，领导者自然要把最精华的核心价值观分享给大家。

核心价值观要在团队成员心中扎根，从认知走向理解，从理解走向习惯，从习惯内化为意识深处的基本假设，甚至激发出个人的精神力量。这个扎根过程会比较漫长，需要反复地认识、实践、再认识，需要领导者耐心而细致地引导。

在日常，领导者需要不断通过语言、文件、会议、工作指示，向大家强化核心价值观，帮助大家尽快深化对核心价值观的认知和运用。在非常时刻，领导者需要发扬核心价值观，让大家相信坚守核心价值观，这样可以让团队渡过难关。

在传达任务时，领导者需要提醒大家按照核心价值观来思考如何执行。每次领导团队取得进步和成功，领导者都需要在复盘中强调对核心价值观的遵守，及其对这些进步和成功的作用。每次团队出现挫折时，领导者都需要指明哪些地方违背了核心价值观，导致结果不如预期。这样，核心价值观便与做事的基本法则联系起来，帮助大家主动使用这些基本法则进行实践。

当团队成员对价值观形成习惯后，他就可以离开领导者的指导自行行事。在更多的情况下，领导者只需要紧紧抓住核心价值观这个纲领，以此作为判断和指令的标准，就能把团队提挈起来，有条不紊地处理繁多的事务。

第六节　领导力危机往往是文化危机的表征

企业文化是领导力能够充分生效的内涵，领导者需要借助企业文化来更好地发挥领导力，引领大家向目标前进。

反过来说，领导力也可以作为企业文化状态的一种表征。领导力与企业文化一样，发挥作用的根本在于企业员工的认同和自觉。如果一个企业的高层出现普遍的领导力危机，那么背后一定隐藏着更深刻的企业文化危机——不仅是对领导者的信任危机，更是对企业文化的信任危机。

在一个企业中，领导力危机首先会在企业家身上表现出来，大致可以分为三种。

第一种是领导力衰竭，即企业家的领导力出现问题。表现为，随着企业的发展，企业家对企业员工尤其是高管的领导力下滑，企业家的构想和指令总是遭到怀疑，在执行时也往往被打折扣。为此，很多时候企业家不得不反复地向下属强调、指示，但收效甚微。

领导力的衰竭往往引发领导力旁落。表现为企业中出现更强势的高层管理者，时常对企业家的领导发起挑战。企业家本人鉴于人情、爱惜、利益等缘故，会对这些高层做出妥协。这导致企业中的主流观念逐渐被分流，挑战者实质上获得了企业家的领导力。

第二种是领导力匮乏，即企业家保持领导力，但高管领导力不足。表现为高管团队领导力的成长跟不上企业成长的速度，导致出现较为普遍的能不配位、德不配位。组织由于高管关键岗位的领导力缺失，开始变得僵化无力，即使这些高管对企业家信任，他们也很难跟上企业家的步调。

第三种是领导力内耗，即企业家和高管都有一定的领导力，但没有形成合力。表现为企业家自己没有正确的顶层规划，甚至倾向于先在内部搞制衡之术来保持自己的领导力。在这样的情况下，高管没有一致对外的统一目标，没有一心一意关注客户，他们领导的团队变成了一个个山头，互相孤立和争斗，导致虽然每支队伍看上去都有实力，但许多精力花在了内耗上，整体损害了企业的发展。

从以上三种领导力危机的背后，可以看到企业家和高管对正确的企业文化的背离。

领导力衰竭源于信任衰竭，信任衰竭源于企业家的文化缺失。文化上可能存在的问题：一是企业家也许忘记了自己的使命愿景，精神力量不再强大，不能再感召和支撑高管团队；二是企业家由于没有正确的核心价值观指引，总是偏离客观实际，指令往往不能带来预期的成功，导致高管团队对企业家产生怀疑。

领导力匮乏往往源于创新精神的缺失，以及对人才为本的错误认知。由于创新精神缺失，企业家和高管没有形成自我刷新、自我成长的意愿，逐渐跟不上企业成长的速度。与此同时，企业家对这些忠诚于自己的老部下，总是心怀义气，不愿正视和指出他们日益暴露的弱点，不愿带动和鞭策他们成长，以为给他们权力、地位、待遇，便是爱才，殊不知他们已经把自己的使命愿景抛在脑后，最后也害了这些本可更优秀的部下。

领导力内耗明显是因为缺乏使命愿景，并且违背了客户至上的核心价值观。企业家由于没有伟大使命愿景的牵引，陷入琐碎的人际关系处理中，于是开始习惯于通过搞平衡术来维持领导力。高管由于没有形成愿景的明确目标，也没有使命给予的超越个人的格局，结果陷入自己的一亩三分地中，不能向着目标开展合作。总体上，企业的高层忘记了客户至上的道理，没有把领导力落到带领团队服务客户上，而是先盯着内部资源你争我抢，导致企业整体利益的损害。

在企业的整体领导力陷入危机的情况下，企业中往往会出现激进的变革派，尝试着用自己的领导力改变局面。他们往往是见证企业成长，对企业怀有深厚情感，但见不得企业有许多积弊陋习的老员工，或者是刚入企业，通过外来者视角发现诸多缺陷，从而立志革新的新员工。但是这些满腔热忱的变革派，又容易犯上性急病，洗澡水和小孩一股脑倒掉，这体现在：

（1）他们执意用自己的力量来引领变革，不惜越过企业制度，冲击和质疑企业家以及核心管理层。

（2）他们急于引入外来理论和方法，而不对企业自身的实际情况做研究，最后变成对企业现有制度的过度否定。

以上两种操作的共性问题都在于急于求成，不走合适的流程，不团结更多的员工，意图通过直接冲击和否定制度来进行变革，结果往往引来更大的分裂和质疑，毕竟大家直观的感受是企业的规矩都可以被横加冲击，这样一来就更难形成统一的思想认识，结果是让企业文化产生更为强烈的动摇。

解决领导力危机，归根结底来说，还是需要回到企业文化上，解决企业文化上的共识危机。而解决企业文化的共识危机，最终要回到人的身上。

首先要着手从企业文化上破解危机的，自然是企业家。他需要反思自己的初心，重新树立起使命愿景的大旗，并打心眼里拥护和恪守核心价值观，通过在核心价值观上的身体力行，来逐渐恢复大家对企业文化的信心。

要进一步地解决领导力危机，就要回到人才为本的价值观上，看看人才们为何会对领导者产生信任危机。

在第四章讨论人才为本的核心价值观时，我有一个观点：一位员工在企业中有三层可以统称为"存在"的需求：第一层为生存需求，第二层为存在感需求，第三层为存在意义/价值需求。领导力主要用于解决第二层和第三层需求。反过来说，如果领导者无法满足人才的存在感需求和存在价值需求，员工自然会逐渐与领导者疏远，并最终变为对人才为本这一核心价值观的怀疑。

1. 存在感危机

存在感危机的来源在于领导者根本没有感觉到员工的存在。如果员工在企业中尽心工作，却没有得到领导者的任何响应，如果员工的额外付出，得不到领导者的任何肯定，如果员工对领导者的印象，长期只停留在领导者的外貌和偶尔接触时的一两声答应，最终的结果一定是双方互相无感知，从而走向存在感的匮乏。最终导致员工的离开，或者对存在感匮乏的逆反补偿——他们在权利上要得更多。

可惜的是，随着企业的扩张，企业的高层领导尤其是企业家，往往在感知上非常迟缓。企业家每天只穿梭于办公室、会议室和洗手间三个区域，所接触的人不过几位高管，再加几位客人、面试者。这种状态形成习惯，往往让企业家的感知范围非常狭窄，把更多的人才忘在脑后，更别提发挥领导力引导他们了。于是乎，企业家与许多当初热情引进的人才之间，变成了熟悉的陌生人。

这就要求领导者必须行动起来：第一，多参与组织的活动，多通过媒介传达自己的文化，在员工处寻找存在感；第二，寻求特殊场合，迅速拉近和员工的关系。最常见的情况就是领导者在上下班时，对早到工作或加班晚回的员工，加以关切和问候。在很多时候，在员工独自承受压力时，只需要表现出对员工的关注，表达出"你的努力，我看见，我相信"的意思，就能对员工产生强大的鼓舞。

2. 存在价值危机

存在价值危机，即员工感觉自己在公司的存在没有意义，也没有人对自己的工作给予价值肯定和回报。这种价值肯定和回报不完全是物质上的激励，更有机会是上升空间的给予、组织荣耀的给予、工作价值的给予等。在这些非物质激励的给予中，领导者必须参与其中，并表现出对员工的工作价值的肯定甚至尊敬，使他们得到鼓舞并愿意继续为事业奋斗。

但是很多企业对物质激励过分偏重，在非物质激励上不够走心，这容易导致员工在认知上逐渐下落到单纯的物质层面，并且并没有真正与领导者建立互信。我见过两种典型场景，都属于赋予非物质激励并发扬领导力的绝佳场景，可惜领导者都没有把握住。

第一种，在企业颁奖会时，企业家因与股东们约了晚餐，于是在会上草草地走个过场，就忙着奔赴下一局，员工们完全没有感觉到企业家给予他们以价值上的尊重。

第二种，在企业颁奖会时，企业家和高管们被安排在一桌，颁完奖后企业家就回到了"领导桌"上，交流得忘我，把刚刚颁奖时只有一面之交的获奖员工们完全冷落一旁。那些坐在一桌的获奖员工们甚至不知道给自己颁奖的领导姓甚名谁，是什么岗位职级。这时如果能有一位领导走到这桌，为这些获奖的员工服务，告诉他们这个夜晚的明星是他们，企业和自己为他们而感到自豪，并顺势将他们引荐给其他领导，员工势必会因获得巨大的价值成就感，而对这段短暂的时光难以忘怀。

可以看出，领导力危机的根源，仍然在于领导者不够走心，没有践行人才为本的核心价值观，抓住一切机会向员工施加正向影响力。如果领导者能够在激发自己精神感染大家的同时，从细节处做起，真正关心员工、爱护员工、赋予员工存在价值，就能逐渐培育起信任，团结起大多数人，形成不只对领导者，也对领导者背后的企业文化的认同，危机也将得到缓解。

第七节 案例：一位"95后"高才生的离职

这是我在一次聚会时，一位企业家分享给我的案例。

"95后"的高才生，东南大学毕业，非常善于写作，入职一年，勤勤恳恳，工作已经得到大家的认可。然而突然有一天，这位员工提出离职，大家都很惊讶。他给的理由是想回老家考公务员，并且异地恋的女朋友答应，只要自己一回去，就可以迅速成婚，组建家庭。他也表示，当公务员没那么辛苦，可以有更多的时间干自己想干的事情。

从这个信息上看，似乎又是一位典型的"管不了"的"95后"，一位不能奋斗、浪费自己天赋的年轻人。

但我当时对这个案例产生了怀疑，因为我觉得这位年轻人并非不愿吃苦、不能奋斗。我的理由很简单，他毕业时，明明可以直接选择更稳妥、更舒适的生活——回老家考公务员，住在父母家，追求自己的兴趣爱好。但他最终选择跑到人生地不熟、充满竞争的深圳，在一家充满竞争的成长型公司工作长达一年。我在这种选择中看到了他的初衷，应该是想证明自己的价值，做出一番事业。

我在进一步探讨中，知道了这些信息：他是一个当地公务员家庭的独子，现在租农民房住。这就更强化了我的判断：他拒绝了公务员父母给予的轻松工作、生活机会，选择降低自己的生存舒适度，住进深圳的农民房单间，完全从零开始，他必然有强烈的企图心。

最后，我知道了他在离职访谈时谈到的一个故事，这是他最终决定离职的导火索：有一天他感觉肚子非常疼，一个人躺在房间里，感到非常孤独，没有人关心自己。最后他选择打电话给父母，父母劝说他："你回来吧，我们知道你身体不好，我们帮你来调养。"于是在感动下，他下定决心离职。

风起于青萍之末，但这只是表象，背后是积蓄已久的情绪在这一刻爆发。

年轻人感觉肚子痛而决心离职，这是表象和导火索，背后的实质是孤独，是生存的不快，是存在感和存在价值的缺失。当他在狭小的农民房内孤身一人，肚子痛的时候，不去向离自己距离最近的同事、领导倾诉，而是致电千里之外的父母，说明什么？说明企业中，平时大家的关系是不亲近的，氛围是不足以让年轻人融入的。年轻人在企业中并没有感觉到自己的抱负能得以实现，也没觉得自己的存在被他人关注、重视，以至于最后他还要将自己的存在感和存在价值回归到亲情上，发觉还是亲人对自己好。

不仅是工作上的没有存在感、生存上的压力，所处的生活环境同样在消磨年轻人的耐心。他背井离乡，只身一人来到陌生的城市，客场作战，住在条件远不如老家的农民房中，起早贪黑，挤在人头攒动的公交和人流中。这些并不舒适的体验在点滴积累着压力。

另外，该年轻人的家人和女友一定也给他施加了不少压力，给了不少劝解，这些更亲近的人们的声音，一样会动摇年轻人的初心。

所以，如果企业在这前面的任何一个环节更用心地以人才为本，做得好一些，这位年轻人还会这么快离开吗？

如果领导关心问候过年轻人的父母，关注过他的生活状态，关怀过他的身体，年轻人还会离开得这么决然吗？

如果领导为年轻人塑造了第二个家，让年轻人在工作中不会感到孤独，什么事情都感到背后有组织的支持，他还会跑回自己原生的家吗？

如果领导倾听过年轻人的抱负，帮助他树立起清晰的使命愿景，给他清晰的职业规划和未来的上升通道，赋予他的工作以意义，并对他点点滴滴的成长给予关注和价值上的肯定，年轻人还会再为了一次身体不适而感到绝望吗？

在这个故事中，我看到的是企业文化和领导力的缺失最终导致了双输的悲剧：企业失去了颇有潜力的人才，人才也前功尽弃，失去了当初的雄心壮志。

扩展开来，可以和读者分享一个常见的问题：如何管理"90后""00后"这些生活已经有保障的年轻人？

我总听到类似的问题和抱怨，但我坚信：行有不得，反求诸己。怪年轻人离开，这能改变什么吗？自己的主观能动性在哪里呢？最重要的是把改变的主动权放在手里。

我认为很多领导认为现在的年轻人不好管，是因为他们看到并放大了年轻人和自己这代人的差异，认为每个年轻人都有着张扬的个性，这样就变成了千头万绪，肯定分析不出东西。

但是以上文提到的"95后"年轻人为例，我们要去寻求其中的共性。

首先我看到他的家庭背景是公务员、独子，就能够想到这些年轻人的基本文化背景：稳态文化。

稳态文化是他们与自己的父辈差别最大的一点。这一代年轻人开始形成认知的时候，他们的父母大致是三十几岁。这个年纪的公务员已经过了奋斗期，事业基本稳定，上升空间基本可以预期（已经定型，升迁非常少），家庭和社会关系稳固封闭，长期待在固定区域。所以他们没有真正感知过父母为理想、事业奋斗拼搏的"年轻态"，更多看到的是"成熟态"。

他们又往往是独生子女，这样的家庭对子女来说是超稳态的，父母两个点撑着自己，所有的关爱和资源都往他们这输送，绝对不会有人抢，自己也不用争。

他们的社会关系也是稳定的，从幼儿园到高中，所接触的同学、朋友大多是类似的家庭背景出身，公务员、事业单位、国企职员、私企中层子女，他们互相也会强化这种稳态文化。他们大概率在成长的环境中被反复强化过稳态文化。

他们舒适的生存状态让他们有更多的想法，而缺乏明确的目标和强大的动力。他们拥有广泛但不精深的兴趣爱好、广博但碎片化的知识，这是常见现象。

这就是这群人的共性，是企业要面对并加以重视的现实。以前更多的年轻人，是农民、工人子女，生存环境不佳，兄弟姐妹众多，从小就要比较，要竞争，心里渴求的是变化，希望找一个更好的环境改变自己的人生、自己的家族。这些现实驱动他们形成了天然的奋斗文化、竞争文化。现在的年轻人出生于稳态文化中，你把稳态的人突然扔到变化的商业环境中，却没教他如何适应变化，这不就像没教会水性就把人丢进水里，最后要怪别人不会游泳吗？

那么还有什么值得注意的共性，可以让领导者领导年轻人走向奋斗、竞争的文化？我认为有一点最重要，那就是年轻人的共性——叛逆。

虽然年轻人更多地接受了稳态文化，但是年轻人很难甘于在自己熟悉的环境中安稳地过一辈子，远方对年轻人永远有诱惑力，这是他们精神力和活力强大的表现。没有追求稳定的老年人，人类可能会因为冒进而灭亡，但没有富于冒险冲动的年轻人，人类的祖先可能连东非大峡谷都走不出去。冒险刻在年轻有活力生命的基因深处。这就是为什么这位"95后"有勇气离开稳定的环境，跑到充满变化和竞争的深圳，寻求一份更不安稳但更有挑战的工作。他内心很可能有超越自己父母的叛逆。父母按照自己的经验，给他规划的人生，并不一定是他想要的。他希望自己走出一条道路，可以用这条道路获得和父母同等的话语权。如果按照父母的要求，待在老家考公务员，他想要超越父母非常困难。

在这个共性上，企业的领导者尤其是企业家，就能够构建与年轻人的联结，形成互信。

这些年轻人过去的交际圈中很少能看见企业家这类人，他们似乎是异类，一些年轻人更是把企业家视为剥削者，和自己对立起来。但对于企业家，年轻人天然的好奇心又会驱使他们想要了解这个异类：他们是如何走向成功的？

我在宴席当中，酒过三巡时，总能听到企业家颇有感触地回忆当初的自己：大多是贫穷的毛头小子，什么资源、关系都没有，就凭着堂堂七尺男儿必须做出一番事业的精气神，一头扎进商界，为了自己的理想拼命地抓住机会。这些经历如果不只限于茶余饭后的闲聊，而是传递给年轻人，其中的精神力量足够让他们震撼，把年轻人底层的冒险、进取精神激发出来，形成共鸣。

另外，企业家作为过来人，比年轻人的视野更远，经验更丰富，对核心价值观的态度也更坚定，那就更要发挥领导力，用正确的思想引导年轻人。现在的年轻人，在成长期间接受的是大时代下的小时代文化。大时代，是因为国家还在面临强大竞争，还存有无尽风险；小时代，是因为国家做了基本兜底，绝大部分人告别了饥饿困苦，宏大叙事被消解，强调个人主义、消费主义的"小确幸""小而美"大行其道。此外，敏感而叛逆的年轻人依然在追求超越消费和物欲的理想和纯真，但又不知道如何区别目的与手段、基础与实质。在这点上，企业家、高管因为坚定的企业文化信仰、强烈的事业心和企图心，早已成为觉醒者和超越者。既然如此，觉醒者就该引领未觉醒者，超越者就该激发未超越者，而绝不能期待着他们能无中生有。指点年轻人走出迷津，树立正确的文化，让他们完成思想上的超越，是企业前辈们的义务。

如果仅拼知识的储备，企业家也许不是年轻人的对手，但是企业家仍然有其长处——他们是年轻人的文化宝库。他们要做的是以强大的企业文化武装自己，发扬自己的精神力量，塑造伟大的使命愿景，赋予工作以价值感，从而激发一批批年轻人。之后他们再通过自己的率先垂范，不断言传身教核心价值观，将正确的观念传递给年轻人，主力年轻人将会迅速超越他们。只有这样，企业家才真正帮助了年轻人，并将获得年轻人的信赖和回报。这就是领导力的真谛。

　　也许10年、20年后，那位"95后"参加同学聚会，听到同学们分享自己亲手打造事业的成就感、价值感时，会后悔当初自己的抉择。希望企业中的领导者能够全力发挥自己的领导力，让这样的悲剧不再重演。

第八章
· CHAPTER 8 ·

企业文化是管理的土壤

子曰:道之以政,齐之以刑,民免而无耻;道之以德,齐之以礼,有耻且格。

——《论语·为政》

第一节 文化与管理相统一

一、走出"文化管理相割裂"的误区

在和企业家、企业高管交流的时候，我经常听到一种对立的定性：文化是软的，管理是硬的；文化是虚的，管理是实的。

这触动我去思考：企业家、企业高管如此区别，一定是在长期实践中积淀了对二者的感受，但是这种感受的来源是什么？顺着这种感受向下思考，会不会有误入歧途的危险？

根据这两个问题，首先需要在大家的感受上更进一步，探索大家所讨论的管理和文化。

如果从管理的广义定义看，凡是能影响他人，让他们协同完成既定目标的行为，都可以被看作管理。文化完全符合这一特性，自然也包含在管理的概念中。

从我的感受来看，大家所说的带有"硬"和"实"特性的管理，是狭义的。这些大家印象中的管理特性，只有在和大家印象中的文化做比照时才展现出来。换一种说法，这种印象中的管理，是印象中的文化的对立物，二者特性互斥，本身是不相容的。

通过进一步的交流我发现，大家所讨论的这种"管理"，大致可以归类为规章制度、流程设置和管控技术。

这种管理比文化显得实在，可能有两层原因：

第一层原因，它离企业的实际运作更近，许多内容直接作用于企业的运作中，并产生了确切的影响。

第二层原因，它比企业文化更容易树立起来、执行下去，能够真正让企业文化渗透到企业的各方面并发挥实际作用的企业，并不多见。

这种管理比文化显得刚硬，同样有两层原因：

第一层原因，管理必须按照严格的规章制度和流程来运作，更多强调的

是规章制度和流程建立起的框架，大家在框架中照章办事，并接受框架的约束、测评和奖惩。一个要求个人去适应它的标准化框架，本身就显得刚硬，如果企业采用新型技术进行管理，比如流程电子化，那么和人打交道的更多是机器和电子屏，自然更有些刚硬的感觉了。

第二层原因，管理在实践中容易和个体硬碰硬，让个体切实感受到它的约束和影响，如果一个个体在企业中时常和某些规章、流程碰撞，那么他自然会感受到这些管理内容的刚硬。

我个人认为，和我交流的企业家、高管对管理的印象，大致与我本章想论述的管理相符。但是，对于文化和管理的关系，我则有不同的意见：这样将文化和管理割裂开来作对照，并没有正确反映二者的关系。如果在认知上觉得二者不相容，那么在实践中很容易做成两张皮，把文化视作对管理管不到的地方的填充。但是文化和管理之间的逻辑还没统一起来，员工拿着文化和管理一对照，容易找到不统一的地方，甚至由此怀疑企业做文化是否真诚，或者质疑管理的合理性。

结果就是，新鲜出炉的文化反而"硬"且"实"地和管理打了一架，起了反作用。结果就是企业家和高管提高效益的目的没达到，员工只觉得增加了一个和自己没啥关系、偶尔还要被上司拿来压一下自己的体系。对所有人来说，文化给他们的印象就更"软"、更"虚"了。

再去比照那些把文化和管理做通的企业，就能发现它们的文化和管理是逻辑统一、效果贯通的，二者之间并没有"软硬"与"虚实"之分。

当阿里巴巴用价值观进行严格考核，在每次严肃处理违背价值观的情况，严格淘汰价值观不符的员工时，文化显得刚硬而坚实。

当华为员工适应了公司的管理，能够在自己的岗位上自如地工作，从不越过管理的红线时，管理也就变得柔软而虚化起来。

这可以说明，文化和管理并不需要去对立、比照着理解，更不需要在对立思维中去发掘软硬、虚实等特性。否则可能把文化和管理割裂，限制二者的发挥空间，忽视二者的统一性，陷入对二者的机械使用。企业想要运营好，就要全面地运用各种方法，使它们统一在一套逻辑下，形成统一的系统，以发挥出各自应有的功效，这才是要义。

二、管理生于文化，又撑起文化

由上可知，文化与管理处于企业的经营管理系统之中，具有统一的内在逻辑。那么接下来需要问的是，文化和管理在这个系统中所处的位置如何？除了逻辑上的统一，它们还有别的关系吗？

我想借用《走出混沌》中吴春波教授归纳总结任正非谈《华为基本法》的相关内容，来给文化和管理做一个界定。

（1）权力的高度集中和统一是思想和文化的统一，组织的统一必须建立在思想和文化建设的基础上，组织只是一个构架体系，思想和文化是思维、引导体系。

（2）企业文化不是几个口号，实质是管理。

（3）华为公司要把朦胧的文化，变成制度性的文化，文化的实质是制度性的建设。

（4）企业文化只能解决人们思想意识和行为上的问题，不能解决组织建设和业务流程之间的关系和基本规律问题，这就需要起草"基本法"。

（5）21世纪我们将以文化管理替代长官管理，到那时高层干部要超脱日常事务，主要进行研究和战略管理。目前，我们还管得太具体。

（6）文化就是土壤，管理就是庄稼。文化的作用就是刨松土壤、施好肥，管理的作用就是种好庄稼、打粮食。如果文化不能产粮食也就没有价值。没有一块良好的土壤，就长不出庄稼来，有效的管理一定要在一个鲜明的文化体系下才能生长。

通过上述六条论述，可以总结出文化与管理的四个关系：

（1）**文化高于管理**。文化相较于管理，是更为顶层的设计，更超脱日常和具体事务，只有企业家和管理成熟的高级干部，才能专注于文化上的研究。

（2）**管理基于文化**。文化建设是组织统一的基础，管理要从文化中产生，并承接好文化建设起的思维体系。

（3）**文化需要管理提供规范**。文化的实质是管理，这要求把朦胧的文化变成制度性的建设，赋予文化确定性、规范性。

（4）**文化和管理各有针对**。文化解决了人们思想和行为上的问题，但不能解决组织建设、业务流程之间的关系和基本规律问题，这些问题必须在管理上得到解决。

借用任正非的比喻：文化是土壤，管理是土壤上的作物。对于这片土地的主人来说，他的目的是获取更多的粮食。为此，他必须首先培育好文化这片土壤，使其肥沃、疏松、无污染，然后他要精心地在土壤上种植作物。在土壤滋养下茁壮生长的作物，必然将根系深深地扎在土壤中，这反过来巩固了土壤，保住了水土和营养。

这提醒了想要做文化和管理建设的企业家：第一，先培土，后撒种，先搞通文化，后建设管理；第二，土壤长作物，作物保水土，企业家需要用管理承接文化，并规范文化，巩固文化；第三，日常耐心呵护，才会有丰收喜悦，文化与管理建设都是任重道远之事，企业家需要有足够的耐心和积累，才能逐渐看到成效。

第二节 理性主宰管理：增强确定性，固化成标准

从上一节中已经能看到管理的一大作用，就是为企业带来确定性和规范性。这种确定性和规范性是企业管理的必然追求。管理面对的是日常、具体

的事务，它必须针对这些事务给出清晰、细致、准确的回答，不然执行者就会失去标准，茫然不知所措。

企业的大厦也必须建立在清晰、准确、坚实的管理框架上。任何经历过创业期不确定性风浪的企业家，都会在获得喘息机会后追求这种框架，来避免同样的风浪再次拍打到脸上。

但是这个世界是千变万化的，商界更是如此。第三章中我曾总结过商界的特点：多变、残酷、危险。这样一个充满不确定性的领域，能够给人留下的是无数的现象。就算一个人吸收了一万个现象，如果不去思考和提炼，也得不出任何确定的东西来。

这时候他需要一个寻找确定性和规范性的行家，这就是他的理性。进一步来说，管理必然是理性的产物。从对理性的需求这一点上来说，管理与价值观如出一辙。

在第三章总结过，理性的特点是倾向于追寻确定性，把多变、未知的事物用思维转化为不变、可知的事物。一言以蔽之，理性干的是"抽丝剥茧"的细活。

这种细活如何把现象变成稳固的理论，以形成管理框架？我还是要拿出第四章的这张图供大家参考（见图8-1）。

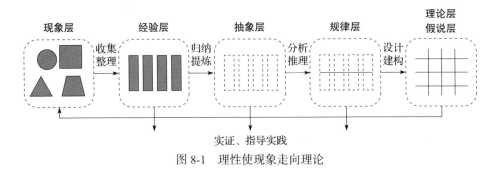

图 8-1　理性使现象走向理论

和理性总结出价值观的流程一样，炼成管理框架的材料依然是现实中的种种现象，产生步骤如下：

（1）对于企业来说，相关现象来源于企业中人们所进行的一切实践活动。在企业实践中人们积累了大量繁杂的现象，作为理性处理的基础材料。在现象层面上，几乎没有确定性，没有理性协助的员工，很容易陷入千头万绪而难以自拔。

（2）在多次的实践当中，一些现象产生了共性，一些经历可以重复生效。企业中的一部分人有意识地收集整理这些现象，将其变成具有共性的经验。在经验层面上，理性已经筛选出有可重复性的材料，确定性大大提升。在自己的岗位上积累了丰富经验的员工，可以在自己适应的领域举一反三，且总能找到应对方法，自然会成为企业的骨干。

（3）一些人进一步将仍然充满感性和偶然的经验进行归纳和提炼，舍弃感性的内容，留下抽象的定论，并将其一一归纳到相应的范畴中。在抽象层面上，由于进行了去粗取精的加工和分类，单个材料的确定性已经提升到顶。能够进行抽象提炼的员工，能够准确地看出一些现象的本质，他们通常为企业的中基层管理者，适合参与到管理的建设中。

（4）一些人对抽象的材料进行进一步的分析、推理，发现有一些方法能将这些材料串联起来，这就是材料中的规律。抓住规律如抓住要害，在一类相关材料上发现并明确规律的员工，可以按照规律进行一定的预测，并抓住规律以不变应万变，他们是管理建设中的关键力量，通常为企业的中高层管理者。

（5）极少数人统观全局，将一条条规律设计建构成企业大厦的管理框架，让所有规律统一于企业管理体系之中。一个企业需要发展，一定要能产生这样统领全局的角色，企业家当仁不让地要担当此重任，并逐渐引导更多的人朝着这一境界发展。

（6）不论是现象、经验、规律，还是假说、理论，统统需要回到指导实践上去，并接受实践的验证。在回到实践验证的过程中，每一个步骤中的材料、规律和框架都得以进一步优化，以更贴近现实情况。

在这些步骤的反复循环中，理性大显神威，将偶然、繁杂的现象不断加工处理，使其确定性大大增加，变成可以固化下来的规章制度、流程和方法，并组成严密的管理体系。

在这样坚实严密的管理体系下，日常事务被管理分解为一个个微小但精确的细节，执行人可以依照这些细节的标准化要求，更高效率地处理日常事务。个人的能力也变成可以分解、复制和标准化的要素，从而沉淀成企业的能力，以及对岗位的精细化、标准化设计。流程逐渐在每一个权责清晰的端点上贯通，相关的人、信息、物质开始在端到端中运动起来。

将管理的确定性在实践中发挥得炉火纯青的是弗里德里克·温斯洛·泰勒。1900年，泰勒在巴黎博览会上做了一个独特的展出——把宾夕法尼亚州伯利恒钢铁厂的一个缩小版搬到展览会。这个展示中没有用到任何产品、技术的创新，几位工人用的依然是普遍使用的机床，效果却足以震惊所有参观者：当时的钢铁生产标准是每分钟切割9英尺[一]，泰勒将其足足提升到50英尺。泰勒创立的"科学管理"迅速席卷各个行业，极大推动了生产力的发展。历史学家格伦·波特评价这种泰勒热潮："科学管理如同某种世俗的宗教般具有魔力；泰勒就是弥赛亚[二]，而他的追随者将'科学管理'四处传播，他们过去和现在都被称作'门徒'。"

泰勒发动的这次生产力革命，在以下几点上大大改造了曾经粗糙的经验主导式生产，将理性发挥到了极致。

（1）还原论：将目标分离成一系列任务，将组织分解成任务清晰、各司其职的层级，将工作分解成一系列基本动作。总之，将复杂整体分解成简单、清晰、可计量的局部，并进行优化。每个局部的微小优化，在整体上都可能积累出可观的变化。

（2）标准化：分析还原出来的局部，剔除掉其中无用的环节，为每个局

[一] 1英尺=0.3048米。
[二] 耶稣基督的另一称谓。

部设立清晰的标准，工人的操作、工具、环境统统标准化。在标准化之下，管理者可以对工作额度、工作报酬、岗位适配上都心中有数，这样他就能够挑选和培训出一流的工人。

（3）计划职能与执行职能分离：计划职能由管理者承担，管理者为此要调查分析工作，制定和准备标准化的方法和工具。

（4）例外原则：管理者把日常例行性事务授权给下层去处理，自己只保留对例外事项的决策权和监督权。

这样由理性产出的管理，清晰、准确、可预测、可积累，并不断地将那些在企业实践中碰到的偶然、例外还原、标准化，变成新的可知内容。事务不断在管理中日常化、例行化；执行者有法可依，按章行事，不断重复，从而将标准内化；管理者不动如山，将一切维持得井井有条——这是理性带给我们的理想管理图景。

在这一点上，结合第七章，我可以区分领导者和管理者两大角色：

- 领导者面对的是变化和未知，他要在直接应对挑战中迅速发扬自己的影响力，构建团队凝聚力，并通过不断地向变化中的危险、机会冲锋，积累大量应对经验。
- 管理者将经验收集起来，用理性进行分析研究，去粗取精，增强确定性，并将其固化成为标准，为执行者提供稳定、可依据的框架。

这两个角色完全可以统一在一个人身上，优秀的管理者往往同时也是优秀的领导者。当需要管理时，他可以发挥理性条分缕析的长处；当需要领导时，它可以激发自身的强大力量。

好的管理就像盾一样，稳定可靠，坚不可摧；好的领导力就如矛一般，直指目标，破坚摧刚。只要企业拥有清晰的文化头脑，弄清楚二者的使用逻辑，使二者统一在共同的思维下，管理和领导力之间就不再矛盾，反而能武装企业，使其越战越勇。

作为培育管理的土壤，企业文化同样最终要上升到理性阶段，让理性认识并牵引非理性部分和谐运作，该激发精神的时候激发精神，该发扬理性的时候发扬理性，并通过管理的标准化和规范性，将文化的逻辑按照管理的框架传导到整个企业，让员工在反复执行中逐渐内化文化，并最终理解管理背后的文化力量。

第三节　警惕：管理成于理性，也可能败于理性

对于发展中的企业来说，逐渐摆脱人治而走向制度化、规范化，是企业能够稳健提升的必然选择。但是在建构管理的过程中，第一，企业不能过于理想主义，以为用理性建立一套不依赖于任何人的完美管理体系，让所有人照着行事，就可以稳如泰山、长治久安；第二，企业不能出于风险考虑，过分侧重管理精细化，不断地设计各种规章制度，仿佛要把所有环节都严格把控住，不留一点发挥空间。要知道，管理是理性的产物，而理性对于商业实践来说是有缺陷的。这种缺陷使管理可能离开设计的初心，走向反面——压抑了对企业来说原初的精神力量，离开了精神的动力，无论是文化还是管理，都将趋于衰亡。

理性的第一个缺陷是慢。理性往往是滞后的，依赖长时间的反思，它无法完全匹配企业所面临的实践情境。企业所处的世界，仍然是变化频繁，风险与机会并存。面对这样变化多端的情境，快速的反应和处理往往是第一位的，机会和风险不会等慢工出细活的理性。如果面对变化的业务线过于理性，则很容易保守、裹足不前，丢掉机会；如果企业面对危险和机会过分理性，在想清楚前不敢行动，就可能危及企业的生存。

理性的第二个缺陷是追求静止、确定性和完美。对于未知的事物，如果人的理性不给它定个性，让它在自己的认知中安定下来，理性就总会骚动；如

果还没有把接触的所有未知转化成确定的知识，理性就总想发作。但是，当理性对未知的对象进行抽象、确定，给出一番解释之后，理性就容易心安理得地认为它应当如此，而忽略对它的认知是否完备，以及它会发生怎样的变化。因此，理性经常容易构建出一个完美、静止的理想国，然后用完美的理想去衡量现实。但是对于企业来说，外界的变化是非常迅速的，事物的状态往往是运动的，如何脚踏实地地跟上变化的速度，适应甚至利用变化才是关键，没有不断投入到行动中去，理性就容易陷入空想。马克思对此有一句非常精妙的断言：哲学家们只是用不同的方式解释世界，而问题在于改变世界。

理性的第三个缺陷是它需要输入正确的前提。无论是归纳总结，还是逻辑推理，都需要前提正确，不然归纳总结得再到位，推理过程再无懈可击，都没法保证结论的正确。也就是说，现象、经验实际上给理性提供了现实支撑，输入给理性的现实世界的材料必须可靠而全面。没有正确的前提输入，理性的前两个缺陷将会进一步放大。如果管理者陷入理性的闭门造车中，而不去从实践中获取足量的现象和经验，以打磨出正确的前提，则很可能得出完全错误的管理内容。

理性的第四个缺陷是人自身携带的，即"种族假象"。"种族假象"是英国哲学家弗朗西斯·培根的观点，他认为人们对外部事物的感知，不是事物的自然标准，也不是感官的客观标准，而是个人主观的、自我的标准。人的理智又追求抽象和给事物定性，结果就把事物的性质和个人的性质混合在一起，歪曲了事物，造成假象。之所以叫作"种族假象"，是因为这种缺陷是人类这个种族所共有的，毕竟个人的理性就是以个人为中心，从个人出发来衡量外界的，那就必然会出现歪曲和臆想的可能。以个人为中心的管理设计，往往会出现一种问题：在个人视野内，似乎有效率提升，但总体上大家各自为政，反而损害了效率。要解决这种问题，只能打造集体主义文化，让个人融入集体，培养集体视角，并投身于实践中反复用现实检验理性产物，这样才能尽可能避免这一缺陷。

理性的第五个缺陷是由上面四个缺陷综合产生的，就是理性有失去目标、趋于膨胀和封闭的危险。企业运作总归需要目标，可理性本身可以完全"自给自足"，满足于在自己的小天地内不断推演、梳理，给不确定的东西贴标签，却忘记了企业的目标；趋于膨胀，就是理性以个人为中心，不断外扩，想把一切未知都纳入自己的范围内，使其一个个固定化、标准化；趋于封闭，就是当理性失去目标后，愈发地闭门造车，框架设计得越精细、复杂、庞大，相应地整个系统越发静止、顽固，导致外界环境变化后，船大难掉头，企业迅速走向衰败。

总而言之，理性的产物管理，可能因为理性的缺陷，开始逐步陷入"为管理而管理"的怪圈中。原本应该是人的好帮手的理性，在过于精细化和机械化的管理下，翻身变成了人的主人，让被管理者被约束、被压制甚至被扭曲。这时的管理即使再精细、再全面，也会反过来压制企业需要的精神动力，导致企业生命力衰竭。

一位理性膨胀的管理者，他的推理和分析能力很强，很多时候能冷静而一针见血地指出问题的关键，但他的团队一定缺乏活力和开放心态，因为他比其他人的理性更强，对于那些他觉得没有控制到的未知因素，他总是放不下心，导致他很难对下属放权。所有事情、所有环节，他都想要牢牢地握在自己手中，为此他总是下场亲力亲为，不但指摘下属事情中的瑕疵，甚至亲自参与到下属要做的事情中去。他总是感觉下属不理解他的意图，总是以静态的眼光看待他们，为此不断加强控制，这一过程中总是批评指正多，鼓励赞扬少。在这种上司的意志无处不在、无时不在的氛围中，下属会逐渐也失去精神力量的推动，而变得束手束脚起来。如果他的部分下属也像他这样，参与更下一级该做的事情中去，那么大家的实际潜力就很难发挥出来，更多的基层员工会陷入茫然不知所措中。大家拘束地按规矩和指令做事，面对事情谨小慎微、反应迟钝，总需要讨论和向上汇报，而不敢越雷池一步。归根结底，这就是在理性膨胀下，管理对人才为本的否定。

一家理性膨胀的企业，所有的权力和责任都被管理割裂成零碎，大多数人都盯着管理划分的一亩三分地，为了短期目标机械地低头做事，而缺乏对企业事业整体、长远的认识。企业变成一盘散沙，在关键时刻，不再有人愿意承担管理规划之外的责任，或是把问题抛给别的人，或是召开无止境的"集体决策"会议，最终却仍得不出结论——似乎所有的权力和责任都被管理消解了，但问题仍在恶化。当企业内大多数人都从个人的理性出发做事时，企业就难免陷入纷争和内耗，为了个人的正确而去损害集体、客户的利益。归根结底，这就是在理性膨胀下，对客户至上的否定。

2016年5月10日，百度CEO李彦宏向全体员工发送以"勿忘初心，不负梦想"的内部信，其中非常痛切地陈述了这样的问题：

> 这些天，每当夜深人静的时候，我就会想：为什么很多每天都在使用百度的用户不再热爱我们了？为什么我们不再为自己的产品感到骄傲了？问题到底出在哪里？
>
> 还记得创业初期的百度……谷歌完全有实力给百度的工程师们开出三倍以上的工资待遇来。后来他们进来了，却几乎没有挖动我们什么人。细想起来，那个时候大家都憋着一股气，要做最好的中文搜索引擎。我们每个人每天都为自己做的事情感到特别自豪……在这些梦想的感召下，我们去倾听用户的声音，去了解用户的需求，在实力相差极为悬殊的情况下，一点点地赢得了中国市场。是我们坚守用户至上的价值观为我们赢得了用户，也正是这些用户在"贴吧"里盖楼、在"知道"里回答问题、在"百科"里编写词条，他们创造的内容、贡献的信息，让我们区别于竞争对手，成就了百度的辉煌。
>
> 然而今天呢？我更多地会听到不同部门为了KPI分配而争吵不休，会看到一些高级工程师在平衡商业利益和用户体验之间纠结甚

至妥协。用户也因此开始质疑我们商业推广的公平性和客观性，吐槽我们产品的安装策略，反对我们的贴吧、百科等产品的过度商业化……因为从管理层到员工对短期 KPI 的追逐，我们的价值观被挤压变形了，业绩增长凌驾于用户体验之上，简单经营替代了简单可依赖，我们与用户渐行渐远，我们与创业初期坚守的使命和价值观渐行渐远。如果失去了用户的支持，失去了对价值观的坚守，百度离破产就真的只有 30 天！

像百度这样的管理病，在伊查克·爱迪思的《企业生命周期》中，将其归于"官僚期"所出现的病症，他说：

> 创业型的那些人来了又走了，而管理人员则越聚越多。由于管理人员只会管理，所以公司充满了官僚气息，他们唯一关心的就是规章和政策，在这种氛围中，人们对通过满足顾客需求来改进工作毫无兴趣。

伊查克·爱迪思认为，官僚期公司的特点有：
（1）制度繁多，但很少是为了提高工作效率。
（2）与环境脱节，关心的是自己。
（3）缺少控制意识，循规蹈矩取代了真正的行动。
（4）顾客不得不想出各种方法来绕过制度构成的障碍。

吊诡的是，我观察到一些处于成长期的企业，核心层同样沾染了官僚主义这种"老年病"，虽然它们的业务线还充满活力，但是高层内核却长期陷于于事无补的纷争、制度制定和人员更换中，所有人都在这样的运动里精疲力竭。

依我看，产生这种问题的原因可能是企业高层盲目地引入超前的管理体制，而这种庞大复杂的管理体制远离企业所处的阶段。比如，一些企业在业务还没做起来的时候，就超前地引进复杂的绩效考核机制，反而压抑了销售人员的热情；还有一些企业，业务只有一点的时候，就去照搬华为的矩阵结构管理，却根本没法落实下去，因为它的业务还不足以形成条块。另一种可能，企业高层还没有厘清思路，达成共识，就开始以自己部门为中心，根据自己部门所接触的痛点，闭门造车式地构建管理体系，头疼医头、脚疼医脚。其构建的步骤、内容与现实和其他部门脱节。

这些管理部门由于自己的人手、资源不够，又很难获得其他部门的支持，在推行自己的政策中往往采用一刀切的粗暴方式，以及以惩罚为主的规章制度。结果就是许多人心中不满，但是出于惯性的人际关系思维，还要在表面上表示支持，私下里却不屑执行；管理体系的构建与推行者则容易陷入"众人皆醉我独醒"的悲壮情结中，用更粗暴强硬的姿态推行。最终矛盾爆发，会议上争吵不断，于是企业家开始收权，人事突然变动，一切回到原点。

从根本上来说，企业家自己没把思维捋顺，也没有发扬自己的精神，承担起主导管理体系构建的重任，反而依赖他人提供现成的管理答案，并且不假思索地授权、分权给本本主义的管理专家，这是导致高层官僚主义化的主要问题。企业家必须充分了解自己的企业及其业务，深入客户和人才中，对自己的企业究竟需要怎样的管理做到心里有数。刘邦入关中，废除一切秦律，和关中父老约法三章，就能取得百姓的拥护；张瑞敏在接手濒临倒闭的海尔时，只立了13条纪律，便改变了工厂风气。管理并不在多而在精，最重要的是管理者要思维清晰统一，充分调查，心中有数，做到对症下药，严格执行。

综上，理性的缺陷导致管理可能出现本末倒置的危险，企业家和高管必须针对理性的缺陷做出反应：

（1）保持组织的弹性和活力，时刻注意对管理冗余进行清除和优化，避免管理效率损耗，损害客户和人才的正当利益。

（2）构建统一的视野和集体主义、长期主义思维方式，减少个人中心的设计。

（3）保持开放和信息通畅，不断汲取最新经验，脚踏实地去应对。

（4）激活和发扬个人的精神活力。

（5）争取在客户、人才等关键问题上，形成主流共识，以此牵引管理。

这些措施中相当重要的一部分，要通过文化来完成。只有通过文化形成肥沃而厚实的底层土壤，才能让管理立得安稳、长得繁茂，免于摇摇欲坠和空有架子。

第四节 管理必须从文化中生长

在第二节中，我曾提及还原论的力量：还原论把复杂的整体分解成简单的个体进行研究、认知，这无疑提高了认知和标准化的效率，并从推动局部的优化上，推动整体的进步。

但是，当每个被分解的局部被标准化、规范化后，再拼接起来，就能如实地展现整体吗？我认为并非如此，因为企业这个整体可以被视为一个有机体，局部和局部之间存在有机联系，从而让整体拥有局部所没有的特性。机械地把企业分解成局部，再把局部机械地拼接起来，就像把一个人分解成分子再拼合起来，拼合起来的东西已经很难被称为人了。

那么这种超越局部，隐隐中决定着整体的东西是什么呢？我认为是企业文化，是文化将企业的局部有机联结起来，使其像生物般自行运转起来。

希腊曾经有一个非常有趣的哲学问题，强化了我的以上认知：一位叫忒修斯的英雄召集了一群勇士，造了一艘船出海冒险，在这段历程中，船体被磨损的部分不断得到替换，船上的成员也在不断更替。终于有一天，忒修斯自己成了国王，也离开了这艘船。大家发现这艘船上所有的部分都已被替换,所有的旧船员也被新人顶替。那么,现在的忒修斯之船还是最初的忒修斯之船吗?

如果我赞成这艘忒修斯之船一如当初,那么这个问题可以转换成另一个问题:是什么东西保证了忒修斯之船不变?

首先,答案不会是物质的,因为所有的部分都被替换掉了,甚至船上的所有人都变了。

其次,答案不会是船只的管理内容,比如规章制度。一艘出海冒险的船只,其业务可以发生变化——今天去做贸易,明天去参加战斗。那么,管理同样可以随着业务的变化而变化。

所以,我认为最终的答案要回到文化中去。判断忒修斯之船到底变还是不变,只能看这艘船的船员是否还秉承创始人核心的精神、使命愿景、价值观。如果这艘船的船员仍然有着冒险、进取、奋斗的精神,不甘于平庸而渴望成就一番事业,并秉承那些闪耀在初代船员身上的英雄品质,那么忒修斯之船自然是不变如初的。

精神、使命愿景、价值观,这些核心文化要素,就是贯穿时间和局部,将组织凝结成整体的不变力量。好的管理从这种不变当中生长而出,才能真正稳固而富有活力。

一、管理最终要落到人上

从表面上来看,管理是面对事情的,要做到的是通过管理,更高效地完成事情,达成目标。人因为个性复杂多变,所以对于管理来说,似乎是一个需要控制和排除的变量。但我依然认为,在面对事情的管理背后,必然要有人本主义的思维和文化——"客户至上"和"人才为本"。无论企业要做什么事情,它最终无法回避客户和人才这两类人,它必须面对这些变量,并给出它的答案,以此建立自己的管理模式。只有自己先建立起不变的根基和基本面貌,和自己打交道的客户和人才才有可能找到不变的基点,建立稳固的联系。

即使是希望摆脱人治、强调管理的泰勒也认为:"过去,人是第一位的;将来,体制必须是第一位的。这并不意味着不再需要伟大人物,恰恰相反,任何先进体制的首要目标必须是发掘第一流的人才,并在系统管理之下,使最佳人才能比以往更有把握和更迅速地提升到领导岗位上来。"

这种观点让泰勒的管理原则同样是从对人的研究出发的,他看到了雇主和工人利益的一致性,任何一方单独的利益增长都是不可能长久的。因此,为了利益共同体的利益最大化,他要改善管理,要将工人的生产环境标准化,要重视对工人的培训。他希望工人能够找到适合的工作,在努力工作中找寻到自信和快乐。这些人本主义的光辉,是泰勒之所以成为大师的重点。正如德鲁克所说:"管理的本质就是最大限度地激发人们内心深处的善意。"

管理必须洞察不同人的特点。

以客户至上来说,要和特定的客户建立稳固的合作,必须对客户的特点有所洞察,这种洞察最直接的就是对客户需求的清晰分析,而间接的还有对客户所秉持文化的分析。对需求的分析引出的是满足需求的流程设计和管理,对客户文化的洞察则可以形成与客户打交道的基本准则。只有客户的需求不断获得高质量的满足,而且客户在互动中感觉到企业对其文化的尊重甚至共通,才能触动他们主动寻求更多、更深入的合作。

以人才为本来说,管理首先必须表现出对人才的渴望,这种渴望要求企业不断地优化制度,以更好地吸纳人才、培养人才、提拔人才。

之后,管理要能洞察个人的特点,即这个人的文化、能力和知识是否与企业和岗位相匹配。如果有所出入,企业必须用管理的方式帮助这个人迅速补齐短板。这就要求企业有明确的岗位手册和培训方法。

最后,管理还需要洞察不同职能部门的人可能出现的问题,并对症下药,加以纠正:

(1)业务线的人群,虽然很可能进取精神十足,但更多面对的是眼前的短期机会，缺乏整体和长期的视角，容易被个人利益带偏，这就需要管理进行把控。另外，业务线的管理往往非常粗线条，往往分不清责、权、利，管理缺乏耐心，需要更好地管理培训和监督。

（2）技术线的人群，往往对自己的技术十分骄傲，容易产生"客户还没我懂技术"的优越感，从而偏离客户至上，陷入闭门造车的状态。管理必须推着他们向外，不断和客户、业务线交流，甚至担起做业务线技术知识培训的职责，以帮助他们更好地将技术与客户需求相结合。

（3）生产线的人群，往往规章制度、流程非常精细，但对人的管理非常粗暴。很多管理者会觉得，只有管理是铁打的营盘，人的来来去去是无足轻重的，因此对人的管控显得很硬，这在愈发注重人的地位的大潮下，会越来越引起反弹。因此，必须对生产线的管理者进行更好的管理培训和监督，把对人才的培养和发掘作为他们的一项考核标准。

（4）管理部门的人群，往往在管理知识上最为专业，对自己管理的专业性非常自信，急切地想纠正那些不专业的人和事。但他们离客户又最遥远，这导致他们很容易脱离实际，陷入本本主义、教条主义，并犯有变革的急性病，最后在和其他部门的矛盾中故步自封，甚至愈发激进。因此，管理同样要给他们提要求，要求他们首先抱有资源向一线倾斜、服务好下游的观念，主动与更靠近客户的部门沟通，并考虑如何为它们服务，提供更好的支撑和帮助，以从整体上让管理更脚踏实地，更能满足客户需求。

1. 管理必须为人的生存划线

在第四章我提到，个人的存在划分为生存、存在感、存在价值。存在感和存在价值更多地与鲜活的人、场景相关，更要靠领导者去引导、激发。个人的生存则必须由管理来考量。管理规划好了每个岗位所需的必要条件，就可以衡量一个人是否能在这个岗位上生存，如果有所欠缺，管理必须及时对这个人进行培训、引导、规范，以补齐他的短板。如果一个人不能在岗位上生存，那么迅速地将其调岗，或者和平地与其分手，都能体现出管理对人才的尊重——有时候让人才在不适合的岗位上消磨自己，既不能引导他，又舍不得放手，反而是对人才的折磨，是对人才为本的违背。

2. 管理必须让人逐渐感知不到它的存在

管理作为框架和通道，其本质是发挥其功能，帮助企业更好地达到目标，而不是处处彰显自己的存在感，让大家的注意力集中在管理的存在上，忘掉了目标。在管理的帮助下，不论是客户还是员工，都应该更多地感觉到按照管理的标准，目标会越来越清晰，事情会越做越顺畅。在这样的管理反复强化下，员工、客户就能形成心理习惯和默契，按照管理的设置自觉行事。如果某套管理制度被制定出来，在长时间内都让人时刻感觉到它的存在，尤其是感觉到它的约束，但这套管理制度对事情却没有明显帮助，那么这种管理实际上帮了倒忙。

我见过，有人力资源部发现有一级部门主管经常迟到，于是下发通知：所有一级部门主管必须上下班打卡，迟到早退要提交说明，而且迟到早退要算入考核。从表面上看，这似乎是秉公行事，但实际上却损害了管理的权威。第一，该企业业务部门的主管实际承担着销售职责，在公司的时间无法固定，让他上下班按时打卡会为难他做正事；第二，一级部门主管要提交说明，那就只能提交给企业家，扩张中的企业一级部门主管众多，这么多说明上报给企业家，企业家的时间也会被占用；第三，一级部门主管的考核以年初和年中所定指标为准，突然加入迟到早退考核，对完成已定指标只有干扰。这样的管理，往往最后只是反复让所有人不舒服，当企业家要审批一堆上报的说明时，当主管要外出办事时，他们总会想到这条管理的存在——于事无补，只有负面效果。那么这种让人不舒服的管理，就应该被迅速优化掉。

3. 管理必须为人的长远发展着想

管理中有三个模块，必须抱着长期主义的态度，坚持为人的长远发展着想：第一个模块是如何通过管理优化，与客户建立长期合作伙伴关系；第二个模块是人才的选、用、育、留和上升通道的设置；第三个模块是对人才的长期激励管理。

有抱负的客户和人才，不计较当下的一点利益得失，而是在乎大家如何长远地携手共进。这就要求管理必须做好这三个模块，让客户、人才看清楚在这种管理中自己能够在未来走向怎样的状态。只有这样，他们在面对利益时才会表现得更有弹性，更愿意为了长远合作而做出让步。

如果客户、人才看不到企业为他们的长远成长有所设想，那么他们会对短期的利益要求更多，以作为补偿。华为总干部部部长吕克在人才这方面曾讲过："就像人的需求一样，如果 A 需求得不到满足，一定会对 B 需求过分索取。如果一个人在非物质激励方面的需求不能得到满足，他会索取更多的物质激励，其实他未必需要。"

4.管理必须引导人向上

有统一文化支撑的管理，能够对人是否向上、是否进步做出判断，自然会把人的自我超越视为管理的重要课题，并通过考核、激励机制发挥引导和警示作用。管理必须严肃对待那些不进反退、自我放纵的个体，减少他们在组织中的负面影响；管理必须发现并激励那些愿意自我成长、自我超越的人才，给他们更多的成长资源和发挥空间；管理必须逐渐在企业内构建稳固的主流价值体系，从而形成人人乐于向上的风气。

二、管理需要理性和精神的动态平衡

在分析文化时，我一贯把精神独立出来，作为一种和理性同等重要的要素来考虑。我相信，即使是最需要理性的管理，也有精神的一席之地，它和理性构建了一种动态平衡，帮助企业保持一定的灵活性，时刻应对变化。

对于大部分员工来说，管理似乎是理性梳理的结果，清晰而明确，大家只要照着去执行即可，这中间没有体现精神的地方。但对于管理的建设者和变革者（往往是企业的高层）来说，管理的建设和变革要面对大量不清晰、不明确的问题和挑战，涉及观念和利益的变化，不通过精神力量而想要破局和整合，理性很难有发挥空间。

按照伊查克·爱迪思的说法，"公司可以由所谓的傻瓜经营，但必须由天才来建构"，那些参与到管理建设和变革中的人，必须承担起"天才"的角色。他们自己首先必须认清、平衡好理性和精神。

理性和精神这两种文化要素，加上非文化要素，以及不可忽视的欲望，构成了一个动力系统。

总言之，理性一定要管理好精神和欲望，让它们发挥潜力，各司其职。没有理性的管理，烈马脱缰，有翻车危险；没有烈马的拉动，理性这个驾车人自己拖不动车，只能坐以待毙。只有理性和精神保持动态平衡，既不破坏规则，又不影响活力，才是健康状态。

这点对个人是如此，对企业也一样。

理性失控的企业，就像没了驾车人的马车，凭着马的本能行事，结果总是不可预期，知识很难积累。长此以往，精神内耗严重，大家无所适从。

空有理性的企业，相当于虽有好的驾车人，而马却年老力衰。这样的企业忽视了对人才内在驱动力的激发，只剩下形式和教条的空架子。在不可逾越的空架子下，员工没有激情和活力，只会照章行事，并专注于个体利益的维护。

对于那些狂飙突进而理性失控的企业，必须在理性上补课。企业家本人要逐渐觉醒，意识到只凭匹夫之勇的危险，要逐渐用理性条分缕析，把企业经营的内在逻辑搞清楚，树立起明确、统一的导向，以此识别和团结更多的同道中人，吸纳更广泛的意见和建议，然后逐步在企业推行规范化、制度化管理。树立起管理大旗之后，企业家必须做到以身作则，扛住企业旧的惯性带来的压力。就算企业家对管理不满，也要通过合规的流程来进行优化和改变。

20世纪90年代初,联想规定开会迟到要罚站一分钟,结果被罚的第一个人是柳传志在中科院的老领导,但柳传志坚决要执行这一制度,不能因为是自己的老领导就公开破例,他会后私下跟老领导说:"我今晚到您家给您罚站。"之后柳传志自己也因航班延迟,董事会议迟到,他毫不含糊,带头罚站一分钟。从此之后,不管是元老还是功臣,都不再有侥幸心理,规定也得以很好执行。

对于那些陷入精神消亡慢性病的企业,企业家本人同样要觉醒,重新找回创业时的精神力量,勇敢去面对当下企业的沉疴,奋力冲破利益、观念构建的强大壁垒,重新唤醒文化的活力,并在文化形成的一定思想统一的基础上,主导管理变革。

管理变革的典型案例如TCL集团。2005年,TCL首次遭遇亏损,全年亏损20多亿元,这个曾经的巨人似乎即将倒下。此时,TCL的CEO李东生重整精神,勇敢地担起大任,以"鹰的重生"为主题的五篇文章,从如何改变思想观念、组织流程再造、管理干部承担责任、员工参与变革、国际化是企业必由之路五大方面,反思了TCL开展国际化经营以来的成败得失,对企业文化、经营战略和管理模式进行了深刻的剖析和反思,吹响了变革的号角。

这次变革以文化变革为首,李东生认为TCL的文化和管理理念未能适应企业国际化步伐,导致企业遇到瓶颈,他坦诚地反省了自己的三大失误:

(1)没有坚决把企业的核心价值观付诸行动,往往过多考虑企业业绩和个人能力,容忍一些和企业核心价值观不一致的言行存在,特别是对一些有较好经营业绩的企业主管。

(2)没有坚决制止一些主管在小团体里面形成和推行与集团愿景、价值观不一致的价值观和行为标准,从而在企业内部形成诸侯文化的习气长期不能克服,形成许多盘根错节的小山头和利益小团体,严重毒化了企业的组织氛围,使一些正直而有才能的员工失去在企业的生存环境,许多没有参与这种小团体活动的员工往往受到损害或失去发展机会。

（3）对一些没有能力承担责任的管理干部过分碍于情面，继续让他们身居高位。这种情况不但有碍于企业的发展，影响公司的经营，也影响了一大批有能力新人的成长。

为此，李东生开始坚定地推进文化变革，和高层一起重新拟定了企业的愿景、使命和核心价值观，形成统一共识并逐步向下推进。此外，李东生主导企业从管理理念到组织结构进行大刀阔斧的变革创新。在经营规模上主动做减法，建立全面预算管理制度和激励分享机制，激发团队潜能，使企业重新恢复生机和竞争力。

经过两年的变革，2007 年，TCL 实现整体扭亏为盈，再次步入快速增长期。

这就是企业家担当好管理建设和变革者的要求，他必须当一只猫头鹰，当大家都理所应当地睡去时，他来把握一切的动向。他的一只眼睛警惕地关注外部的变化，随时用外部刺激来优化内部管理；另一只眼睛理性地扫视自己，一旦它发现内部管理陷入混乱或者变得僵化，他就鼓起精神，发出足以惊醒所有人的警告声。

三、使命愿景是管理的方向

管理要帮助企业更高效地达到目标，而愿景正是企业最大、最长远的目标。管理要能够引导、规范员工走在正确的方向上，而使命正指明这一正确的道路。有使命愿景的路径牵引和思路统一，管理才不至于失去方向，转向封闭。

反过来，使命愿景也需要管理的帮助，以进入落实和行动阶段。

使命愿景一旦形成，首先在管理上要做的就是形成传播和沟通机制，让更多企业的使命愿景与高层的使命愿景逐渐融合，激发更多人为使命愿景而奋斗，逐渐形成具有共识的组织的使命愿景。

之后，管理还要帮助使命愿景进行分解，将使命愿景规划的大致路径分解成一个个更短期、更具体的目标，并围绕目标形成行动计划，以行动计划的执行成果来检讨、优化管理，从而使小目标的路径更加贴近使命愿景所规划的路径。

四、核心价值观是管理的营养来源

与管理一样，核心价值观同样是理性的产物，但是相对来说，核心价值观更为基础，它要作为管理的营养来源，为管理提供最基本的原则和标准。失去了核心价值观的管理，就是无土之木，难以在企业中真正树立起来。

管理首先是对核心价值观的充分理解和继承，并在继承中不断细分，正如一棵树一般，从土壤中生长出来后，不断开枝散叶，但它的根系仍然要扎在土壤里。

核心价值观中的核心，正是客户至上和人才为本。管理的任何产物都要体现出客户至上或人才为本的理念，这两个核心价值观将成为衡量管理的基本准则。如果一项管理内容既不能对客户产生正面影响，也不能对人才产生正面影响，那么这项管理就必须被优化。

管理从核心价值观中汲取营养，形成统一的体系之后，反过来就要拱卫核心价值观，保证核心价值观的营养不会轻易流失。为此，管理必须做到：

（1）有观可依，有观必依。管理的任何规章、指令、决定、行为，都有核心价值观作为支撑和根据，也必须根据核心价值观来做出基本的判断。

（2）执观必严，无观必导。管理过程必须严格以核心价值观为导向。如果企业内的员工缺乏某些核心价值观，那么就要对他进行引导、培训，保证他能够接受核心价值观。

（3）守观必肯，违观必究。在管理过程中，守护、坚持核心价值观的言行，将获得肯定。如果守护、坚持核心价值观的行为同时带来了效益的提升、结果的成功，那么就要给予奖励。另外，如果出现违背核心价值观的言行，要进行追究和处理。多次违背核心价值观者，机会将会减少，并且无法晋升为管理层。

五、用文化剃刀精简管理

管理优化涉及对管理冗余的剔除，对管理体系的精简，使企业在可控范围内松绑，恢复精神力量。文化便是精简管理的一把好剃刀，文化树立起来后，企业的管理优化便能够更为清晰、顺畅。

第一把剃刀是使命愿景。如果管理中的内容违背了使命愿景，相当于逆向而行，设计得越好，就越是南辕北辙。因此，一旦发现违背使命愿景的管理内容，就要剃掉。

第二把剃刀是核心价值观，任何违背核心价值观的内容，或者和核心价值观完全无关的内容，需要剃掉。

在文化的两把剃刀精简过一轮之后，就可以使用整体效率的标准，将其作为第三把剃刀：

- 如果存在两套管理方式，达成目标的整体效率一致，则优先选择更精简的那一套。
- 如果在一套管理方式下，某一部分管理内容的精简并不影响整体效率，甚至使整体效率还有提升，那么就坚决地剃掉这一部分管理内容。

如果我们把管理看成管道，那么使命愿景是管道的最终目标和路线，核心价值观是管理的材料，管理则进一步用理性把这些材料锻造成合适的管壁。在管壁中流通的是达成目标所需的信息、人力和物力，它们最好能畅通而高速地被管道运往目标。一位管理的建设和改革者，就像查验管道的专家，首先看管道的方向是否正确，中间是不是有很多无效的弯弯绕，有就要拉直；然后看管壁的材料是否偷工减料，有没有破损的地方，查漏补缺；最后看管道中流通的东西是否会堵塞，如果会，就说明管得太细，要适当放宽。只有专家胸有成竹，并且兢兢业业地查验，企业的管道才能真正地顺畅。

第五节　重读《走出混沌》：看早期华为如何生成管理

我有很多企业家朋友，一直在向华为学习管理，但每次他们和我分享这种学习时，我总感觉他们学得过于超前。他们学的是《华为纲要2.0》，学的是现在的华为，可他们的企业离现在的华为还太遥远。

每当这时，我就会向他们推荐一本已经绝版的书——《走出混沌》。

《走出混沌》是当初我在华为时，干部们人手一本的指导书。这本书囊括了《华为基本法》、《华为基本法》形成的记录、任正非针对《华为基本法》所作的发言和文章、参与《华为基本法》制定的专家们的报告。现在回首来看，这本书对于大多数学习华为的中小企业来说，可谓价值连城——它讲述的是早年的华为如何通过基本法的制定，逐渐走出混沌状态，而大多数中小企业正处在混沌之中，这样一本原生态管理书籍，无疑更具有参考意义。

在此，我分享一下我认为华为在《华为基本法》制定中值得借鉴的一些亮点。我相信正是在这些亮点的光照中，管理才逐渐变得清晰有力起来。

一、企业家的心中有数

在《华为基本法》制定之前，任正非肯定做了长期的思考，形成了较为系统的观念。因此，他在《华为基本法》制定前，就已经显得胸有成竹，证据有如下两点。

从1995年9月起，华为就发起了"华为兴亡，我的责任"的企业文化大讨论。华为在创业过程中形成了很有特色的文化，视察过华为的上级领导都称赞华为文化好。逐渐地，华为的干部员工也常把"企业文化"这个词挂在嘴上，但真的讨论起文化来才发现不是那么回事。到底企业文化是什么，它有什么用，谁也说不清楚。华为宣传部为了活跃企业文化的讨论，组织了几场辩论会，辩论下来人们才发现，任正非赞同的观点往往与多数人不同。例如，任总就曾批评"有福同享，有难同当"是封建意识。不少干部和员工很困惑，不知道任总在想什么，任总为什么要这样说？

按总裁办公室工作的习惯思路，陈小东认为，把华为公司这些年来发布的内部管理条例和制度加以汇总，重新分类，终止过时的制度，补充缺少的制度，形成体系，这大概就是基本法。两个月后，当精心整理出的华为公司管理制度汇编送给任总审阅时，任总批评陈小东："你还不理解我为什么要这样做。"陈小东找到公司的管理顾问——中国人民大学劳动人事学院教授彭剑锋，与他探讨"基本法"究竟是什么。彭剑锋说："把管理制度汇编一下，不过是多了几个文件柜，任总要的不是这个，他要的是指导华为公司未来发展的管理大纲。"

可以看出，任正非对于企业文化中的是非，对于自己想要的"基本法"是什么样子，心中是有分寸的。清晰的思维使他可以承担起企业家的重任，扮演好主导思想权的企业家角色，在"基本法"制定的三年过程中不断做出指示，举重若轻。

对照之下，多数进行管理变革的企业家，自己的思维还没理顺，中间有太多似是而非的东西，导致他们往往没法扛起组织给予的重任，反而把思想权丢给外部顾问、高管、委员会，而一旦得出的结果不尽他意，他又会觉得没有人理解他，出来收权。结果就是，在管理变革上反反复复，大家互相埋怨，但没有结果。

对此，企业家必须牢记任正非所说：

> 华为第一次创业的特点，是靠企业家行为，为了抓住机会，不顾手中资源，奋力牵引，凭着第一代、第二代创业者的艰苦奋斗、

远见卓识、超人的胆略，使公司从小发展到初具规模。第二次创业的目标就是可持续发展，要用10年时间使各项工作与国际接轨。它的特点是要淡化企业家的个人色彩，强化职业化管理。把人格魅力、牵引精神、个人推动力变成一种氛围，使它形成一个场，以推动和导向企业的正确发展。

多数进行管理变革的企业家，都还处在第一次创业的阶段，要靠企业家自己去发扬精神，勇敢承担起责任。也就是说，企业家自己要首先成为企业的觉醒者，通过自己的率先思考，做到大致心中有数，这是企业家要做好管理的必经之路。至于第二次创业的"淡化企业家个人色彩""强化职业化管理"，乃至于"无为而治"，那都是在企业家第一次创业历史使命完成之后的结果，决不能以理想中的"先进经验"，替代了现实中的"必要修行"。

二、实际问题驱动

《华为基本法》的制定，是被实际问题所牵动着的，而并非对管理理论的生搬硬套，所以能做到脚踏实地。

华为当时遇到的问题是公司高速发展与旧有体制的惯性之间的矛盾，存在相当多的问题，如果没有统一的思想来加以梳理和回答，企业就会陷入迷茫之中。

正如黄卫伟老师所记录的：

> 1996年1月，每年一度的市场部主管整训活动，在市场部所有正职干部集体辞职的高潮中落下了帷幕……市场部集体辞职的壮举，提出了一些公司发展中的根本性问题，干部不适应企业发展要求了怎么办？有功的老员工落后了怎么办？怎么使优秀新员工脱颖而出？怎么使干部能上能下制度化？
>
> 为适应公司大发展的要求，华为在1995年成立了工资改革小

组,开始重新设计公司的工资分配方案。设计小组碰到了难题:工资确定的依据是什么?依据绩效还是职位,还是能力?要不要考虑资历……过去是钱怎么挣困扰华为的管理者,现在令管理者挠头的是:钱怎么发?人怎么评价?

1995年年初,华为开始在全公司范围内大规模推行ISO9001认证,使公司的业务流程规范化,全面提高公司的运作效率和顾客满意度。但在重整后的业务流程体系中,各个部门和岗位的职责与权限如何定位?一切按流程操作会不会导致组织的僵化?

根据实际中存在的这些问题,《华为基本法》的主要目的之一得到确定:阐述华为公司处理管理的基本矛盾和企业内外重大关系的原则和优先次序,建立调整公司内部关系和矛盾的心理契约。

"人大六君子"当年对华为高管的访谈,也着重关注实际问题,他们询问高层华为目前存在的主要问题,分析这些问题产生的原因,看这些问题能不能通过过去成功的经验和准则加以解决,如果不能,应当如何解决。在这种基于实际问题的辨析中,华为对未来有用的经验得以提炼和继承,华为走向未来所需的新理念也浮出水面。

在华为实际问题的基础上,"人大六君子"提炼出了10对矛盾命题,被称为10大关系:

(1)尊重个性与集体奋斗。

(2)开放合作与独立自主。

(3)顾客、员工(含股东)与合作者关系。

(4)精神文明与物质文明。

(5)公平与效率。

(6)民主与独裁。

（7）统一性与多样性。

（8）程序化与灵活性。

（9）速度与效益。

（10）继承与发展。

对这些矛盾的辨析与回答，构成了《华为基本法》背后的管理哲学。这种管理哲学将不仅在"基本法"的制定上，也在将来华为的管理上给予指导。

三、文化生成管理

华为在"基本法"制定中，坚持"文化生成管理"的原则，先刨松文化土壤，施好肥，才好在文化土壤上种管理的庄稼。也就是说，先要想明白道理，构建起文化体系，然后通过文化统一大家的思想，形成共识，最后才能在统一、鲜明的文化体系下形成思想上一脉相承、逻辑自洽的管理体系。正如任正非所说："不熟悉华为文化，就可能产生许多错误的导向，产生管理上的矛盾，导致管理效益降低。"

华为文化因此得到了清晰的定位：它是管理建设的前提条件，是管理者最底层的价值评价基础。这种最顶层的重要性，使文化权成为企业管理的最大权力。

四、辩证法

任正非在讲话中多次提到辩证、对立统一的概念，可见其对辩证法指导《华为基本法》的重视。任正非的辩证法，集中体现在以下几段话中：

> 我们要用辩证法的思想来认识世界，否则就会扭曲我们的价值规律。华为的价值规律就像一根绳子，要正反拧，拧紧了会断，拧反了就散。对立统一的关系永远都讲不完，所以我们必须既做到合二为一，又做到一分为二。合二为一是结论，一分为二是指导思想

和方法，而且必须适可而止。

我们对事物的认识都有一分为二的看法，世界上事物的结论都是合二为一的结论。合二为一就是妥协，妥协是有阶段性，不会有永恒的妥协。过一段时间将提出更高的目标，以便更好地前进，这又是一分为二。

现在基本法是解决矛盾对立统一的度和方向，是解决问题的思维方向。它并没有任何使用价值，它说的都是含糊不清的话，没有一句话是可以直接拿来使用的。对立统一两方面都说了，把一点点变成了方向，把两个对立面同时来使用，在它中间找到一个平衡点。因此，它主要是阐述企业当前存在的矛盾，如何用"基本法"解决。有矛盾才有动力，才有生命力。解决了矛盾，动力就出来了，没有矛盾就没有生命力。员工慢慢地就会理解为什么企业问题多。如果这个公司停止发展了，很快内部问题就消失了，但竞争实力也随之消失了，它还能生存下去吗？现在应主要谈消除企业主要的一到两个矛盾，解决这个矛盾，会增强企业的生命力。

从这几段话中可以看出：

（1）一分为二是指导思想和方法，也就是将事物、问题分解为一对矛盾，然后对矛盾双方以及矛盾双方间的联系，进行具体问题具体分析。

（2）合二为一是结论，即在分析后，找到矛盾双方中间的平衡点，统合形成结论。这种解决方法并非一劳永逸地搞清楚和解决矛盾，而更多地体现在基于现实情况的妥协、对度的把握上。这种对度的把握，使问题不至于走向矛盾的其中一个对立面，而是一直保持弹性，随着实际情况的变化做出调整。

（3）解决矛盾可以带来动力，但不可能消灭所有矛盾，没有矛盾就没有生命力。企业在发展中问题总会增多，但关键是要在发展中解决问题。因此，解决矛盾要有主次，应该基于当下企业的主要矛盾进行分析解决。

（4）妥协具有阶段性，不会有永恒的妥协。企业要发展，就会不断基于实际情况，提出更高的目标，从而牵动对问题继续一分为二的分析。

五、动态发展观

因为有了辩证法和实事求是的原则，任正非看待《华为基本法》的方式也是动态发展的，永远保持着宽容、耐心，以及大方向的把握。这让《华为基本法》在思路清晰的同时，又保持了一定的弹性和灵活性。

在任正非看来，《华为基本法》是混沌中的光束，这种光束不是清晰透亮的，而是在主光带外还有模糊带，但这些模糊带仍然和主光带的方向一致，也就是能为人们提供清晰的导向型。有模糊带，就意味着，对于具体问题，华为包容大家不同的理解，以及理解中可能存在的偏差，但华为又通过"基本法"提供导向，让大家不至于因偏离太远而迷路，最终能够走回正轨。

因此，《华为基本法》不提供完美、标准的答案，在任正非看来，"如果我们的'基本法'最后产生明确的结论，即什么是正确的，什么是错误的，什么可做，什么不可做，那么我们本身就失败了"。这是因为完美、标准意味着静止地看待和处理问题，而实际情况总是在发展变化的。任正非对理性追求完美可能出现的问题有精妙的见解：

> 华为文化因为已移植在所有人心中，并且建立在实事求是的基础上，使得它比较容易推进，向一个正确的目标推进。但是，非常完美的东西只是唯心主义才有，现实生活中是不可能存在的，追求越来越完美将导致我们的文化向"极左"方面发展，最后的结果是没有什么用处。

> 华为公司从创办到现在，从来没有追求完美，追求完美我们就没有动力了。我们在推行各种政策时，只要大的环节想明白就推行，然后在推行过程中慢慢优化。华为文化的一个特征是，只要有新的增长点就不能追求完美，追求完美就不可能有增长点，一定要追求实事求是、可操作性、可运行性。

定好大方向，实事求是，在发展中不断优化，避免对完美的想象，对于避免管理陷入僵化有鲜明的指导意义。

正因为用一种动态的、发展的眼光看待问题，任正非总是能清醒地意识到什么是华为的现在，而什么是华为未来追求的状态，不会将二者混淆起来。

例如对于民主问题，很多企业都在经营管理体系还没有成熟的时候，就开始搞民主、集体决策，但效果反而不好。任正非虽然把民主视为华为的奋斗目标，但也清晰地知道，华为当时所处的状态还只能依赖人治，还需要企业家发挥其精神力量，而民主则是在追求过程中逐渐实现的。对此，他斩钉截铁地回答：

> 民主是产生在独裁基础上的，没有独裁，民主不可能生长，民主不可能在无政府主义状态下生成。华为公司正走向民主管理，这个转化要通过"基本法"来逐步完成，而且将指导一批批新任领导将华为带向越来越多的光明。

对于《华为基本法》本身，任正非也没有追求通过"基本法"一步登天，让所有人都接受。《华为基本法》的制定宗旨中明确指出：基本法主要解决企业三分之一骨干层的问题。《华为基本法》要使50%的员工看懂，对于那些看不懂、不能接受的华为人，任正非表现出极大的包容，即只要他们还能创造价值，就继续让他们在岗位上发光发热，但同时又要营造大势所趋，推动他们慢慢去接触《华为基本法》，最后接受《华为基本法》。他的观点如下：

尽管我们在报上讲，没有华为文化要被除名，不认同《华为基本法》的不提拔使用，但在操作使用中，要"温吞水"。你不认同《华为基本法》，不认同华为文化我们也不跟你计较，只要好好工作就行。但时间一长，人家都"沉舟侧畔千帆过，病树前头万木春"，他也就坐不住了：看来我也不能老不积极，至少也得"假"积极，"假"久了就成了真。"假"还造成了一种势，一种外围的气氛，影响了别人，结果把别人给带进步了。我们就是这样认识问题的：你不认同呢，我们在实际工作中也不整你，但我们就不提拔你。所以，华为公司内部不是用矛盾的、激化的斗争方式贯彻这些东西，而是用"温吞水"的方式。企业文化的推动贯彻也要有张有弛。不能老张着，这是受不了的，这样人就成了假人，说话也全是套话了。

动态的发展观使华为的管理如同牵着两根拧成一股的绳子，拧绳的人永远在把握着两根绳子拧的力度，根据情况时而放松、时而收紧，却永远明确地让绳子指向自己意图的方向。在这样的张弛有度之中，《华为基本法》最终落地，预示着华为走出混沌，走向新阶段，也给予之后诸多管理制度的制定以思维上的指引。

第九章
CHAPTER9

企业文化建设实践

天下之至柔,驰骋天下之至坚。无有入无间,吾是以知无为之有益。

——《道德经》

第一节　企业文化建设基本认知

本书撰写的直接原因之一，在于我在实践过程中看到了企业文化建设的种种问题：流于形式、难以落实、急于求成、生搬硬套……这些问题的关键往往出在认知上。因此，在前八章的探讨中，我从文化的自身结构以及文化与企业其他要素关系的分析中，逐渐梳理出一些用以解答企业文化建设困境的认知。如果要进行企业文化建设，这些基本认知应该作为建设的要素，在企业的每一个层级都得到理解和贯彻。

一、以人为本

企业文化针对的是人的思想、认知和行为问题，是首先通过对人的改变，最终改变事。因此，企业文化不能不以人为本。

企业文化建设中的以人为本，是指企业文化的效应要落到企业中的一个个人，以及客户中的一个个人身上。如果企业文化不能对人产生效应，企业文化就只是徒有其表的空壳。

从效应的深入层级来看，可以分为四层。

第一层：被激发，即企业文化发挥了效应，无意中给人带来了情感、精神上的振奋。比如，良好的工作环境和氛围总能让进入办公室的员工无形中被氛围激发，更有工作的意愿。又如，一位领导者总是能通过自己的精神提振周围同事的士气。

第二层：感知，即企业文化在发挥效应时能被人察觉到，但还没有去认真思考。比如，企业文化被广泛用于语言文字中，形成了一个企业的"行话"，那么听到或看到这些内容的新员工或客户，就会察觉出其中的文化内容，并在互动中逐渐接受这套新东西。

第三层：认识，即个人有意识地用理性去认知企业文化，理解其中的思维和逻辑。这些人可以通过理解并有效地运用企业文化来思考和判断，并规避违反企业文化的思想和行为。

第四层：接受，这种接受是一种理性、精神、情感上的全面拥抱，表现出对企业文化的深刻领会和无条件信任。此时，企业文化终于深化为个人的精神和基本假设。

从企业的组织结构来看，不同层级的效应应该和不同组织层级的个人要求相对应：对于企业的核心团队，企业文化效应必须最终达到第四层；对于企业的干部，他们必须最终走到第三层；对于企业的一般员工，第一层和第二层的效应要传达到他们身上。

以人为本，同样意味着企业文化建设的成果主要从人身上检验，标准为：

（1）企业文化在组织的每个层级都获得多数人肯定，形成主流。

（2）个人的语言、行为发生改变，并逐渐体现在工作效果改善上。

（3）新人、新客户对企业的感受改善。

（4）组织由于个人的改善，逐渐形成整体的工作效果改善。

（5）企业内部出现更多认同企业的骨干。

二、自上而下，由粗至细

从组织上看，企业永远是少部分先锋队带动大多数人，这个先锋队就是企业的干部。

对于一个还没有进入企业文化 2.0 的成长型企业来说，企业家就是撬动整个企业运动的基点，这个企业还没能走到自运转的阶段，仍然需要企业家强大的精神力量。

因此，企业文化的建设只能是一个从企业家开始自上而下的流程。

这个自上而下的流程同时要遵循由粗至细的方法，就如撒网一般，由粗的线牵扯细的网线，才不至于千头万绪，不知从何抓起。最开始得出的是最根本的精神、使命、愿景、核心价值观，这些内容作为根本，一定是普适和宽泛的；向下，要形成文化纲要，以及基于文化纲要的基本法，这些纲要性内容是粗线条，抓大方向的；再向下，才进入到各部门的文化细化以及具体章程。

每一个向下、向细的步骤，都同时意味着权责的向下授予，上一层的主管只抓粗线条的内容，而把细化的权责下放给下一层的主管。下一层的主管也继承上层的基本方法，并做有针对性的细化。

不过，权责下放意味着授权者本人要对企业文化足够理解，因此，每个向下、向细的步骤都要求上一层已经做得较为扎实，每级主管起码要深入到认识企业文化的层级，并承担起企业文化建设的相应职责。

这就意味着每一层级主管必须培养、打造企业文化先锋队，用先锋队引领自己组织中的大多数人，并拱卫自己所维护的企业文化体系。

文化建设的逐步推进，最后在组织上就会产生"众星拱月"的结构，保证在每一层级都有先锋队组成的"卫星带"，并承担起建设下一层级"卫星带"建设的任务，使星系各司其职，主星稳居中央，如图9-1所示。

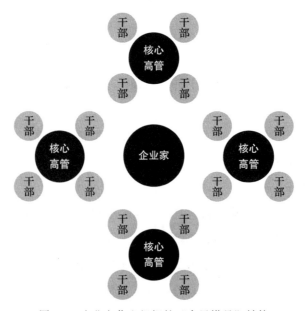

图9-1　企业文化上组织的"众星拱月"结构

三、企业文化角色的塑造

企业文化要能改变人，首先必须让企业中的人员越是核心层，越要承担起他们的企业文化角色。只有企业文化角色的塑造统一，且传递过程有效，才能让接收者在统一中找到可信服的东西。一个承担企业文化角色的人，必须注意以下三个方面：

（1）言论。他的言论必须符合企业文化，并和他所处层级要达到的文化效应相匹配。

（2）行为。他的行为必须和他的言论相匹配，体现出对企业文化的遵守和发扬。

（3）载体。载体是承载着该角色言行的实体。如果是该角色言传身教，那么该角色本人就作为其言行的载体。但是如果言传身教有距离限制，就要用各种媒介，如声音、语言、文字、图像、多媒体等，来实现文化传递。在这种间接的文化传递中，由于逐渐脱离了文化角色本人，传播过程中难免会出现细节丢失和变形的情况，如何发挥各种媒介的特点，并保证符合企业文化的内容被准确传播，成为企业文化建设的一大课题。

对于不同层级的人员来说，企业文化角色有以下几种。

1. 企业家

企业家是企业文化建设的发起人和主导者，对企业文化的建设效果起着决定性作用。

首先，企业文化源于企业家的精神和基本假设。企业家要建设企业文化，就必须承担起自己的企业文化角色，仔细梳理自己的精神和基本假设，吸取经验教训，形成初步的企业文化体系。

其次，企业家作为企业文化建设的发起人，必须成为全企业的文化标杆，率先以文化体系要求自己的言行，并通过媒介将自己的标杆作用放大，将企业文化的精神感召力发挥到极致。

最后，企业家必须用企业文化团结大多数干部，通过自己的努力引导、培养、提拔、淘汰，形成强有力的核心团队和先锋队，将企业文化逐步推行下去。

2. 核心高管层

企业管理层是企业文化建设的核心力量，他们是与企业家最近的人，需要成为企业家最可靠的支撑。

首先，核心高管要通过学习，最终接受企业文化，并形成坚如磐石的文化信仰，能够和企业家在精神和底层思维上共通。在这一基础上，核心高管必须通过自己的经验和理性思考，为企业文化2.0提供建议和补充，形成更为系统的企业文化纲要。

其次，核心高管要在参与企业顶层设计，如战略、经营、组织、管理设计时，主动将企业文化体系的思维灌注其中，引导顶层设计符合文化规范的路径。在自己所管的领域和组织，核心高管要以身作则，践行企业文化，成为组织内的标杆，主导企业文化与自己所管的组织相适配，推动建设例行化活动和规范化章程，并输出企业文化的落地案例和方案。

最后，核心高管要成为干部的导师，能够为干部树立使命愿景，或者将干部个人的愿景融入企业的愿景；能够树立自身标杆，激发干部精神；能够使用核心价值观规范干部的行为，用理性构建合适的岗位要求，及时识别和提拔企业文化和业务中先进干部，建设强有力的先锋队。

3. 干部

干部作为面对执行的主要管理者，是企业文化践行与传播的先锋队，只有通过他们的率先垂范，企业文化才有可能深入到基层员工中，为企业生命创造源源不断的新鲜血液。

干部的精神面貌及行为举止，应该和企业文化具有高度的统一性。他们不一定深入理解文化，但他们信任企业文化。

首先，干部是企业文化的践行者。他们能够被企业文化激发出精神，在企业文化的引导下拥有强烈的使命感和目标感，充分肯定自己工作的价值，能够按照核心价值观的要求开展工作，并通过不断学习和实践，深入参与企业文化活动。

其次，干部是企业文化建设的积极参与者。他们积极参与企业文化活动，开展企业文化学习，学以致用，并将自己的实践经验不断整理成材料，贡献给企业。在这一过程中，干部逐渐从被精神感召，被核心价值观要求，走向能够理性地深入思考和使用企业文化，从而更好地用理论指导实践，并为自己的上升奠定思想基础。

再次，干部是企业文化的传播者。他们通过树立自己的精神面貌，传播历史英雄事迹和发掘新英雄事迹，为大多数人倾注积极向上的力量，塑造起企业文化的主流氛围。

最后，干部是员工的导师，能够用全身心投入事业的奋斗精神，用不畏艰险、勇于当先的进取精神，感染和激发员工，使大家逐渐在精神上共通；能够通过对使命、愿景的塑造，帮助员工找到工作的价值；能够用核心价值观形成的章程严格要求员工，帮助员工使语言、行为规范化。在干部的激发和训练下，员工能够迅速形成对组织的信任感和对工作的价值感，干部再通过对员工的及时识别、激励和推荐，为企业团结起骨干力量。

4. 企业文化相关职能

企业文化相关职能一般由总裁办、人力资源部、宣传部等部门承担。存在五种文化角色：

第一，问题的发现和解决者。善于从企业文化的视角出发，观察企业经营中存在的问题，洞察背后的认知原因，并从企业文化的角度提出解决方案。

第二，企业文化系统的整合者。相关职能人员必须收集、整合与企业文化相关的各种材料,发掘承载企业文化的典型的人物、事件,作为企业家和企业核心团队决策以及企业考核和激励的重要参考依据。

第三,企业文化落地的推动和监督者。企业文化建设是一个长期渐进的过程,企业文化相关职能人员应制订全面的、中长期的实施计划,包括面向不同群体的各种形式的学习、宣贯、行为活动等。合理利用企业各项资源,推动文化实施计划的落地。

第四,企业文化的传播者。企业文化的部分相关职能人员,是企业文化官方指定的传播渠道,必须充分理解企业文化传播的内容和承载媒介的特性,保证企业文化的官方传播效果,并及时收集整理各层级上传的反馈信息。

第五,企业文化变革的建议者。外部环境不断变化,企业的经营管理不断发展,如果发现现有企业文化中存在不相适应的部分时,需要为核心团队提供信息。

企业文化职能工作是系统的、复杂的、具有挑战性的,要求从业人员不断学习企业文化、经营管理专业知识,以及提升系统性、全局性、深度思考的能力。持续地学习、知识革新是需要自驱的,源于从业人员热爱、认可企业文化工作,符合自身职业规划,在工作中能够发挥自身的价值。

企业文化角色的清晰化,是最终树立组织角色的重要前提。

四、兼顾言传身教与条件反射训练

企业文化要最终在个人身上产生效用,有人对人或者环境对人两种方式。

人对人的方式,即对企业文化掌握更深的人对他人进行言传身教。这种方式不只用于培训,在工作中一样能发挥效果,而且教、受双方在工作中共同面对问题,是言传身教者发扬自己的精神,感染受教者,形成信任感和对文化情感上接受的最好契机。言传身教也能通过循序渐进、答疑解惑,深入到理解认识层面，使受教人既知其然，也知其所以然，对加速其成长大有帮助。

环境对人的方式，即通过反复的信息刺激和行为的重复训练，逐渐形成条件反射，之后看到类似的情况就可以直接调动企业文化进行判断和行动。反复的信息刺激，包括固定的标语、重复的宣传、重复强化企业文化的培训、同样言行的反复出现等，它们让员工在重复接收信息中不断强化对企业文化的感知。重复的信息刺激也会制造势能，迫使想要融入组织的个体做出改变，接受企业文化。行为的重复训练，即通过管理，以规章制度标准化动作，并要求员工在标准中重复行为训练，逐渐强化对企业文化的感知。条件反射训练的起点是先通过反复强化达到知其然的水平，之后还需要辅助以学习、引导，帮助员工知其所以然，最终完全内化企业文化。这时，人对人的言传身教便会发挥更深远的作用。要做到言传身教和条件反射训练的有机结合，就要求企业文化与管理、培训、宣传紧密结合，按照相同的步调前进。

第二节　认知完善：企业文化启程

企业文化建设是理念形成、塑造、传播的全过程，是具有步骤和路径的。对相对抽象的概念进行具体化、可操作化、可量化，最终使其成为企业内部共享的价值和行为模式，这个过程需要遵循一定的规律、路径，有规划地推进。

经过对大量的企业文化建设理论与企业实践进行研究，我把企业文化建设的路径大致总结为四个阶段：第一阶段，认知完善；第二阶段，共识与提炼；第三阶段，建设与传承；第四阶段，作用与内化。各阶段的大致情况，如图 9-2 所示。

	第一阶段 认知与完善	第二阶段 共识与提炼	第三阶段 建设与传承	第四阶段 作用与内化
目标	1. 企业家提炼关于企业经营的理论 2. 认知企业文化在企业经营理论的重要位置 3. 关键岗位对于企业文化的角色认知	1. 对历史经验总结和提炼,为什么成功,想更大成功缺什么 2. 对于事业的深度思考,提炼系统的企业文化,并承担起管理层理解接受企业文化,践行企业文化的角色和职责	1. 系统规划企业文化建设工作 2. 审查借鉴升级企业文化管理体系 3. 立体式地学习、宣传企业文化	1. 价值分配遵循企业文化 2. 政策制度贯彻符合企业文化 3. 日常践行符合企业文化
动作	**A. 企业家** 1. 提炼梳理基本信设 2. 提炼企业家精神和个人事业思考（4W1H） 3. 认知企业文化（4W1H） 4. 总结系统性的经验教训 5. 学习标杆组织 6. 输入素材,公司管理文件整理,企业家关于事业及思考的整理提炼 **B. 核心高管团队** 1. 认知企业文化 2. 学习标杆组织 3. 学习企业经营理论（4W1H）	**A. 分析提炼** 1. 企业家带领核心管理团队研讨企业文化 2. 核心高管理层对企业文化研讨输出材料 3. 总结提炼企业文化系统 **B. 理解接受** 核心管理团队反复理解层： 1. 思想统一,构建凝聚力 2. 学习、补充建议,优化企业文化 3. 用企业文化来要求自己,约束自己 4. 在企业文化落地过程中的思考和总结,输出材料	**A. 企业文化建设规划** 企业文化落地规划的制定 **B. 企业文化管理体系搭建** 1. 管理政策系搭建升级 2. 企业文化管理体制 **C. 企业文化学习** 1. 企业文化学习 2. 企业文化榜样人物表彰 3. 企业文化宣传贯彻 4. 企业文化大讨论	**A. 企业文化考核应用** 1. 企业文化行为准则 2. 企业文化考核 3. 践行企业文化激励政策 **B. 企业文化评估调研** 年度评估企业文化的满意度、践行度、认同度等核心价观年度建设计划 **C. 企业文化优化升级**
成果	企业精神、使命、愿景、价值观、经营理念、管理理念 《企业文化宣言》 《企业文化纲要》	企业家关于事业的思考》 《企业家文件和讲话稿整理》 《成功经验总结与不足思考》	《企业文化建设规划全景图》《企业文化手册》 《企业基本法》《企业文化学习体系》 《企业文化案例集》	《企业文化行为规范》 《企业文化考核制度》 《企业文化评估报告》

图 9-2 企业文化建设路径参考图

一、企业文化建设必然从企业家开始

认知完善阶段是企业文化建设的开山期，唯一拥有开山之力的就是企业家。

企业的来源，从根本上来说就是企业家的奋发、思考、探索和实践。企业文化的启程只能从企业家开始，由企业家牢牢抓住主导权，达成企业文化启程的关键任务：总结出关于事业的思考、经验教训的思考，形成企业精神、使命、愿景、核心价值观的最初版本。

企业家必须主导企业文化建设的原因简单归类如下：

（1）企业家以其个人的特性，赋予了企业自己的特性，他是企业灵魂的工程师和企业基本框架的建设者。当企业家离开企业时，这个企业的文化应当是企业家自我的外化，展现着企业家的特点。这也是为什么纳德拉担任微软 CEO 后，必须把比尔·盖茨请出山，才能开展文化变革工作。

（2）企业家赋予了企业使命和愿景，也就为企业指明了未来，并赋予了企业社会责任，这相当于给予了企业一个扎实的自我意识，让企业安分地处于社会所需的模块中，朝着目标自行运转。没有做到这一点的企业是很难保证稳定的，企业家必须在他任上完成这一任务，按照伊查克·爱迪思的说法，"企业应该在清楚地描绘企业发展方向并清晰地传达企业使命时，才能引入新的领导人"。

（3）企业家为企业注入了必要因素——创新，创新是企业家区别于其他员工的本质，是企业家作为企业中特殊要素的根本原因。换句话说，企业必须创新，其他人可以不创新，但企业家必须创新。企业文化的建设，只能从企业家的创新中来。

（4）企业家是企业中唯一掌控全局的人，企业要有一个核心，这个核心只能是企业家。员工可能只是流程中的一环，干部的工作可能只针对一个流程，高管的工作可能还有缺漏，但企业家必须俯瞰全局，并且明白全局背后的动向、价值，让明确的信息从自己这里传递到企业的各个部门。企业文化作为企业最为精要的思想，必定从全局中来。

企业家主导企业文化建设，除了要发扬一直支撑自己打天下的精神力量之外，还要逐渐培育和展现自身的理性，通过不断思考深入到事物的规律层面，从而顺利地总结出企业文化的基本要素。企业家只有对企业经营管理进行综合、系统的思考，开始寻求企业治理之道的探索时，才会逐渐觉察企业文化的真正意义。而只有当企业家真正要进行明确的输出，并且试图建设和完成这个企业顶层的课题时，对真实的企业文化的追求之路才得以启程。

二、文化建设从哪个阶段开始

企业家要开启企业文化建设，首先必须明确企业所处的阶段，以及企业文化在此阶段的大致状态。这就需要通过企业文化潘氏模型来做对照。并不是每个企业都必须拥有一个企业文化3.0的体系，而是需根据自己的实际情况，锁定合适的阶段，并进行适配。

1. 企业1.0阶段：生存为主，发扬精神

如果企业还处在1.0这个初创阶段（见图9-3），那么企业还没有摆脱生存危机，首先要做的依然是在市场中站稳脚跟，面对市场中的危险和机会快速做出反应。另外，这时的企业一般只有几人到几十人，企业家的直接下属较少，组织结构较为扁平，企业家一人稍微走动，就能够把自己的言行传递给办公室的所有人。

因此，这个时期仍然以发扬企业家精神为主，用企业家精神感染和牵动大家同舟共济，并在同舟共济中培养信任感和自己的权威，逐渐形成企业的骨干团队。这些精神发力的结果都会为未来系统建设企业文化奠定基础。

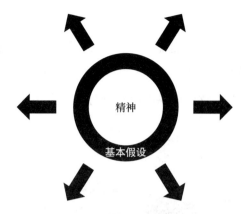

图 9-3　潘氏模型的企业文化 1.0

与此同时,企业家可以尝试着反思自己深信不疑的基本假设,选出对自己工作有帮助的两三点,作为自己言传身教的原则。这些原则通过工作逐渐传递给骨干,有利于未来的核心价值观成型。

企业家在这一时期也可以开始设想自己的使命和愿景,并不断和企业员工描绘愿景,赋予工作以价值和追求,这对于激发员工的精神力量,以扛住初创阶段的生存压力,有一定帮助。

2. 企业 2.0 阶段:企业文化建设正当时

企业的 2.0 阶段有两种情况:

第一种是企业度过初创期,逐渐站稳脚跟后,进入高速成长期,高速成长之下由于思想的不统一,开始出现企业决策、管理、各局部之间的协同问题。此时由于企业的人员增加和组织扩张,企业家已经无法顾及所有员工,因而需要通过组织的力量把文化传递下去。

第二种是企业在高速成长期之后,逐渐陷入停滞。这种停滞之下暴露出企业内部的经营管理问题,而背后仍然是思想不统一问题。随着企业经营管理问题的不断暴露,企业家个人的权威逐渐下降,思想的不统一导致各部门在管理上各自为政、山头主义,外部的各种制度引入也因为组织的惯性和分裂而很难真正落实。

两种情况的症结都在于思想不统一，因而需要企业家动用自己的智慧和勇气，开始主导企业文化 2.0 阶段的建设，并逐渐走向企业文化 3.0（见图 9-4），也就是按照本章所提供的流程进行企业文化的体系性建设。

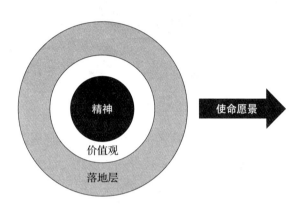

图 9-4　潘氏模型的企业文化 3.0

三、通过反思，形成企业文化的雏形

企业文化建设启动后，企业家必须从自我、企业、企业文化三个维度，在时间层面上进行思考和梳理。

从自我上来说，问题如下：

（1）我的事业是什么？

（2）我靠什么走到了现在？

（3）我的使命和愿景是什么？

（4）我为人处世的基本假设有哪些？

（5）为了使命和愿景，我做了什么，产生了哪些经验教训？我的经验教训能不能用以修正、优化或强化我的基本假设？

（6）为了使命和愿景，我还需要学习和吸纳什么？

从企业上来说，问题如下：

（1）企业走到今天，有哪些经验和教训？

（2）面向未来，有哪些促使企业过去成功的观念需要继承和发扬，又有哪些需要优化或舍弃？

（3）要能够面向未来，企业还需要什么？

从企业文化来说，问题如下：

- What：什么是企业文化？
- Why：我为什么要做企业文化？
- Who：我以及企业中的人要在企业文化建设中扮演什么角色？
- When：企业文化建设应该形成怎样的节奏？
- How：如何建设企业文化？

企业家在反思问题的同时，也需要开展系统性的学习。首先是树立标杆企业，向标杆企业学习；其次是深入学习与企业经营管理相关的理论，从而帮助自己更好地回答上述问题。

通过这样的努力，企业家就获得了企业文化的雏形，在开展企业文化建设的时候，他才能做到胸有成竹，掌握住企业文化建设的节奏。

四、寻找同道者作为臂膀

企业家在进行企业文化思考的同时，也需要开始在核心管理层中寻找一些企业文化的同道者，以帮助自己更好地梳理企业文化。

首先需要团结的同道者是企业的副总裁，他是企业家最为倚仗的副手。副总裁一般来说和企业家已经合作了相当长的时间，对企业的历史、现状和未来都有一定程度的思考。也有一些副总裁是企业家引进的人才，那么他们一定已经和企业家展开过深入的沟通交流，在对企业经营的见解上英雄所见略同，而且双方的思想有相当多的共同点。无论是哪种副总裁，都需要被企业家极力争取，并通过交流在企业文化建设的思想上进行对齐。

其次需要团结的是人力资源部主管和宣传部主管。人力资源部是管理和培养人的部门，和人的关系最为紧密，适合由人力资源部接过企业文化建设的主要职责。宣传部主管则要负责利用好不同的媒介，搭建强有力的双向传播渠道，保证企业文化信息的传播、接收畅通、有效。企业家必须辨别这两位主管的企业文化认知水平，与他们讨论和对齐企业文化，逐渐形成接下来要进行的建设方案，为下一个步骤提前做好准备。其中人力资源部主管的职责尤其重要，他要做好接下来的文化建设，企业家必须对他赋能，引领他跳出人力资源专业的圈子，在以下素质上不断加强：

（1）相似性：基本假设和精神和企业家不断接近，能够迅速理解和接受企业家提供的信息；

（2）全局性：跳出自己部门，站在企业整体上来思考企业文化的建设，并思考自己部门能够为企业文化全局建设提供怎样的支持；

（3）理解力：充分地理解企业中各种成员的观点，形成观点的汇总和分析；

（4）沟通力：能够和企业中大多数成员进行顺利的沟通；

（5）同理心：善于换位思考，能够感知不同成员的立场和感受；

（6）亲和力：能够表现出对他人的尊重和友善，在情感基础上构建认同；

（7）创新力：乐于在企业家给出的企业文化基础上，不断进行建设和创新。

争取到人力资源部、宣传部对文化的认同后，两个部门还要和企业家所主管的总裁办合作，收集材料以辅助企业家思考。这些材料有：

（1）企业家相关材料：企业家发表的讲话、写过的文章、接受过的访谈等。

（2）企业相关材料：企业的重大历史事件相关材料，包括重大项目、会议、人事变动、管理变革、宣传报道等的材料。另外，也可以搜索标杆企业和主要竞争对手的相关材料，作为比照。

（3）干部相关材料：干部发表的讲话、汇报，写过的文章，接受过的访谈等。

（4）问题反馈：客户、部门、员工向组织反馈的问题。

（5）学习资料：企业文化相关理论、成功企业的企业文化资料等。

另外，企业家也可以聘请外部资深顾问，与自己和同道者开展深入交流，并听取顾问的意见。不过，聘请顾问做咨询并不意味着企业家要把企业文化交给顾问去做，企业家必须时时刻刻把企业文化的主导权抓在自己手里。

五、成果

企业家需要输出《企业家关于事业的思考》《成功经验总结与不足思考》，这两篇文章汇集了企业家基于企业实际和个人追求形成的基本思想，其中蕴含了对企业文化建设的决心。这两篇文章需要企业家下发，在干部层，起码在核心管理层阅读和学习，作为企业文化建设启动的预热和大家思想上的破冰。

另外，企业家需要形成企业精神、使命、愿景、核心价值观的最初版本，并能够用这一最初版本去识别核心管理层的企业文化同道者，从而对他人的言行进行判断和引领。

总裁办需要输出《企业家文件和讲话稿整理》，作为建设系统的企业文化的思想的基础。

人力资源部主管和宣传部主管需要输出企业文化建设的相关方案，并着手做下一阶段的准备。

更有意义的一点是，企业家在企业文化上团结了最初的一群同道者：副总裁、人力资源部主管、宣传部主管（也许还有其他一些核心管理者）。由于这些人的思想和文化大致统一，他们在面对其他核心管理者时，能够显现出以多对一的势能，从而引导他人向这一思想和文化靠拢。在之后的会议和活动上，企业家也可以和这些同道者配合，形成较为统一的声音，从而使会议和活动能够积极推进。

第三节　共识与提炼：形成核心团队

一、敞开心扉交流

企业文化开启之后，企业文化第二阶段的目标，就是通过企业文化建设的立项和推进，在核心管理层形成企业文化共识，打造由企业文化引领的核心团队，并提炼和决定企业文化最重要的企业精神、使命、愿景、核心价值观。

为了识别核心管理层的思想和文化，并向他们逐步传递企业文化，必须由人力资源部主管开始着手和核心管理者进行企业文化方面的交流沟通。交流沟通分为两种：小范围访谈和企业文化预热会。小范围访谈注重访谈对象个人对企业文化的思考和理解；企业文化预热会则重视用讨论的方式，形成思想的互相碰撞。

两种交流沟通都需要提前预约时间，并选择在较为放松的环境下进行，以帮助核心管理者提前有所思考和准备，并能够在交流的时候从工作的紧张状态中暂时脱身，进入对企业文化的思考状态。

访谈分以下几个环节进行。

放松

访谈方首先对核心管理者的信息有充分了解，在放松环节就这些信息与核心管理者进行交流，营造放松的氛围，并加强与核心管理者的联结。

提问

访谈方需要设计好一些相关问题，激发对象就这些问题进行思考。这些问题和企业家思考的问题相类似，从如下内容中选取：

（1）对企业文化的直接思考，包括企业文化的 What、Why、Who、When、How。

（2）对自己的思考，包括自己为何选择了这家企业，对自己现在工作的期望，自己所坚守的原则，自己的愿景等。

（3）对企业的思考，包括企业现阶段取得成功的原因，现阶段企业存在哪些不足，企业面向未来有哪些原则和方法需要继承和发扬，有哪些原则和方法需要优化和补充等。

（4）其他，如在工作中因思想未对齐而产生的痛点等。

对齐

访谈方首先要了解核心管理者对《企业家关于事业的思考》《成功经验总结与不足思考》两篇文章的学习心得。

之后，访谈方拿出企业家的企业文化的最初版本，以及企业精神、使命、愿景、核心价值观的最初版本，询问核心管理者对企业文化结构各部分的理解，以及对各部分内容的理解，并给出自己的修改、优化、补充建议。

企业文化预热会分以下几个环节进行。

放松

以启动时期企业家团结的同道者带头分享，让大家脱离具体的工作事务，畅所欲言。分享内容与个人相关，包括个人经历、爱好、童年与现在的梦想、人生思考、工作和家庭中的角色、不同角色间的矛盾、精神寄托等。这些内容与一个人的文化息息相关，并且可以帮助大家进入企业文化的讨论氛围。

另外，也可以在会前或会上与核心管理者分享一些材料，比如经典的企业文化理论文章、企业文化演讲视频等，在学习之后，请大家互相分享和交流心得。

无论哪一种分享，最后企业家都要做自己的分享，通过分享将自己的企业文化思考传达给大家，为会议定主调。

提问讨论

就企业文化相关问题让大家自由讨论，问题内容与访谈的问题类似，但更偏重对企业文化和企业的思考。

意见建议

企业家分享总结出的企业文化的最初版本，阐释自己得出最初版本的思路，由大家提供意见和建议。企业家可以对大家的意见和建议给予回应。

任务布置

会议最后，由会议主办者向大家布置任务，要求大家就会上讨论和自己在工作中的经验教训，输出并递交材料。

二、辨识与团结大多数

在访谈和预热会中，企业家和最初的同道者，除了与大家加深企业文化交流外，也在扮演观察者的角色。访谈和预热会所收集的材料，更能强化企业家的观点：他要在核心管理层中识别大家对企业文化的接受情况，并大致进行划分，从中找到哪些人是拥护者，哪些人需要快速争取，而哪些人可能需要做更多的工作。

按照对象的文化接受程度和理性程度，可以得到如图9-5所示的象限图。企业家可以对处在每一象限的对象进行分析，尽可能地通过之后的对症下药，从情感、精神、理性上加以重点指引，帮助不接受企业文化者或游移者逐渐向第一、二象限移动，从而团结他们，形成核心管理层的大多数。

热情者：他们对新鲜出炉的企业文化从情感和直觉上支持，但还没对企业文化进行仔细思考。他们在企业文化会议和建设中能够展现热情，起到很好的支持作用。如果这种热情被他人感知，也很能够打动他人，帮助事情顺利推动。他们是需要迅速争取和不断激发其热情的对象，通过适当的引导，他们能够在文化践行中逐渐走向对文化的理解。

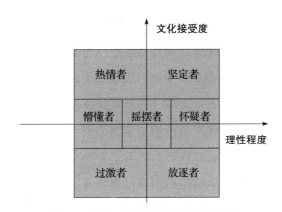

图 9-5　个体对企业文化的接受象限图

坚定者：他们能够理解企业文化的所以然，并对企业文化表现出坚定的支持，甚至已经对企业文化的推行有所设计。他们需要更多参与到企业文化建设的项目中来。

懵懂者：他们没法对企业文化说出所以然来，在对企业文化的态度上显得朦朦胧胧。就企业文化对他们做进一步引导，有助于他们摆脱懵懂，逐渐对文化有大致的认识，从而转向可团结的状态。

摇摆者：他们对企业文化显得并没有多在意，或者非常圆滑，在讨论和表决中不积极展现自己的思考，似乎在望风随大流，或者自己的观点随他人的观点不断摇摆。他们往往是新加入企业的人，对企业和核心管理层还不够熟悉，因此存在顾忌，采取了保守中立的策略。如果有核心管理者已经加入企业超过一年，却依然展现出摇摆的状态，这说明他受限于企业中的一些因素，如企业氛围、人际关系、过去的顶层设计失败等，这些因素超过了企业文化的力量，让他对企业文化推行的坚决性以及企业文化的效用都保持怀疑。对这些管理者，企业家和同道者必须表现出对企业文化的坚守，以及推行企业文化的坚决，传达给他们足够清晰的立场和力量，鼓舞他们从摇摆中超脱出来，并为他们展现出企业文化的重要性和基础地位，帮助他们更深入地理解企业文化。

怀疑者：他们对企业文化存在一套理解，但这种理解的结论是企业文化的作用并没有那么大，或者现在推行企业文化没有那么必要。这种理解让他们对企业文化的建设既没有多少支持，也不会太排斥。对于他们来说，首先要通过对企业文化的坚决态度和从中传达出的热情来触动他们；其次要分析在他们看来，企业中哪些问题是他们更为关心的，并为他们进行分析，告诉他们企业文化与这些问题息息相关，并且企业文化建设有助于他们所看重的问题得到解决。然后可以邀请他们用自己对企业文化的思考，对现在的企业文化版本做优化建议，增加他们的参与感，并发挥他们的理性作用。如果他们仍然坚持自己的意见，无法一下子把思路扭转过来，那么就先搁置，让他们亲眼看到之后文化建设推进的效果，从眼见为实中逐步调整自己的观点。

过激者：他们从情感上排斥新的企业文化。这也许与他们过去受到某些事件打击而产生的挫折创伤有关，也有可能与他们对过去坚信的一些文化恋恋不舍有关，这尤其表现在企业文化更新换代时，企业中的元老会展现出恋旧的情况。这些因素使他们往往展现出对企业文化的应激反对，却无法从中分析出所以然来。对于曾受过挫折创伤的对象来说，以帮助的心态了解相关事情并从企业文化的角度进行分析，看能不能发现更优解，并在之后的践行中引导他们用企业文化的原则和方法面对相似的事情，将会更加有效地帮助他们审视这一段过去，并从企业文化中寻找到力量。对于文化的恋旧者来说，向他们展示企业文化对他们所在乎的那些文化因子的包容，企业文化对企业历史光辉的继承，以及指引他们面向未来，用新的文化继往开来，会更容易使他们逐渐接受和支持新的企业文化。如果一时半会无法使他们从过去的情感纠结中走出，也可以先团结其他人，形成大多数后，用大多数人形成的氛围感染和牵引他们。

放逐者：这些人从思维方式乃至基本假设上就与企业文化相斥。我见过的最常见的情况，就是以权力、利益或个人作为自己的思维第一出发点，而形成的坚固的利己或个人中心思维。还有一种情况，则是对企业所做的业务以及此业务的未来打心底里不认可，因而缺乏工作的价值感。这些人在平常的部门协同中，就很有可能因为思维上的不统一，展现出与他人格格不入的情况。他们往往是企业中的冷眼旁观者，仿佛一切和自己无关，因而展现出一种自我放逐于组织外的味道。对于他们来说，一时半会就改变是非常困难的。如果他们还在岗位上产生正贡献，那么对他们可以宽容；如果他们已经无法产生正贡献，那么企业家可能需要在识别和分析之后进行替换，并反思自己当初选用他们的失误。对于那些企业家仍然珍视的正贡献者，企业家更多地要在核心管理层形成企业文化的主流，用主流的势能影响他们，"先富带动后富"。企业家自己更要在未来重点关注他们，对他们进行不断地引导、赋能乃至纠偏、处理，以帮助他们回到企业文化的正轨上，从而获得自身的成长。

需要注意的是，核心管理团队和管理层达成共识是一个不断推进、循环往复的过程，企业家不要求一次争取到所有人。企业家必须保持循序渐进的节奏，耐心且富有同理心地分析每位成员的态度，然后根据每位成员的态度有针对性地采取对策，最后争取到关键人物的认可，引导中立者向支持者转化，逐步团结大多数成员，是这个过程中的重要举措。

三、组建项目组

在对核心管理者进行辨识和团结之后，企业家就可以牵头组建企业文化建设项目组，挑选那些企业文化的支持者作为项目组成员。

项目组成员的挑选情况，对共识与提炼阶段的结果有非常大的影响，因而可以注意以下一些事项：

（1）选取企业的元老成为成员自然没错，他们一般来说对企业的认可度非常高，见证了企业的发展，对企业有更多的认识。不过，也需要在项目组中加入一些新成员，他们会为企业带来外部的新鲜视角，有助于帮助大家打破在企业中形成的惯性思维。

（2）选取的成员最好能遍及业务线、技术线、生产线、管理平台线，使各线主管的声音能够较全面地得到传达，而且大家拥有一次可以从各司其职中脱离出来，互相理解与携手共建的机会，帮助大家快速建立起思维上的统一。

四、项目组会议

形成项目组之后，企业家要求人力资源部主管定期安排企业文化研讨会。会议环节大致如下。

准备

会议主办方邀请外部资深顾问在准备阶段进行探讨，选取企业文化总体架构、企业精神、使命、愿景、核心价值观中的一部分作为会议主题。之后确定给大家的学习材料和顾问的授课内容。学习材料和议程在会前发给项目组成员，要求大家学习并做好准备。

会前也可以邀请项目组成员进行小范围访谈交流，及时收集问题、建议并进行回应，使会议开得更为高效。

与此同时，主办方保持和企业家的沟通，确保主题宣讲材料的准确性。

学习赋能

资深顾问就主题和学习材料向大家授课，强化大家对企业文化的理解。

会议主题宣讲

主办方将初版的企业文化中的相关主题，向项目组阐释其内涵，并展示与该主题相关的支撑材料。企业家可做宣讲后补充。

小组讨论汇报

项目组成员分小组对主题进行讨论，要求给出相关主题的小组新版。这个版本可以对企业家的原有版本做修改和补充，并要求说明原因，给出更详细的阐释。例如，就某条核心价值观，给出小组讨论出的一系列理解和阐释，让核心价值观的逻辑更显性、更丰满。

小组进行汇报之后，开展小组间的讨论，以对刚才增加的内容进行筛选和优化，合并其中类似的内容，舍弃多余或不够基础的内容，形成大家有较为普遍共识的几个候选条目。一般来说，企业精神、使命、愿景的候选条目不应该超过 3 条，核心价值观的候选条目不应该超过 10 条，对每条的阐释内容不超过 10 条。

决策

项目组成员就筛选出的候选条目进行投票，企业家拥有投票的最大权重，并且要在决策后对自己决策的缘由进行充分的说明。

材料输出

通过会议，形成企业精神、使命、愿景、核心价值观的决定版，以及对每一部分阐释的初版。

会后仍然要求项目组成员就主题学习写心得材料，如果对会议决策有意见建议，也一并写在材料中上报。

核心团队大会

核心团队大会邀请所有核心管理者与会，旨在通过会议学习讨论，使企业文化的阐释更为清晰，深化核心管理者对企业文化的理解，形成核心管理层的主流共识，加强核心管理者互相之间的凝聚力。

会议环节大致如下。

准备

主办方必须邀请到所有核心管理者参会。

主办方必须保证会议为封闭式会议，让与会人暂时脱离具体工作事务，全身心地投入到企业文化学习和研讨中。与预热会议不同，核心团队大会的总体氛围严肃紧张，主办方必须把握好这种状态和节奏。

主办方必须在会前给所有与会人发送企业文化决定版以及阐释的初版，并要求所有人就对企业文化的理解，结合自己的具体工作场景，上交与核心价值观相关的案例材料。案例最好集中在一两个核心价值观上进行叙述和分析，方便会上讨论。

主办方必须在会前集齐所有与会人的上交材料，包括学习和展示材料、企业家和部分项目组成员的发言报告稿、与会人的案例材料。

企业家开幕宣讲

该宣讲稿件应该在会前由企业家自己精心准备，交予项目组核心成员小范围讨论和润色。该稿件相当于《企业文化宣言》的初稿，必须直接展现企业的企业文化，明确企业的事业，分析企业的事业前景，以及现阶段该为事业做出的努力，整体上以极大的热情鼓舞大家共同奋斗。

预热

预热可以是资深顾问的授课、经典企业文化文章的集体学习、企业文化相关视频的播放，目的是调动大家逐渐进入企业文化的主题中。

宣讲、学习研讨

主办方就企业文化总体架构、企业精神、使命、愿景、核心价值观这些主题形成一个个宣讲课题，进一步加强与会人对主题的理解。

宣讲结束后，与会人分组阅读主办方选出的案例材料，围绕主题展开讨论，形成汇报成果，最后进行汇报。汇报中除了分享小组的理解之外，还要分享自己就该主题以后要如何践行。企业家在讨论过程中旁听不同小组的讨论。

每日材料递交与复盘

当日会议结束后，主办方要求与会人将当日学习内容和自己的工作经历相结合，于当晚撰写并提交学习心得。企业家或主办方必须在次日早上对大家的学习心得进行分析，就其中展现出的亮点、缺陷和疑惑进行深度复盘，并在第二天开会时向大家汇报，做到及时答疑解惑、纠偏归正。企业家或主办方对学习心得的及时反馈，代表着对与会者的尊重，以及对他们参与的鼓励，能够激励大家接下来更多地投入和分享。

会议代表报告

部分会议代表在会前就已经从项目组成员中选出。通过会上讨论、汇报，以及会后的心得材料提交，企业家和主办方可以在会议中期决定增加一些与会者作为会议代表进行报告。之后，企业家和主办方争取让他们在会议最后一天早上提交报告材料，并进行一定的指导。

企业家总结

会议最后，由企业家整合几天会议所收集到的信息，为与会人做总结报告。报告的内容会针对会议所得，但仍然围绕企业文化展开，并以对大家的鼓舞结束。总结报告将作为《企业文化宣言》的重要补充。

宣誓

与会人就企业文化向企业宣誓，之后将承担起自己的企业文化角色，用企业文化来要求自己、约束自己，坚持践行企业文化。

会后材料整理成文

会后根据会上的输出，整理成如下重要文件：

- 由企业家的报告和最新的收获，整合成《企业文化宣言》。
- 由会上研讨的结果，整合提炼成《企业文化纲要》。

《企业文化纲要》中的内容分企业文化部分和企业管理层思考部分。企业文化部分包括企业文化体系的决定版，也就是企业精神、使命、愿景、核心价值观以及各部分相关阐释的决定版，《企业文化宣言》，对干部的基本要求；企业管理层思考部分则包括企业家和核心管理层的一系列文章。

五、会后传播

会后，除了会议本身需要得到宣传外，《企业文化宣言》必须在企业家签字后，在企业内部通过邮箱向全员发送，并鼓励所有员工对《企业文化宣言》给出回复。《企业文化宣言》向全员发送，意味着企业文化在企业内部正式诞生，号召所有员工学习企业文化，并以企业文化监督核心管理层。

《企业文化纲要》整理完成后，需要印刷成册。第一批纲要隆重地交予与会人，肯定纲要是与会人集体智慧的结晶；之后的纲要则要成为企业培训的关键材料。

六、成果

企业文化研讨会的结果有：

- 从思想上来说，形成了企业文化体系，以及对干部的基本要求。
- 从形式上来说，形成了企业文化最关键的一系列文件。

从核心管理层看，企业文化是集体智慧的结晶，在核心管理层中形成思想的统一，并强化凝聚力。核心管理层不但深入理解了企业文化体系，也从中意识到了自己的企业文化角色，为未来的企业文化向下建设奠定基础。核心管理层的凝聚也形成了统一的精神面貌和强大的核心力量，使后来加入企业的新高管能够直接感受到这种统一的力量，并逐渐被其引领融入企业文化。

第四节　建设与传承：开启上通下达之门

企业文化在企业家和核心管理层完成提炼和达成共识后，会产生三个方面的结果：第一个结果，企业家和核心管理层在实践工作中使用企业文化，践行企业文化；第二个结果，企业家和核心层开始传播企业文化，推动企业文化向下传递，由高层干部到中层干部，甚至到骨干员工；第三个结果，从公司层面来说，企业文化理顺了思路，与企业经营管理的其他重要部分相结合，形成企业基本法或者企业经营管理纲要，并内化到业务之中，成为全体员工共同遵守和执行的基本准则、制度规程和行为规范。

第三阶段需要达成以下四个主要目标：

（1）企业文化活动例行化。

（2）企业文化内化到企业经营管理之中。

（3）立体式地学习、宣传企业文化。

（4）干部通过长期持续的学习加深对企业文化理解，并良好地践行企业文化。

一、企业文化传播与信息通道建设

第二阶段结束后，企业已经有了企业文化的关键材料。接下来，宣传部就需要接过火炬，建设起畅通、多元的传播信息通道，为企业文化的有效传播奠定基础。

宣贯传播的关键点是受众。根据不同的受众群体关注点和群体特性，在传播方式等方面需设计个性化的推广方案，多做形式上的创新。例如，面向年轻的员工，生动活泼的海报、互动式的体验会更能吸引他们的注意；又如，对于年长的员工或企业干部，书籍、内刊等更能获得他们的喜爱和关注。

从渠道角度来看，企业内部宣贯传播的渠道分为正式传播和非正式传播。正式传播是企业内部的正式信息沟通系统，如公文系统、媒体系统、培训系统、书籍等。除官方传播外，还存在的其他形式的传播，称为非正式传播，如人际网络、文化小故事、小道消息等。这两类传播渠道的传播作用都是不容忽视的。

企业越大，正式传播渠道的沟通效率就越低，而非正式渠道的力量就越重要。企业文化管理者要懂得利用正式和非正式渠道，传播不同的企业文化理念，收集企业成员的观点、认知反馈。

宣贯传播的方向要逐步从单向、单一式发展为立体、互动式。最初宣传渠道更多是正式的、单向的，如从企业到员工的邮件、海报、宣传栏等，做得再进一步，如企业文化公众号、相关书籍、内刊、报纸等。当内部宣传的环境逐步成熟时，有条件地接受多维度的交流，例如企业内部对企业文化越来越重视，领导者更愿意倾听不同的心声等，网络论坛、内部文化讨论会、高管对话、总裁信箱等多方互动的宣贯渠道，是非常能够活跃企业文化、让文化深入人心的形式。

宣贯传播的内容是丰富多样的。企业文化建设的全过程，企业文化的建设规划，企业文化管理体系，企业家和核心管理层的公开发言，经营管理价值理念，企业文化学习，各个环节具体的活动、政策、理念哲学、落地实施举措等，都可以根据企业管理的需求进行策略性的宣传。

不过，任何形式的传播都具有损耗，所谓百闻不如一见，企业家和核心管理层还是需要选择一些时间和场合，亲自与员工接触，或者在偶然相遇时对他们多一些关注和交流，发挥自己的影响力，树立正面、统一的领导形象，倾听员工的声音，实现与不同层级员工、不同受众的非正式的信息交流互动。

宣传部主要承担如下工作：

（1）组建专门负责企业文化的团队，保证内容持续、广泛、策略性地传播，真正使企业文化理念"入耳、入脑、入心"，在日常工作中把文化用起来。

（2）设计符合企业文化的俗语、口令等，以及企业文化的视觉形象，以丰富灵活的媒体形式展示给员工，迅速拉近员工与企业文化的距离，并通过语词、形象的积累，逐渐形成统一的企业语言、企业视觉风格。

（3）设立并管理企业家信箱，或者设立并管理内部论坛的企业家版面，宣传并鼓励员工与企业家沟通，企业家通过员工的信息，捕捉到企业存在的问题，并加以迅速回应和处理。

（4）向各部门征集有关企业文化的榜样人物和案例，并承担表彰会的宣传工作。

企业文化理念是抽象的、概念性和指向性的，为了让员工更好地理解与遵循企业文化，榜样人物的力量是无穷的。每个人内心深处都存在着"英雄主义"情节，榜样对于梦想成为"英雄"的员工来说有明显的激励引导作用，他们会学习和模仿榜样人物，并为此感到激动，进而传播企业文化，让更多的员工追随榜样人物实践企业文化。

榜样人物或团队是核心价值观最生动、最真实和最具有影响力的体现，能在员工行为上获得关键性突破，并逐渐形成使大家广泛模仿的经验。榜样人物或团队的故事是公司业务运作产生的行为及员工心理活动，天然带有企业特色，具有感染力，有助于员工准确、轻松地理解和把握。榜样人物或团队就在身边，员工会觉得可望可即，是可以近距离学习交流的。

（5）收集、访谈、整理形成企业的"英雄历史"，并进行宣传。

很多企业对员工来说是缺乏历史记忆的，因为这些企业的历史上只有事件，而看不到人和人的付出，这会让员工很难从企业历史中找到感动和感召力。宣传部主导的"英雄历史"，将以宣传企业员工的英雄事迹为主，并通过对企业元老的访谈，着力展现出企业元老在企业的创立和成长期，持有怎样的企业文化，做出了什么英雄事迹，形成打动人心的、活生生的历史。

二、企业文化学习机制的建设

企业文化学习机制的建设，一般由人力资源部主导。人力资源部作为公司文化建设的责任部门，要将企业文化建设系统化、例行化地推动起来，形成标准的企业文化活动安排，再结合公司战略和企业文化建设的实际情况，进行年度刷新。

人力资源部需要负责主办如下事项。

1. 干部企业文化研讨

企业文化在干部中的普及，是企业文化建设中最为艰巨的，也是最为重要的任务。企业的所有人员，最终是通过干部进行联结的；一切业务活动，是通过大量的干部进行推动与落实的。干部不像核心管理团队及管理层，建设企业文化是他们自身的义务和责任，他们是被动地接受企业文化的成分，是被动植入者的角色。这个群体也是组织中最为广大、最为核心的群体。干部群体的文化建设成功了，往下再推动，会是自然而然、水到渠成的。因为所有员工，最终在这样一个群体的管理之中、引导之中和教育之中。

企业文化在全体干部层达成共识，同样需要非常系统的方法来进行落实。其中，企业文化干部学习研讨班，公司创始人和核心高管作为企业文化引导员，亲自参与到研讨学习班的授课之中；干部核心价值观学习专题文章，干部企业文化践行心得，核心岗位干部在部门内部推动企业文化学习研讨活动等，这些工作反复持续地展开，逐步推动企业文化在干部心中生根发芽，并且向下植入到基层员工的思维和行为之中。

干部企业文化研讨班的会议模式与第二阶段的核心团队大会相似，不同的地方在于要在每一期企业文化研讨班中形成班委组织，班委由参会的干部经由自荐、投票选出，负责研讨班会后企业文化的例行事务，组织班级成员参与企业文化相关活动。会后人力资源部通过与班委的联系，管理企业文化研讨班。

2. 全员企业文化大讨论

企业文化大讨论一般面向广大员工，目的是向员工大力宣贯公司的企业文化和与公司发展观相关的内容，让员工加深理解，充分发挥他们的主人翁精神，凝聚全员的同创力量，共同建设和补充企业文化。同时，在大讨论的过程中增进各层级、各群体间的认同理解。

企业文化大讨论一般经历动员、学习、讨论、总结输出四个步骤。大讨论的内容可以是企业文化的核心内容、企业家或创始人的文章或思想总结、企业重大会议精神、企业文化制度手册等。

3. 文化专员团队组建与培训

为了更好地支持核心管理层在各自部门开展企业文化建设，人力资源部需要组建文化专员团队。文化专员可以由 HRBP（人力资源业务合作伙伴）

兼任，也可以由各部门的主管推举合适的人选。这些文化专员需要定期参加企业文化培训，以更好地支撑各部门的企业文化建设。

4.干部转身为企业文化赋能

人力资源部在专业岗升管理岗、管理岗升核心管理层等关键节点，加入干部转身为企业文化赋能环节，由干部提交企业文化汇报材料，向自己的上级、人力资源部主管做企业文化建设汇报，并接受上级和人力资源部主管的企业文化赋能。

三、部门企业文化建设

核心领导层在经历过第二阶段后，必须将自己对企业文化的学习成果，运用到自己部门的建设中。

核心领导者以自己为主导，以选出的部门干部和文化专员作为执行者，请人力资源部进行指导，向下开展如下建设：

（1）部门对企业文化的例行学习和分享。

（2）部门企业文化研讨会，通过会议，确定自己部门在企业文化建设中所要承担的职责，以及从自己部门的职能出发，如何更好地用企业文化指导部门的工作，以支撑起企业的使命和愿景。

（3）部门典型企业文化人物、场景案例形成材料提交。

（4）部门管理章程条例，以企业文化为基础，进行梳理和优化。

四、经营管理文件：产生企业管理大纲

这个是更加复杂和艰巨的任务。企业文化的建设完成，标志着企业家对于企业经营管理完成了真正系统地理解和掌握，虽然他的企业可能规模还不大，但是在对企业文化的认知和思考上，他已经和柳传志创立联想第三年、任正非创立华为第八年的阶段处于同一条线了。之后就需要有足够的耐心，

从企业文化出发，逐渐梳理出企业的基本法或者经营管理大纲。这个梳理往往需要为期数年，企业家必须保持足够的投入度和定力，组建并支持纲要项目组走完全程。

五、成果

相关文件包括：

- 《企业文化建设规划全景图》，即企业文化建设的总体方案。
- 《企业基本法》，即企业文化结合企业经营管理的各部分，形成的企业管理基本法。
- 《企业文化手册》。
- 《企业文化学习体系》。
- 《企业榜样人物案例集》。

公司输出自身企业文化建设的战略，通过3年甚至5年，长时间持续高效的文化宣传、文化学习、文化践行，辅以表彰、激励、干部选拔任用，甚至在年度考核中与绩效进行配合，最终实现全体干部能够深刻理解企业文化，践行企业文化，活学活用企业文化，公司大部分员工能够自觉或者不自觉地感受到企业文化对自己的影响和指导。新加入企业的员工，也可以迅速接受企业文化的培训，被干部牵引着学习和践行企业文化，从而更快地对团队产生认可并融入。

第五节　作用与内化：保障体系走向企业文化自运转

企业文化是企业政策系统的纲，同时需要企业政策支持企业文化的建设。企业文化往外延伸，形成公司经营管理纲要，而纲要再深入到业务之中，成为指导公司日常运作的政策与制度。

企业文化建设的最后阶段是内化，形成全公司普遍接受的文化系统。企业家将企业文化作为自己的信条和虔诚的信仰，企业管理层依靠文化系统开展自己的日常管理工作，普通员工在文化系统下自动自发地沿着企业文化系统的要求，高效、高质量地为客户创造价值，为企业创造效益。

这一阶段，将通过企业文化考核的应用，以及企业文化的评估调研，检验企业的日常经营管理是否融合了企业文化，引导员工在日常工作中践行企业文化。第四阶段的目标有以下三个：

（1）价值分配遵循企业文化。

（2）政策制度贯彻企业文化。

（3）日常践行符合企业文化。

一、建设企业文化保障体制

企业文化保障体制，可由政策、组织、人员和经费四个方面构成。

1. 政策保障

企业文化建设在这一阶段，逐渐形成完善的、执行有关企业文化建设的制度、规范和考核标准。

在完善的政策保障下，各个新部门可以按照公司的行业特征和自身特点，遵循企业文化的发展规律，制定符合企业实际、科学合理、长远目标和短期目标相结合的企业文化建设保障制度和行为规范，促使企业文化建设有目标、有计划、有步骤、有次序地进行，保障企业文化建设循序渐进地在部门内发展。

此外，完善考核、评价和激励机制。与公司绩效管理制度相结合，建立公司企业文化建设考核、评价和激励机制，定期对公司的企业文化建设成效进行考评和奖惩。

2. 组织保障

企业文化建设得到专职机构承接，它全方位地负责起各部门、团队的企业文化建设的日常管理工作，包括落实企业文化建设的方针政策，组织企业文化建设的推广、检查和考核，组织企业文化培训等活动，规划并执行企业文化传播，向企业文化建设领导小组提出有关企业文化建设的建议、规划和实施方案等。

当企业规模不断扩大后，让企业文化职能由某个传统部门兼任，容易产生缺乏全局性、系统性、统筹性的弊端。当企业文化建设工作涉及的广度和深度不是单一传统职能部门就能解决的时候，企业核心管理层要根据企业的实际情况，从企业的全局考虑，建设专门的企业文化部门来统筹协调各个部门。

3. 人员保障

企业家、企业管理层、干部以及企业文化职能四方面的人员都已经通过长时期的文化内化，对自己的企业文化角色有了较深认识，这时就可以共同参与到企业文化中。

扩建以企业家、企业管理层等一把手为核心的企业文化建设领导小组，全面负责确立企业文化建设的方向、方针及政策，把企业文化建设作为"一把手工程"列入企业的重要议事日程，纳入企业发展战略和管理总目标。

干部必须充分发挥其中坚力量。企业干部是企业文化建设的践行者、传承者和领导者，塑造先进的企业文化是企业干部肩负的使命。

企业文化职能是由专职人员管理企业文化建设和监督实施工作，研究企业文化的建设规划、宣贯推广模式与方式，以及具体的实施策略。随着企业规模的变大，除了企业层面的企业文化专职人员外，还要成立基层企业文化建设职能，配合企业文化工作在基层落地。

4. 经费保障

企业文化建设需要有专项资金支持。"十年树木，百年树人"，作为一种影响员工思想的力量，需要不断潜移默化地宣贯传播企业文化，让员工学习企业文化，并奖励践行文化者。这是一个长期的系统工程，需要企业投入相应的经费支持，而且这项支出具有长期性、投资性的特点。

二、绩效考核应用

企业文化是一种共同心理契约，使认同并行使企业文化的员工得到根本的尊重并获得经济利益，使企业家以及未来企业家群体的事业得到保障。没有经济利益的理想是空洞的，没有理想因素的经济利益是无力的。

企业文化决定着谁属于团体，谁不属于团体，以及通过什么标准来决定成员的身份；决定着企业成员获得、保持和失去权利的标准和原则；决定着什么是企业的英雄行为和有害行为，以及在财富、地位和权力中采取哪种奖励形式。

企业文化考核要设置在员工上升通道中的关键节点上，当员工需要转身成干部时，干部需要转正或升职时，他们需要对相关企业文化以及岗位准则进行深入学习，并通过上司、文化专员和人力资源专员的考核。

企业在进行绩效考核时，也要融入企业文化考核。企业文化考核的要求是及格容易、高分难。

考核的大多数条例，只要员工不违反就可以得分，这让按照企业文化准则行事的员工很容易及格。一旦员工违反这些条例，不但会被扣分，还会导致他们无法在基础分上获得更高的分数。

考核的少数条例，是员工在企业文化上做出超出企业预期的贡献，才能得到的分数。这些超出预期的贡献，需要得到上司、文化专员、人力资源专员三方的审核，形成材料上报。

考核的结果与激励挂钩，以保证员工不断按照准则严格要求自己，并逐渐内化成对企业文化深入骨髓的践行。那些拿不到及格分数的员工，则要给出改进计划，并通过三方的确认，接受监督。

三、企业文化评估检验

企业文化建设的评估是一个复杂的课题，必须做好有效分类，以便达到评估的效果。它分成纵向和横向两个维度。

（一）纵向：企业文化对公司战略制定、专项项目和日常运营进行评估

1. 企业文化对公司战略的评估

评估内容：企业文化建设工作对战略的实施与战略目标的实现的支持与推动作用。

评估周期：1年或3～5年。

2. 企业文化对专项工程的评估

评估内容：企业文化专项工程的推进策略和实际成效，如企业主题年度计划的实施、文化转型升级工程、企业文化理念的提炼与体系重构、制度与理念的匹配性审计与修订、相关管理工作的改进、员工行为的改进计划等。

评估周期：视专项工程持续时间的长短而定。

3. 企业日常运营评估，或称为"常规工作评估"

评估内容：各级员工对企业文化常规工作的满意度，如企业文化培训、企业文化的传播（包括内刊、活动等）。

评估周期：以1年为宜。

（二）横向：企业文化对机构或人的评估

1. 专业部门的企业文化工作评估

评估内容：企业文化专责或辅助部门的企业文化工作的开展情况与成效。

2.非专业部门的企业文化工作评估

评估内容：各业务系统、部门、分（子）公司的企业文化工作的开展情况与成效。

3.管理者的企业文化工作评估

评估内容：各级管理者对企业文化建设与管理的履责情况（包括个人价值观践行度），可以根据企业阶段性工作的需要，加以有效选择。

评估周期：1年为宜。

四、阶段性成果输出

企业文化建设的阶段性成果举例：《企业文化行为规范》《企业文化考核制度》《企业文化评估报告》。

根据作者企业文化模型理论，企业文化首先是一种力量，是企业产生的能量，也是推动企业成长和发展的内在动力。企业文化建设阶段性的结果，是在组织能力建设、干部队伍建设、领导力建设和关键岗位人才建设中呈现出来的，最终是带来企业在各项关键经营指标的改进和优化，达成更好的企业经营指标，获得更多客户的认可和市场份额，构建更好的企业品牌。

企业文化是企业经营管理的理论探索和实践，其本质首先在于"知"，而后在于"行"，是知行合一的过程；其验证既在于逻辑，也必然在于成果；其唯一权威就是成就——企业实现更好的发展，员工获得更好的成长，社会变得更加美好。

第六节 案例：字节跳动的企业文化建设

字节跳动（ByteDance）成立于2012年3月，创始人为张一鸣、梁汝波。字节跳动是最早将人工智能应用于移动互联网场景的科技企业之一，目前全球员工超过10万人。字节跳动致力于成为全球创作与交流平台，让几十亿人的数字生活更美好、更有效率、更有趣，其旗下产品有今日头条、西瓜视频、抖音、火山小视频、皮皮虾、懂车帝、悟空问答等。

字节跳动相信，通过文化驱动，可以使一个庞大的组织始终保持活力和创新。在字节跳动高道德标准和诚信文化在实现愿景方面发挥着关键作用。

一、字节跳动的企业文化体系

1. 愿景

字节跳动以建设"全球创作与交流平台"为愿景。它的全球化布局始于2015年，"技术出海"是字节跳动全球化发展的核心战略。

2. 使命

字节跳动秉承"激发创造，丰富生活"的企业使命，旗下拥有今日头条、抖音、西瓜视频、飞书等产品。今日头条是一个通用信息平台，致力于连接人与信息，促使信息创造价值；抖音是一个帮助用户表达自我、记录美好生活的短视频平台。

3. 字节范

字节范（ByteStyle）是字节跳动企业文化的重要组成部分，是字节跳动共同认可的行为准则。在字节跳动人（ByteDancer）全力奔跑的过程中，需要一些指南和导航，除了使命愿景之外，很重要的就是字节范，它表达了字节跳动人的工作方式和想要的工作文化。字节范共包含六条内容，字节跳动并对此做了详细解读。

（1）追求极致：

- 不断提高要求，延迟满足感。

- 在更大范围里找最优解。
- 不放过问题，思考本质。
- 持续学习和成长。

如果只做力所能及的事，待在舒适区里，那么很难获得真正的成长。在字节跳动，我们希望定高远的目标，永远多做一步。

同时，为长期成果而自律于当下，避免为些许成果沾沾自喜，才有迈出下一步的可能。在实现目标的过程中，不断地刨根问底，去挖掘、思考问题的本质，解决根本问题和关键挑战。

（2）务实敢为：

- 直接体验，深入事实。
- 不自嗨，注重效果。
- 能突破有担当，打破定式。
- 尝试多种可能，快速迭代。

务实是深入事实，关注真实效果。重视调研、贴近用户是字节跳动的工作特色之一，相比于自我感动式地晒成绩，我们更关注工作的外部结果和反馈。

务实并不代表保守，不是只去摘眼前低矮的果实，我们希望每一位字节跳动人都是具有开拓精神的行动者，敢想敢做，不畏难、有突破、有担当，大胆尝试新想法，并在过程中敏捷地修正路径。

（3）开放谦逊：

- 内心阳光，信任伙伴。
- 乐于助人和求助，合作成大事。

- 格局大，上个台阶想问题。
- 对外敏锐谦逊，ego[一]小，听得进意见。

组织是人的集合，我们结伴而行，共同应对挑战，但合作的过程中难免会有摩擦和分歧。面对质疑，捍卫与争辩可能是人的本能，但这并不能有效解决问题。

我们鼓励善意假设，先向内求，不要第一时间责怪外部，相信不同的声音是为了帮助我们更好地前进。心系大局，ego放小、不被面子和情绪所主导，往往能带来更加明确的判断。我们坚信，开放谦逊的团队能提供一个独立思考、集思广益的平台，得以让不同的想法直接碰撞。

（4）坦诚清晰：

- 敢当面表达真实想法。
- 能承认错误，不装不爱面子。
- 实事求是，暴露问题，反对"向上管理"。
- 准确、简洁、直接、有条理、有重点。

我们鼓励不装，坦诚表达真实想法，有问题就正面指出，无须顾及对方的职级。换个角度，当员工面对自己时，也需要有犯了错误就勇敢承认的决心，以及积极正视和改正错误的恒心。

在平常的工作环境中，我们提倡彼此之间开门见山，有话直说，表达要有细节、接地气，除此之外，坦诚表达也要清晰、直击要点、提纲挈领，提高公司的信噪比。

[一] ego，本我、自我的意思。它是由弗洛伊德提出的精神分析法中的心理学名词。

（5）始终创业：

- 自驱，不设边界，不怕麻烦。
- 有韧性，直面现实并改变它。
- 拥抱变化，对不确定性保持乐观。
- 始终像公司创业第一天那样思考。

字节跳动提倡创业文化，有韧性、不畏难，直面现实，成为解决问题的一部分。

很多时候我们做的是没人做过的事，需要自驱成长，不设边界，超越眼前的条件，怀着乐观的心态去拥抱未知和变化，把失败看成提高的机会，去学习、去了解、去成长。

（6）多元兼容：

- 理解并重视差异和多元，建立火星视角。
- 打造多元化团队，欢迎不同背景的人才，激发潜力。
- 鼓励人人参与，集思广益，主动用不同的想法来挑战自己。
- 创造海纳百川、兼容友好的工作环境。

多元兼容的出发点是对人的关注和重视。我们的产品和平台正在服务越来越丰富多元的用户群体，建立丰富包容的社区文化，为多元不同而喝彩。打造这些平台的团队和人才也应该如此。

几乎在公司每个重大产品的诞生过程中都伴随着不同意见，但并不影响大家越辩越明。每一个业务成绩的背后都有"不那么一样"的人才在发挥重要作用。我们希望在世界各地创造海纳百川的工作环境，共同去看更美好的风景。

二、字节跳动的企业文化建设实践

按照图 9-6 所示的潘氏模型，结合收集到的材料，可以看出字节跳动的企业文化在以下几个层面颇有建树。

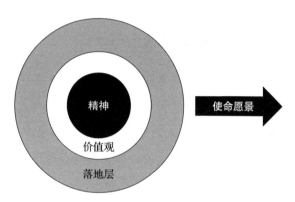

图 9-6　潘氏模型的企业文化 3.0：完整的星系

（一）精神：字节跳动创始人的企业文化信仰

字节跳动的创始人非常重视及坚持企业文化建设。创始人及首任 CEO 张一鸣曾在 2015 年的一封全员信中说："文化在很多公司就是走过场和摆设，但是我们要付出时间、精力和勇气，让它在工作中真实起来。"

2021 年 5 月，张一鸣卸任 CEO 一职，由联合创始人梁汝波接任。梁汝波继续延续文化驱动的理念，他在主题演讲《保持伸展，避免僵化》中表示："在一个大规模、多元业务且快速发展的全球化组织里，实行可延展并且有效的管理，无疑是一个挑战。字节跳动的其中一个做法是：重视文化建设、理念对齐，多增加共识。"

（二）完善的企业文化体系

1. 创始人的公开讲话体现了企业文化内核

字节跳动企业文化体系的重要组成部分"字节范"，最早由创始人张一鸣于公司成立 6 周年时提出。

张一鸣的多个公开讲话或全员信中，都会融入字节跳动的企业文化内核。这深刻体现了字节跳动的文化很大程度上源于张一鸣的精神及底层思维，由张一鸣本人坚持践行，并在全公司内部推行。例如以下公开讲话、全员信，内容体现的企业文化内核。

（1）**《我遇到的优秀年轻人的 5 个特质》**(2016 年公开讲话)。

1）优秀年轻人有五方面的特质（主要体现"追求极致""始终创业"）。

第一，有好奇心，能够主动学习新事物、新知识和新技能。

第二，对不确定性保持乐观。

第三，不甘于平庸。

第四，不骄娇，能延迟满足感。

第五，对重要的事情有判断力。

2）张一鸣本人回顾自身特质（体现"始终创业"）。

第一，不分哪些是我该做的、哪些不是我该做的。我做完自己的工作后，对于大部分同事的问题，只要我能帮助解决，我都去做。当时，Code Base 中大部分代码我都看过了。新人入职时，只要我有时间，我都给他讲解一遍。通过讲解，我自己也能得到成长。

第二，做事不设边界。当时我负责技术，但遇到产品上有问题，也会积极地参与讨论，想产品的方案。很多人说这不是我该做的事情，但我想说：你的责任心、你希望把事情做好的动力，会驱动你做更多的事情，让你得到很大的锻炼。

（2）**《关于字节跳动这 7 年，张一鸣讲了 5 个故事》**(2019 年公开讲话，主要体现"务实敢为"，以及张一鸣对"字节范"的强化)。

什么是务实？大家往往会把做容易的事当作务实，其实不是，做正确的事才是务实，短期投机不是务实。大力出奇迹是务实，刨根问底是务实，抓住本质是务实，尊重用户是务实，认识世界的多样性是务实。

我们的团队，无论是在锦秋家园有形空间里想象很大的事情，还是普通话都说不好的同学拿着 APEC 卡去印度调研，都是很浪漫的事情，甚至我们的字节范就是最浪漫务实的体现。"追求极致"是浪漫，"开放谦逊"是务实，"始终创业"是浪漫，"坦诚清晰"是务实，"务实敢为"是既务实又浪漫。

（3）《**不放弃探索任何可能，做值得信任的全球公司**》（2020 年全员信）。

张一鸣在这封公司全员信中回应了外部关于 TikTok 美国业务的传言和猜测，表示不放弃探索任何可能性，下一步的解决方案会考虑用户、团队、公司三个因素，对 TikTok 的未来充满信心。字节跳动始终致力于成为一家值得信任的全球公司，希望大家能在喧嚣和挑战中保持士气，看长期、有定力，信任公司。在巨变的时代，一起做有挑战的事，为实现"激发创造，丰富生活"（inspire creativity & enrich life）的全球化愿景而努力。

这封信体现了字节跳动的全球化愿景，以及"始终创业"的精神：有韧性，直面现实并改变它。怀着乐观的心态，去拥抱未知和变化。

（4）《**平常心做非常事**》（2021 年公开讲话）。

1）什么是"平常心"？其中一个解释是"接受不确定性"（体现"始终创业"）。

2）关于如何面对失误，张一鸣有个"四部曲"。前三句话是从一本书摘出来的，是说当你遇到一个问题的时候，你有几件事情要做。第一步是 realize it，真实认识到错误，之后你就可以少懊恼一点了，认识到就是一种收获；你还可以 correct it，改正它、修正它，这又是一种收获；你还可以 learn from it，从这个错误中学习到背后的原因。书里面提了这三个步骤，后来我又加了一个"forgive it"——如果你已经完成了前三步，那么你应该放下它。面对错误，很多人强调痛定思痛，我的建议是：不要过长时间进入到自我指责的状态中（主要体现"追求极致""坦诚清晰"和"始终创业"）。

2. 企业文化升级

2020 年 3 月 11 日，字节跳动宣布更新企业文化，在原先"追求极致、务实敢为、开放谦逊、坦诚清晰、始终创业"的基础上，新增了"多元兼容"。

对字节跳动而言，全球化是最核心的战略方向。随着产品和平台覆盖的国家/地区和文化不断增多，其用户群也展现出丰富多元的特征，因此，这也要求字节跳动的团队和人才建设要更加丰富、包容。

事实上，字节跳动一直有多元兼容的传统。在创业之初，字节跳动的创业团队就已经规划了全球业务，未来的公司成员来自全球各地。在讨论企业文化的时候，创业团队坚持公司文化的基调应该是积极寻找和接受不一样的观点。

在人才理念上，字节跳动也认为多元兼容能够让一家公司变得更好，能够吸引最出色的人才。在人才选拔和人才发展工作中，字节跳动始终秉持"多元兼容"的理念，"独立思考，用不一样的人"是其人才选拔准则，并培养一个能兼容不同的环境，让员工才能充分发挥，正如张一鸣在 2017 年的一次演讲中阐述人才理念时使用的 PPT 所示（见图 9-7）。

我们喜欢用不一样的人
We value diverse talents

在各个维度上都喜欢招不一样的人
做过什么，来的级别，从哪里来的
and champion diversity from various perspectives;
whatever your achievements, whatever your experience,
whatever your background.

图 9-7　张一鸣演讲的 PPT 彰显了人才理念

字节跳动方面表示，更新企业文化，并非"锦上添花"，它将成为保证公司持续成功、驱动创新、丰富生活的基本理念和风格。

（三）企业文化建设的体系保障

1. 文化驱动

字节跳动通过什么方式管理全球 10 万名员工？靠的是文化驱动。一个公司发展到很大规模，不可避免地会陷入"大公司病"，通过文化驱动，可以使一个庞大的组织依旧保持活力和创新。

为了对抗"大公司病"，字节跳动通过工作场景视频、"为什么不让叫'老板'"等，向员工宣贯。

2. "Context，not Control"的管理理念

张一鸣在题为《如何应对公司变大之后的管理挑战》的公开演讲中表示，"Context，not Control"是一种比较好的应对公司变大管理挑战的解决方案。context（背景）指决策所需要的信息集合，control（控制）则是追求控制感的各种流程。context 有五点优势：①发动集体智慧；②快速执行；③充分的外部信息输入；④参与感激发创造力；⑤可规模化。相比之下，追求控制感，常常带来错误的战略和迟钝的反应。张一鸣称，做 CEO 一定要避免理性的自负。

"Context，not Control"的管理理念，本质上是一种鼓励创新理念，引导自驱、坦诚、务实、有担当、找最优解，正是"字节范"的内核。如何在弹性灵活和规则控制中找到平衡点，字节跳动认为首先就是注重文化建设。通过文化建设能够在公司建立更多的共识。用文化和理念引导大家，这样在很多情况下不用依赖非常细致的规则，也能在合理的方向，用类似的标准来工作。

3. 自我驱动管理方式

字节跳动的文化主张自驱，鼓励信息流动、多视角看问题和集思广益。

"始终创业""开放谦逊"以及"多元兼容"等都有相应的内容。为了最大限度地释放员工的创造力，创业之初，字节跳动就强调"我要做"，让员工自己设定工作目标并总结改善，促进员工更加自驱和不断创新。

（四）企业文化的传播特色

1. 创业期的故事

和很多创业期的企业类似，字节跳动在创业初期也遇到欠费、办公室和会议室狭小、员工来了几天就离职等艰难时刻。

字节跳动并不羞于公开创业期的艰苦岁月，相反，是由张一鸣、梁汝波两位创始人亲自向大家讲述创业期的故事。例如，名为"字节跳动诞生的地方长什么样？张一鸣和梁汝波两位创始人带你参观"的主题视频，在字节跳动创立7周年前夕，由张一鸣和梁汝波两位创始人亲自出镜，向大家介绍字节跳动的诞生地"锦秋家园"，共同回忆最初的创业时光。

2. 以年轻人喜欢的方式宣传企业文化

字节跳动作为员工平均年龄非常低的公司，散发着年轻的气息，公司希望从员工的活跃的头脑中找到充满未来希望的想法。生动活泼、具有趣味性地宣传、展现企业文化，是字节跳动的文化传播特色。例如，通过趣味漫画、视频，帮助公司内外部理解字节跳动企业文化的精髓。字节跳动的文化宣传风格从下面展示的图片中可见一斑（见图9-8）。

3. 传播方式多样

字节跳动传播企业文化的渠道非常丰富，公司官网首页、文化官方账号"字节范"、招聘官方账号"字节跳动招聘"等平台，都会通过不同的形式、内容传播企业文化。在字节跳动的办公区域、休闲区域都有"字节范"的宣传，员工在食堂吃饭时可以听到，茶水间抬头可以看到，总结工作时可以用到。

图 9-8　字节跳动文化宣传材料

企业文化也是企业品牌塑造的内涵之一。例如,《字节跳动 2020 年度回顾》中就包含"激发创造,丰富生活"的愿景,以及"发展全球化"和"多元兼容"的理念。

4. 内部交流平台

字节跳动鼓励自由表达,暴露问题。为了让员工畅所欲言,公司的内网"字节圈"特意设置了匿名机制,每位员工双月享有三次匿名发言的机会。很多员工认为"字节跳动是内向星人的天堂",同时在字节圈也活跃着一群可爱的"杠精",他们理性大胆地指出公司的有关问题,并且认真探讨解决方案。这正是"开放谦逊""坦诚清晰"等字节范的践行。

三、将企业文化融入企业管理

将企业文化融入企业的经营管理、制度及日常运营,是企业从科学管理向文化管理升级的必经过程。字节跳动的企业文化实践也深刻体现出这一特点。无论是"文化驱动""Context, not Control""自我驱动"等管理理念与体系,还是创始人张一鸣和梁汝波的率先垂范,或是日常的企业文化践行、传播宣贯,都高度融合了字节文化。

字节跳动的企业文化,深入遍布全球 200 多个城市的 10 万名员工的内心世界。从理念到行为,文化管理具有统帅全局的功能,能够产生一种深层次的潜移默化、润物无声的影响。愿景、使命及"字节范"对员工产生的引导、激励和感染作用,是任何外在的规章制度的强力约束或物质上的利益驱动所无法取代的。文化管理的优势,将持续提升字节跳动的软实力和竞争力。

后 记
• POSTSCRIPT •

一场文化的"西天取经"之旅

记得职业人生最为艰难险恶的时候，是10年前在北非某国。我和兄弟们紧紧咬住20多亿美元的项目，在一栋楼里没白天没黑夜地连续作战。为了保证商业机密不外泄，我们不带手机，封闭工作，"躲进小楼成一统"。如此全神贯注地投入，时间完全模糊了，甚至连身体的感知也模糊了。客户宣布华为中标的那一刻，兄弟们才意识到自己已经一周没有离开办公室，没有挨过床，甚至一个月都没有休息，有些兄弟被马上送往医院，有些身体较好的连续睡了两天两夜后才醒过来……

夜深人静，我关上电脑，仰望天上星河点点，恍惚回到了金戈铁马的市场拓展岁月：在巴格达，我和兄弟们仰望星辰，看炮弹刺破夜空，在城市上方炸裂；从巴格达撤离到约旦的公路上，老方遭到绑架；在塞内加尔，足球流氓追逐打破车窗，我的脑门为此裹上了纱布；在南苏丹，叛军子弹打在宿舍的铁床上，砰然作响……

今天的我和当年的我相比较，我成长了吗？我想，我眼前的企业文化书稿，就是答案。

当年的我，被华为卓越文化所牵引，爆发出无与伦比的无尽力量，用至诚之心打动客户，用虔诚之心服务客户，以赤诚之心彼此团结，最终摧枯拉朽、攻城略地，赢得了世界各地的客户。但那时的我还没有真正理解华为文化的价值，更不知道文化是什么、有什么、为什么。后来，我的精神力量走向了盲目，我开始遇到挫折和不顺，我选择提前退休，毅然辞职离开了奋斗了16年的华为，开启了暂行的人生模式，尝试创业、在知名中小企业担任高层，盲人摸象却又是激情满怀地探索着。

直到今日，在这深夜之中，我才又清晰地看到了当年在海外小楼里的光芒，那是文化的光芒。只不过当初的我像萤火虫一般，只是本能地被光所吸引，而今天的我，经过一番旅途，终于能用心去看待这光明、拥抱这光明，并且逐渐建设属于我自己的文化之光芒。

这番旅途，就是我的"西天取经"之旅。我也因此深信，在我们每个人心中，都住着孙悟空、猪八戒、沙和尚。

孙悟空代表着我们的精神，这是吸收天地灵气的力量，是本能的冲动，源源不绝，无坚不摧，勇往直前。在成就一番事业的过程中，我和很多朋友都做过天不怕、地不怕的孙悟空，也通过自己的奋力作为，赢得了"美猴王"的美名。

但是精神是盲目的，没有原则，只知一味猛冲，不想受到约束。一旦冲动没有得到预期的结果，又感到被约束，难免生气怨念。孙悟空当年在天庭时，谁都不放在眼里，一心只想当大官，一比较发现自己官职小了，就开始四处闹事闯祸。最后一山更比一山高，孙悟空被压在五行山下，却依然顽性不改。唐僧将其解救之后，孙悟空在取经的路上依然是挡我者死，全无慈悲，一听说教便闹情绪，要回花果山快活。直到紧箍加顶，他才逐渐收敛。

猪八戒代表着我们的欲望，总是陷在物质与肉体的享乐上。猪八戒一路上贪吃好色、藏私房钱，一遇到困难就意志动摇，大喊分行李散伙。在高老庄的时候，甚至梦想着做高老庄主的女婿，那种骨子里对于风流快活的追求，不正是我们平时很多人的追求吗？

沙僧则代表我们的负面情绪，这位天庭的卷帘大将，因为自己的失职被贬后，居然破罐破摔，在流沙河边干起了吃人的勾当。这实际是负面情绪找不到出口而自甘堕落，最后惩罚的仍然是自己。

这三个人，要通过谁，才能获得自我救赎、自我成长、自我超越呢？答案是唐僧。

表面上看来，这个答案是如此荒诞。唐僧是一个全无神通、粉团般的娇嫩和尚，出行要骑白龙马，生活全靠三个徒弟打理，就算是巡路的小妖撞见唐僧，也能轻易收拾了他。这样一个靠三个徒弟撑着的"无用之人"，怎么就成了三个徒弟的救赎者？

我们换一个角度就能知道其中的原因：唯有唐僧才拥有对事业的坚定信念，只有他对取经义无反顾。他有一颗为他人的慈悲之心，相信自己取经能够普度众生；他意志坚定，无论多少次被妖魔鬼怪擒获，面临着生死存亡，他都没有退缩；他坚守戒律，就算女儿国美色当前，荣华触手可及，他也不为所动。

唐僧，就是文化，看似柔弱无用却最为坚强有力，吸引着无数的强者为了得到它而不惜失去自己的生命。

那些想通过吃了唐僧肉而变强的妖怪，就像是对文化生搬硬套、囫囵吞枣的人，不能深入理解、接受、践行，顶多得到的是其皮毛。只有被唐僧感召了的三个徒弟，才通过他找到自己要为之奋斗的正确道路，并在取经道路上的磨炼中，逐渐修得了真我。

从沩江河边的懵懂少年，走到东南大学文昌桥的校园，走到深圳华为坂田基地，又从这里走到原始的非洲村落，走到发达国家繁华的都市，甚至世界各地，我的人生何尝不是西天取经的过程？

感谢我的父亲母亲，他们在艰苦甚至恶劣成长环境中锤炼出来的韧性和坚强给了我藐视困难的勇气和乐观；感谢妻子蔡敏这些年对我不离不弃，让孩子们茁壮成长。亲人们的关心，让我无牵挂地勇敢前行。感谢一直以来给予我鼓励和鞭策的中学班主任老师刘建军、彭春芳，没有他们的引导，或许我还在偏僻的山村里放牛赶羊。感谢华为16年的奋斗与开拓，给了我职业辉煌的自豪和成就，成为我精神成长的家园：谭啸、宋凯、高杰、孙骆程、曲科鹏、迟为刚、张宇、黄崇君、任浩汐、刘艳，他们和我一起战斗、一起成长；邹志磊、李大丰、彭中阳、周建军、韩俊杰、董涛既是我的好领导，也是我的好搭档和良师益友，在困难中给予我勇气和支持；梁华董事长、黄卫伟教授、陈珠芳老师一度是我人生最亲密的老师和长者，在华为大学或者非洲的某个城市里经常语重心长地与我交流，启发我奋斗的人生之路。感谢魅族科技、洲明科技、腾讯科技，以及和胜股份李建湘董事长、法本信息严华董事长、新宙邦覃九三董事长、裕同科技王华君董事长、深圳瑞捷范文宏董事长、证通电子曾胜强董事长，他们在企业经营管理中的探索和实践成为我研究的主要营养。

更要感谢我一生的知己万诤师兄、唐铁球教授等，他们用智慧和友谊鼓舞我，用拼搏奋斗的精神之光照亮我。

最后特别感谢我的小伙伴龚哲，他在哲学与历史方面的研究大大丰富了我对企业经营管理的思考和理解，感谢和我有着共同兴趣的小伙伴高培、胡月殷，在专题研究之中给予我的支持和帮助。

还有很多的同事、朋友、师长，他们给予我鼓励和支持，给我精神上的启发和引领，或者带我走出低谷、战胜挫折，他们是我生命中重要的贵人，是我人生的良师益友。

如今的我，确信已经找到了文化的源头，感受着天地精神的力量，实践着平凡而非凡的生命。孙悟空抢得了定海神针，却遭到五百年山下困厄；它接受了金箍的约束，却换来了斗战神佛的圆满。愿与大家就此共勉。

潘一宽
2021 年 12 月 1 日深夜